教育部人文社会科学青年基金项目
"中国生产性服务业集聚对制造业碳排放效率的影响及作用机制研究"

中国生产性服务业集聚
对制造业碳排放效率的影响

刘习平◎著

THE IMPACT OF PRODUCTIVE SERVICES AGGLOMERATION
ON THE CARBON IMMISSION EFFICIENCY
OF MANUFACTURING INDUSTRY IN CHINA

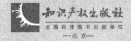

知识产权出版社
全国百佳图书出版单位
——北京——

图书在版编目（CIP）数据

中国生产性服务业集聚对制造业碳排放效率的影响/刘习平著. —北京：知识产权出版社，2022.6

ISBN 978-7-5130-8183-2

Ⅰ.①中… Ⅱ.①刘… Ⅲ.①生产服务–服务业–影响–制造工业–碳循环–研究–中国 Ⅳ.①F426.4

中国版本图书馆 CIP 数据核字（2022）第 087019 号

内容提要

本书在梳理生产性服务业集聚影响制造业碳排放效率理论机制基础上，采用 2003—2018 年地级及以上城市面板数据，测算生产性服务业集聚指数和制造业碳排放效率的时空演变特征，并综合运用面板模型、空间面板模型、门限模型和中介效应模型实证研究不同异质性条件下生产性服务业集聚对制造业碳排放效率的影响及作用机制，为依托生产性服务业集聚提高制造业碳排放效率提供参考和研究支撑，对制造业低碳转型升级具有一定的指导价值。

本书可供相关行业、企业管理者和研究者参考。

责任编辑：安耀东　　　　　　　　　　责任印制：孙婷婷

中国生产性服务业集聚对制造业碳排放效率的影响
ZHONGGUO SHENGCHANXING FUWUYE JIJU DUI ZHIZAOYE TANPAIFANG XIAOLÜ DE YINGXIANG

刘习平　著

出版发行：知识产权出版社有限责任公司	网　　址：http://www.ipph.cn
电　　话：010－82004826	http://www.laichushu.com
社　　址：北京市海淀区气象路 50 号院	邮　　编：100081
责编电话：010－82000860 转 8534	责编邮箱：laichushu@cnipr.com
发行电话：010－82000860 转 8101	发行传真：010－82000893
印　　刷：北京中献拓方科技发展有限公司	经　　销：新华书店、各大网上书店及相关专业书店
开　　本：720mm×1000mm　1/16	印　　张：14.5
版　　次：2022 年 6 月第 1 版	印　　次：2022 年 6 月第 1 次印刷
字　　数：228 千字	定　　价：88.00 元

ISBN 978-7-5130-8183-2

前　言

　　制造业是中国实体经济增长的主要来源，也是中国能耗与碳排放的主体。提高制造业碳排放效率，不仅对于制造业本身的转型升级具有战略指导作用，而且是中国实现 2030 年前碳达峰、2060 年前碳中和目标的重要保障。改革开放以来，产业集聚逐渐成为中国经济活动的显著特征，生产性服务业作为制造业的中间投入品，也出现了集聚的特征。生产性服务业本身具有知识密集性、低污染、低消耗、高产出的特点，而且生产性服务业集聚能够通过深化劳动分工、延伸产业价值链、推动生产技术创新等途径实现制造业碳减排和碳排放效率的提升。党的十九大报告提出，要形成节约资源和保护环境的空间格局。依托生产性服务业集聚促进制造业碳排放效率的提高，有助于破解"稳增长、促减排"两难困境，具有极其重要的理论和政策含义。

　　本书直接从生产性服务业集聚的视角研究对制造业碳排放效率的影响，要回答的核心问题是：生产性服务业集聚能否提高制造业碳排放效率？其背后的传导机制是什么？有何政策含义和启示？

　　本书的特色主要体现在如下几个方面。第一，现有文献大多从能源价格、环境规制、产业结构、技术进步、外商直接投资和国际贸易等角度研究提高制造业碳排放效率的途径。本书区别于现有研究，从生产性服务业集聚的视角探究对制造业碳排放效率的影响。第二，虽然现有研究考虑了制造业碳排放效率在区域层面上存在空间相关性，但是忽略了空间溢出效应的有限边界，因此本书考虑了空间溢出效应随距离衰减的特征，在揭示生产性服务业集聚对制造业碳排放效率的溢出效应有效边界的基础上，区分了不同行业和不同规模城市的生产性服务业集聚对制造业碳排放效率的直接效应和溢出效应。第三，运用门限回归模型探讨我国生产性服务业集聚与制造业碳排放效率可能存在的非线性关系，旨在深刻揭示其规律及门限特征。第四，采用中介效应模型就生产性服务业集聚对制造业碳排放效率的影响机制进行系统研究。

本书在写作过程中，参考了国内外诸多学者的思想和观点，在此向有关作者表示衷心感谢。本书是教育部人文社会科学青年基金项目"中国生产性服务业集聚对制造业碳排放效率的影响及作用机制研究"（编号：18YJC790103）资助成果，得到了湖北经济学院领导、知识产权出版社编辑的大力支持，在此示以衷心的谢意。

在产业融合发展、协同发展战略背景下，生产性服务业集聚对制造业碳排放效率的影响和作用受诸多层面的约束，也存在多种异质性。由于笔者认知水平有限，难免会以偏概全，书中疏漏之处在所难免，恳请读者批评并提出宝贵的意见。

目　录

第1章

绪　论

本章主要介绍研究背景及意义，阐述研究思路、研究内容及研究方法，并提出创新点和未来进一步研究的方向。

1.1　研究背景与研究意义

1.1.1　研究背景

改革开放以来，中国经济快速发展，经济规模总量越来越大。然而，伴随着经济的快速发展，中国自 2007 年超过美国成为世界第一大碳排放国，碳排放总量占到世界碳排放量的 20%，2014 年中国碳排放量占全球碳排放的 28%，已经超过美国和欧洲排放量的总和。❶ 中国政府在 2015 年巴黎协定中承诺，中国将于 2030 年左右使二氧化碳排放达到峰值并争取尽早实现，2030 年单位国内生产总值二氧化碳排放比 2005 年下降 60% ~ 65%。❷ 2020 年，习近平在气候雄心峰会上承诺进一步提高减排目标，到 2030 年中国单位国内生产总值（Gross Domestic Product，GDP）二氧化碳排放将比 2005 年

❶ 韩峰，谢锐. 生产性服务业集聚降低碳排放了吗？——对我国地级及以上城市面板数据的空间计量分析 [J]. 数量经济技术经济研究，2017（3）：40-58.

❷ 2030 年左右中国二氧化碳排放达峰值 [EB/OL].（2015-12-01）[2020-09-01]. http://phtv.ifeng.com/a/20151201/41515731_0.shtml.

下降65%以上❶，力争2030年前二氧化碳排放达到峰值，努力争取2060年前实现碳中和。这意味着中国作为世界上最大的发展中国家，将用更短的时间完成更高的减排降幅，时间紧、任务重，碳减排压力巨大。碳减排主要存在两种思路：一是减少碳排放相对量；二是提高碳排放效率。❷ 相比较而言，碳排放效率（单位排放的实际产出与最优产出之间的比重）的提高通过结构调整和技术进步在经济发展与碳减排之间寻求平衡，是中国未来一段时间内走低碳发展之路的关键。因此，为了促进节能减排与经济增长的双赢，实现经济又好又快发展，提高碳排放效率成为令人关注的问题。❸

制造业是能耗与碳排放的主体，据统计，2003—2019年，中国制造业能源消耗量占能源消耗总量的52%~55%。❹ 提高制造业碳排放效率，不仅对制造业本身的转型升级具有重要意义❺，而且也成为实现"双碳"目标❻的重要保障。未来中国制造业必须走节能减排、可持续发展的"绿色制造"道路❼，过度依赖投入扩张的传统制造业增长模式是不可持续的❽，中国制造业发展方式必须从要素粗放扩张型转变为效率集约增进型。❾

改革开放以来，产业聚集逐渐成为中国最具活力的空间组织形式，生

---

❶ 继往开来，开启全球应对气候变化新征程——在气候雄心峰会上的讲话 [EB/OL]. (2020-12-14) [2021-02-01]. http://env.people.com.cn/n1/2020/1214/c1010-31965084.html.

❷ 王惠，卞艺杰，王树乔. 出口贸易、工业碳排放效率动态演进与空间溢出 [J]. 数量经济技术经济研究，2016（1）：3-19.

❸ 曲晨瑶，李廉水，程中华. 产业聚集对中国制造业碳排放效率的影响及其区域差异 [J]. 软科学，2017（1）：34-38.

❹ 李晓阳，代柳阳，牟士群，等. 生产性服务业集聚与制造业绿色转型升级——信息通信技术的调节作用 [J]. 西南大学学报（社会科学版），2022，48（1）：83-96.

❺ LIU X P, ZHANG X L. Industrial agglomeration, technological innovation and carbon productivity: evidence from China[J]. Resources, conservation & recycling, 2021, 166.

❻ "双碳"目标：2030年前二氧化碳排放达到峰值，2060年前实现碳中和。

❼ 陆凤芝，王群勇. 相向而行还是背道而驰：生产性服务业集聚与污染减排 [J]. 华中科技大学学报（社会科学版），2021，35（2）：41-53.

❽ 林伯强，谭睿鹏. 中国经济集聚与绿色经济效率 [J]. 经济研究，2019（2）：119-132.

❾ 周五七，聂鸣. 中国工业碳排放效率的区域差异研究——基于非参数前沿的实证分析 [J]. 数量经济技术经济研究，2012（9）：58-71.

产性服务业作为制造业的中间投入品，其空间集聚的特征也十分明显。生产性服务业本身具有知识密集性、低污染、低消耗、高产出的特点❶❷，而且生产性服务业集聚能够通过深化劳动分工、延伸产业价值链、推动生产技术创新等途径推动制造业实现绿色低碳发展❸，从而提高碳排放效率。但在现有文献中，很少有学者将生产性服务业集聚和碳排放效率置于同一框架下进行理论和实证研究，忽视了生产性服务业利用集聚外部性对制造业形成的多重减排机制。生产性服务业集聚将人口、资本、资源等要素进行转移和集聚，激发创新潜能、推动经济发展❶❺，从而推进制造业碳排放效率的提高。当前，依托生产性服务业集聚促进产业结构优化、积极转变发展方式成为近年来政府和学界高度关注的改革热点。❻ 但现有研究普遍忽视了作为中间投入品的生产性服务业在空间上的集聚可能对制造业碳排放效率带来的影响。与此同时，由于存在着行业特征和城市规模等约束条件的差异❼，生产性服务业集聚对制造业碳排放效率的影响也存在异质性，通过多视角分析其差异性，有助于进一步优化生产性服务业集聚形态和模式，为制定生产性服务业细分产业政策提高制造业碳排放效率提供支撑。

❶ 段文斌，刘大勇，皮亚彬. 现代服务业集聚的形成机制：空间视角下的理论与经验分析 [J]. 世界经济，2016 (3)：144-165.

❷ 韩峰，严伟涛，王业强. 生产性服务业集聚与城市环境质量升级——基于土地市场调节效应的研究 [J]. 统计研究，2021，38 (5)：42-54.

❸ 刘胜，顾乃华. 行政垄断、生产性服务业集聚与城市工业污染——来自 260 个地级及以上城市的经验证据 [J]. 财经研究，2015 (11)：95-107.

❹ 袁冬梅，李恒辉. 生产性服务业集聚提高了中国城市经济效率吗？——基于产业层次和城市规模差异视角的检验 [J]. 厦门大学学报（哲学社会科学版），2021 (2)：125-136.

❺ 王许亮. 服务业集聚对中国服务业碳生产率的影响研究 [D]. 武汉：武汉理工大学，2020：35-38.

❻ 赵凡. 产业协同集聚对城市能源消费碳排放的影响研究 [D]. 武汉：中南财经政法大学，2021：1-10.

❼ 聂永有，姚清宇. 长三角地区生产性服务业集聚与碳排放效率——基于 SDM 与 PTR 模型的实证检验 [J]. 工业技术经济，2022，41 (6)：111-119.

1.1.2 研究意义

在产业融合发展背景下，依托生产性服务业集聚促进制造业碳排放效率的提高，有助于破解"稳增长、促减排"两难困境，具有极其重要的理论和政策含义。

第一，从生产性服务业集聚的视角研究对制造业碳排放效率的影响，为制造业碳排放效率理论提供了新的研究思路和突破口。关于如何提高制造业碳排放效率，现有的文献主要从能源价格、环境规制、产业结构、技术进步、外商直接投资和国际贸易等多个角度研究了提高碳排放效率的途径，但是普遍忽视了作为中间投入品的生产性服务业在空间上的集聚可能对制造业碳排放效率带来的影响。

第二，构建生产性服务业集聚影响制造业碳排放效率的传导机制，为后续相关的研究提供理论支撑。现有文献就生产性服务业集聚对制造业碳排放效率影响的内在传导机制缺乏深入系统的研究，本书通过传导机制理论构建，为后续相关研究提供理论支撑。

第三，研究生产性服务业集聚对制造业碳排放效率的影响及传导机制，为依托生产性服务集聚提高制造业碳排放效率提供政策支撑。生产性服务业集聚能否提高制造业碳排放效率与传导机制能否有效发挥作用密切相关，由于存在着行业特征、集聚模式、地理区位和城市规模等约束条件的差异，生产性服务业集聚对制造业碳排放效率的影响也存在异质性，通过多视角分析其差异性，有助于进一步优化生产性服务业集聚形态和模式，为制定生产性服务业细分产业政策提高制造业碳排放效率提供支撑。

1.2　研究思路和研究方法

1.2.1 研究思路

本书沿着"提出问题—理论与方法研究—实证研究—政策研究"的思路展开，从生产性服务业集聚的视角研究对城市制造业碳排放效率的驱动机制和路径。在梳理生产性服务业集聚对制造业碳排放效率影响的理论机制基础上，采用统计核算方法测算生产性服务业集聚指数，基于 DEA-SBM（data envelopment analysis—slack-based measure，数据包络分析——基于松弛的度量）方法测算城市制造业碳排放效率，并深入分析生产性服务业集聚与制造业碳排放效率的时空演变特征，在考虑空间相关性、门限特征的基础上，实证研究不同异质性条件下生产服务业集聚对城市制造业碳排放效率影响及作用机制，为依托生产性服务业集聚提高制造业碳排放效率提供参考和研究支撑。研究思路与技术路线详见图 1.1。

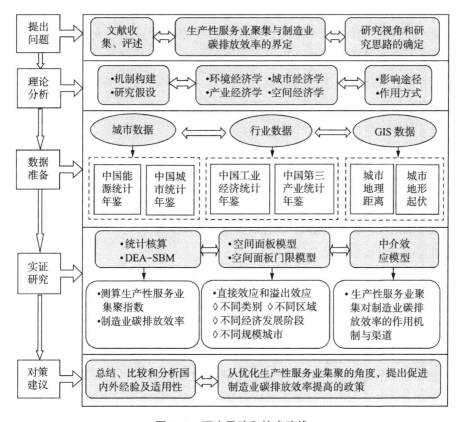

图 1.1 研究思路和技术路线

1.2.2 研究方法

本书综合采用多种研究方法，做到理论和实证相结合，主要的实证研究方法包括统计核算方法、DEA-SBM 模型、面板数据模型、空间面板计量方法、面板门限模型以及中介效应模型，各个研究方法的简要介绍以及要解决的主要问题阐述如下。

第一，统计核算方法。本书运用统计核算方法，采用区位熵指数衡量生产性服务业集聚程度。此外，采用统计核算方法计算地理密度、专业化水平与行业相似度，并借鉴已有文献三者相乘的形式更准确地反映生产性服务业集聚程度，分别用劳动和资本两种形式来测度生产性服务业集聚指数。测算环境规制强度等也都采用了统计核算的方法。

第二，DEA-SBM 模型。考虑非期望产出的弱可处置性和要素之间的替代关系，采用非径向、非角度的 DEA-SBM 方法测量制造业碳排放效率。❶为避免因数据稀疏和决策单元少而无法构造近似光滑的前沿面，借助考察期内所有投入产出数据作为当期的参考技术集来构造环境技术前沿面，目标效率值等于 1 时，说明决策单元是有效的；目标效率值小于 1，则说明决策单元无效，可以在投入产出上相应改进。

第三，面板数据模型。以测算出的制造业碳排放效率为被解释变量，核心解释变量为生产性服务业集聚水平，实证研究生产性服务业集聚对制造业碳排放效率的影响。此外，考虑到过去制造业碳排放效率的变化存在时间累积效应，在基准静态面板数据模型基础上构建包含被解释变量滞后一期的动态面板数据模型。

第四，空间面板计量方法。采用空间面板计量方法，并结合空间溢出效应的衰减特征，实证研究生产性服务业集聚对制造业碳排放效率的影响，包括直接效应和空间溢出效应。

第五，面板门限模型。把生产性服务业集聚和城市规模作为门限变量，实证研究生产性服务业集聚与制造业碳排放效率之间可能存在的非线性关系，进一步揭示生产性服务业集聚对制造业碳排放效率门限特征。

第六，中介效应模型。在分析了生产性服务业集聚对制造业碳排放效率的影响（直接效应和空间溢出效应）基础上，进一步研究生产性服务业集聚通过哪些机制的传导作用于制造业碳排放效率，同时考虑到空间相关

---

❶ 本书把制造业碳排放效率定义为单位排放的实际产出与最优产出（生产前沿边界）之间的比重。

性,通过建立空间中介效应模型来刻画传导机制。首先分别构建规模经济、技术溢出、竞争效应的生产性服务业集聚经济决定方程,把生产性服务业集聚作为解释变量,规模经济、技术溢出、竞争效应作为被解释变量。然后构建制造业碳排放效率决定方程,把上述三大作用机制作为解释变量,制造业碳排放效率作为被解释变量。考虑不同地区、不同规模城市、不同层次生产性服务业集聚以及不同生产性服务集聚模式等异质性条件下,生产性服务业集聚通过哪些作用机制的传导影响制造业碳排放效率。

1.3　研究内容与研究框架

本书共包含 10 章内容,全方位地深入分析中国生产性服务业集聚对制造业碳排放效率的影响及作用机制,具体安排如下。

第 1 章:绪论。本章介绍本书研究背景及意义,详细阐述了本书的研究思路、研究内容及研究方法,并提出本书的创新点和不足之处。

第 2 章:理论基础与文献综述。围绕研究的核心主题,系统梳理国内外关于生产性服务业集聚与制造业碳排放效率理论和实证研究最新成果,综述主要文献及基本观点;梳理生产性服务业集聚对制造业碳排放效率影响的研究方法和研究角度,并对现有研究成果进行总结性述评,为后续研究提供一定的理论基础。

第 3 章:生产性服务业集聚对制造业碳排放效率影响的机理。对生产性服务业集聚、制造业碳排放效率的概念与内涵进行界定,探讨生产性服务业集聚如何影响制造业碳排放效率,并构建数理模型来考察生产性服务业集聚影响制造业碳排放效率的作用机制。

第 4 章:生产性服务业集聚与制造业碳排放效率的时空演变特征。本章将对生产性服务业集聚与制造业碳排放效率进行量化分析,据此评价生产性服务业集聚与制造业碳排放效率的发展现状,并进行纵向与横向比较。运用生产性服务业集聚与制造业碳排放效率的测算数据初步考察二者之间是否存在相关关系。

第 5 章:生产性服务业集聚对制造业碳排放效率影响的实证研究。本章基于理论分析,采用地级及以上城市面板数据,构建普通面板数据模型,并考虑在不同异质性条件下，生产性服务业集聚对制造业碳排放效率的影响。

第6章：生产性服务业集聚对制造业碳排放效率影响的门限效应。本章考察了生产性服务业集聚与制造业碳排放效率之间可能存在的非线性关系，旨在进一步揭示生产性服务业集聚对地区制造业碳排放效率的非线性影响及其门限特征。

第7章：生产性服务业集聚对制造业碳排放效率影响的空间溢出效应。本章考虑到空间相关性，利用空间面板模型实证研究在不同异质性条件下，生产性服务业集聚对制造业碳排放效率的直接效应（反映本地区生产性服务业集聚对本地区制造业碳排放的影响）和空间溢出效应（反映邻近地区生产性服务业集聚对本地区制造业碳排放效率的影响）。

第8章：生产性服务业集聚对制造业碳排放效率影响机制的实证检验。为了考察生产性服务业集聚对制造业碳排放效率影响机制作用的中介效应，本章节以规模经济、技术溢出、竞争效应为中介变量，采用2003—2018年中国285个地级及以上城市面板数据，运用中介效应模型，实证研究生产性服务业集聚对制造业碳排放效率作用机制大小和贡献。

第9章：政策建议。在理论和实证分析的基础上，总结规律，从优化生产性服务业要素空间集聚形态的角度，充分发挥不同类别生产性服务业集聚的减排效应，提出促进制造业碳排放效率提高的政策措施，根据不同地区生产性服务业集聚程度和集聚模式，为国家产业政策的制定提供支撑和参考。

第10章：研究总结与研究展望。本章主要对本书的研究结论进行总结和分析，提出未来有待深入研究的方向和问题。

1.4　创新点和不足之处

1.4.1　创新点

本书系统梳理了现有文献的研究视角和研究方法，提出了研究思路，主要创新点主要体现在如下几个方面。

第一，现有文献大多从能源价格、环境规制、产业结构、技术进步、外商直接投资（foreign direct investment，FDI）和国际贸易等角度研究提高碳排放效率的途径，直接从生产性服务业集聚的视角研究对制造业碳排放效率影响的文献较少。在产业融合发展、协同发展战略背景下，生产性服务业在空间上集聚的现象逐渐凸显，有利于形成规模经济、专业化分工、知识溢出、促进创新等外部经济效应。那么，生产性服务业集聚能否提高制造业碳排放效率？其背后的传导机制是什么？有何政策含义？这些都是值得深入探究的问题。

第二，虽然现有研究考虑了制造业碳排放效率在区域层面上存在空间相关性，但是忽略了空间溢出效应的有限边界，因此本书考虑了空间溢出效应随距离衰减特征，在揭示生产性服务业集聚对制造业碳排放效率的溢出效应有效边界的基础上，区分了不同行业和不同规模城市的生产性服务业集聚对制造业碳排放效率的直接效应和溢出效应。

第三，运用门限回归模型探讨我国生产性服务业集聚与制造业碳排放效率可能存在的非线性关系，旨在深刻揭示其规律及门限特征。

第四，采用中介效应模型就生产性服务业集聚对制造业碳排放效率的影响机制进行系统研究。

1.4.2 不足之处

本书在研究过程中，力求理论与实证相结合，在书中使用了大量的测算数据并突出政策含义，但也存在着如下不足之处。

第一，在制造业碳排放效率的测算过程中，受数据的约束，地级城市没有直接的制造业行业的能源消耗数据和碳排放数据，假设每个城市的能源强度等于该城市所属省（市）的能源强度，这意味着每个城市具有相同水平的减排技术。但是，直辖市和省会城市的经济发展和技术水平要比一般地区级城市高，可能会存在一定的误差。虽然，本书在实证分析部分加入了稳健性检验，但不可避免会有偏误，在数据可得的情况下，会大大提高研究的精确度。

第二，在异质性检验中，本书仅考虑了不同规模城市、不同地域空间、不同层次生产性服务业集聚以及不同生产性服务业集聚模式这四种情况，但是生产性服务业集聚对制造业碳排放效率的影响和作用受诸多层面的约束，也可能存在多种异质性，不仅仅是本书所考虑的四种情况，由于笔者认知水平有限，难免以偏概全。

第三，在实证研究生产性服务业集聚对制造业碳排放效率影响的门限效应中，只考虑了生产性服务业集聚本身以及城市规模的门限特征，可能会有遗漏的门限特征变量，笔者受认知水平以及数据所限，缺乏更加深入的分析。

第四，在实证研究生产性服务业集聚对制造业碳排放效率影响机制部分，本书提出了生产性服务业集聚主要通过规模经济效应、技术外溢效应和竞争效应影响制造业碳排放效率，但这三种中介效应比较宏观，在数据可得的情况下，对影响机理的分析还需要进一步细化。

第2章

理论基础与文献综述

本章系统梳理国内外关于生产性服务业集聚与制造业碳排放效率理论和实证研究最新成果，综述主要文献及基本观点；梳理生产性服务业集聚对制造业碳排放效率影响的研究方法和研究角度，并对现有研究成果进行总结性述评。

2.1　理论基础

2.2.1　产业集聚理论

产业聚集是指在某个特定的区域内，相关的企业或机构，由于相互之间的共性和互补性等特征而紧密联系在一起，形成一组在地理上集中的相互联系、相互支撑的产业群的现象。产业集聚理论的发展经过了古典区位理论阶段、新古典经济学阶段和新经济地理学阶段等主要阶段的演进和创新，现已成为现代经济学中较为成熟和广泛应用的基础理论。尤其是在研究产业集聚的集聚效应和形成机制等问题时，产业集聚理论具有较好的解释力并奠定了相关研究的理论基础。

2.2.1.1　产业集聚的概念

产业集聚是指产业资本要素在空间范围内不断汇聚的一个过程。关于产业集聚概念的认知和诠释始于胡佛（Hoover）、马歇尔（Marshall）和韦伯（Weber）分别在对区位选择、产业区和制造业空间分布等问题的研究中对于集聚问题的探讨。马歇尔在 1890 年就开始关注产业集聚这一经济现象，并提出了两个重要的概念即"内部经济"和"外部经济"。此后关于产业集聚的研究日渐成熟，对于产业集聚概念的界定也逐渐清晰完善。查曼斯基（Czamanski）认为产业集聚是来自产业链上的某种产业或者产品与其他相关联的关联物在地理空间上的加速集中。❶ 克鲁格曼（Krugman）将产业集聚界定为特定产业在某一特定的地理空间内的高度集中现象，是产业资本等要素在该空间范围内不断汇集的过程。❷ 波特（Porter）认为，产业集聚是在特定区域内依托主导产业形成的大量具有紧密关联性的企业及其相关的支持产业在空间上的集中现象，这种集中将产生巨大和持久的竞争力。❸ 尽管不同学者对产业集聚概念进行了多角度的解读和阐释，但都基本包含了"特定产业在特定地理区域空间内集中"的基本要义，产业集聚所展示出来的企业、区位和比较优势等特征是基本一致的。现代产业经济学研究中一般将产业集聚界定为特定产业在一定区域范围内的集中现象，而特定的产业集中是以微观企业为载体的，大体上可分为同类产业集聚和异质性产业集聚。

2.2.1.2 产业集聚形成机制

产业集聚形成机制主要基于对"集聚经济为什么会在特定地方产生集中"问题的回答。从古典区位理论来看，产业布局和产业的相对集中主要受区位因素的影响。如距离中心城市的远近决定了运输成本，所以运输成本决定了产业布局和集中程度。传统的经济地理学也认为产业集聚形成的原因是基于地理因素的区位差异。但是随着产业集聚的发展，出现了在地理区位因素相同或者相近的地方产业集聚出现较大的差异，有的地方成为集聚中心，而有的则沦为外围。还有些地理区位因素较差的地理空间也形成了较为显著的集聚现象。传统经济地理学对此不能给出较好的解释。随着新经济地理学的发展，克鲁格曼将规模报酬递增和垄断竞争等引入分析

❶ CZAMANSKI S. Study of clustering of industries[M]. Halifax：Dalhousie university press，1974.

❷ KRUGMAN P. Space：the final frontier[J]. Journal of economic perspectives，1998(2)：161-174.

❸ PORTER E M. Clusters and the new economics of competition[J]. Harvard business review，1998(76)：77-90.

框架，提出规模经济和产业关联是形成产业集聚的主要影响因素。❶ 赫希曼（Hirschman）进一步基于产业关联对于产业集聚形成的作用展开了深入研究，并将产业关联细化为前向产业关联和后向产业关联。❷ 随后关于产业集聚外部性问题的研究广泛开展，集聚外部性成为产业集聚形成机制的新研究方向。马歇尔在研究企业区位选择时发现，当一个企业一旦选定生产区位一般不轻易更换或者搬迁，倾向于在该区位内长期生产，其根本原因是生产活动会得益于与邻近经济主体之间的经济活动，这一影响便会吸引更多的外部企业加入，从而形成空间上的集聚。❸ 可见，集聚的外部性不仅仅是产业形成集聚的原因，更是产业集聚带来的好处。韦伯在其《工业区位论》中诠释了工业企业布局中的区位选择是集聚力大于分散力的结果。❹ 胡佛提出了集聚经济的三种典型类型：内部规模经济、地方化经济和城市化经济。从国内外研究结果来看，对于集聚外部性的研究更加侧重于对集聚的正外部性即集聚效应的研究，而忽视了对集聚的负外部性的研究。❺ 集聚的负外部性表现为一种效益的损失，更多地表现为过度的集聚带来的过快的人口流动，从而导致城市规模的过度膨胀，超出了其现有的生产生活的承载能力，城市居民实际收入伴随生活成本的上升而降低❻，对城市有限资源的争夺导致要素成本的快速上升和过度集聚带来的生产污染、生活污染与对城市创新能力的抑制等方面。从微观的企业行为来看，某一特定区域内的产业集聚带来大量的同质性企业，往往会产生技术的负外部性即高度的同质企业的空间集聚对企业技术创新行为的抑制，和金融负外部性即同

❶ 李世杰，胡国柳，高健. 转轨期中国的产业集聚演化：理论回顾、研究进展及探索性思考 [J]. 管理世界，2014（4）：165-170.

❷ 赫希曼. 经济发展战略 [M]. 曹征海，潘照东，译. 北京：经济科学出版社，1991.

❸ MARSHALL A. Principles of economics：an introductory volume [M]. Social science electronic publishing,1920.

❹ 韦伯. 工业区位论 [M]. 李刚剑，陈志人，张英保，译. 北京：商务印书馆，1997：1-5.

❺ HOOVER E M. The measurement of industrial localization [J]. The review of economics and statistics,1936,18(4):162-171.

❻ ALONSO W. Location and land use：toward a general theory of land rent. [J]. Economic geography,1964,42(3):11-26.

质企业的过度竞争带来的生产成本的上升，对有限金融资源的争夺也会带来融资困境和"柠檬市场"现象，即集群企业中生产的劣质产品借助集群品牌效益来驱逐集群内高质量产品的现象。❶

在对产业集聚外部性研究的基础上，罗默（Romer）认为产业集聚的形成机制还应包括集聚带来的知识溢出效应。在产业集聚的邻近区域，大量具有知识和专业技能的工人或者企业家等通过与邻近区域的关联性机构的互动和往来，产生了知识和技术的扩散行为即溢出效应，从而有利于邻近区域的集聚经济的形成。❷ 卢卡斯（Lucas）将知识溢出现象视为区域经济增长和城市经济产生集聚现象的主要原因。❸ 随着熊彼特创新理论的发展，产业集聚与技术创新问题成为对产业集聚形成机制问题研究的新焦点。研究表明，产业集聚对于技术创新有促进作用❹，表现为产业集聚带来的竞争和对高额利润的争夺，会引发对技术创新的关注，而技术创新反过来又会降低生产成本，提高生产效率，进一步加剧集聚规模。❺ 同样，技术创新也会对产业集聚邻近区域产生技术外溢效应，带动邻近区域的集聚经济的形成。

2.2.1.3 产业集聚理论的演进

（1）分工理论。

最早对集聚现象进行探讨的是亚当·斯密（Adam Smith），体现在其著作《国民财富的性质和原因的研究》一书中。斯密认为，交换产生了分工，交换能力的大小会影响分工程度；交换与分工是互为促进和相互制约的关系，分工对于提高劳动熟练程度和劳动技巧、提升劳动生产能力具有促进作用。斯密认为，将绝对优势进行分工是国与国之间进行贸易交往的根本

❶ 张冰，金戈. 中小企业空间集聚的负外部性分析［J］. 科技管理研究，2009（5）：457-458.

❷ ROMER D. A simple general equilibrium version of the Baumol-Tobin Model［J］. Quarterly journal of economics,1986,101(4):663-686.

❸ LUCAS R E. On the mechanics of economic development［J］. Journal of monetary economics,1988(1):3-42.

❹ HANLON W W,MISCIO A. Agglomeration:a long-run panel data approach［J］. Journal of urban economics,2017,99(1):1-14.

❺ MELO P C,GRAHAM D J,LEVINSON D,et al. Agglomeration,accessibility and productivity:evidence for large metropolitan areas in the US［J］. Urban studies,2017,54(1):179-195.

原因，而这种国际贸易交往是促进经济发展的基本动力。阿林·A. 杨格（Allyn Abbott Young）在斯密绝对优势的假说基础上对分工理论进行了更加深入的探讨，同时分析了分工和市场二者之间的演进关系。[1] 他认为，分工是市场产生的前提，市场是分工深化的必要条件，分工能扩大市场规模，降低生产成本，增加家庭购买需求，致使市场规模继续扩大；分工继续深化，又增大市场规模，如此循环往复，体现了分工的自我深化和自我增强的机制。分工的深化使生产各环节逐步细化，并开始形成生产链条，从而构成某一产业或多个产业空间集聚，因此，绝对优势的分工与专业化是产业空间集聚的渊源。

（2）产业区理论。

马歇尔较早关注了产业集聚现象，其在研究早期工业分布规律时将规模经济分为外部规模经济和内部规模经济，外部规模经济由于与产业发展的规模和专业化的区域性集中有关而容易产生集聚现象，形成集聚的主要动力是追逐外部规模经济所带来的好处。[2] 内部规模经济与资源利用效率和管理效率有关而较为容易被关注到，但外部规模经济由于大量的关联性企业的存在而伴随产生的劳动力市场、附属产业和具有专门化的服务性产业的关联对于经济发展同样重要。劳动力市场共享、专门化的相关产业的催生和技术的外溢也被称为马歇尔关于产业集聚的三个基本要素。[3] 马歇尔从新古典经济学出发，认为产业集聚形成的动因是企业对规模经济的追求。但是，产业集聚是一个动态渐变的过程，马歇尔的分析方法是静态均衡分析方法，着重分析了厂商集聚的好处，忽视了厂商迁入、迁出、成长、衰落等动态过程。

（3）工业区位论。

工业区位论最早由德国经济学家韦伯提出，经过其不断的研究和深化，最终发展为如今主流理论之一。[4] 韦伯从区位要素出发，在其《工业区位

❶　YOUNG A A. Increasing returns and economic progress [J]. The economic journal, 1928,152(38):527-542.

❷　MARSHALL A. Principles of economics [M]. London:Macmillan,1890.

❸　FUJITA M, KRUGMAN P. The new economic geography:past, present and the future [J]. Papers in regional science,2004,83(4):139-164.

❹　CHRISTALLER W. Central places in southern Germany [J]. Journal of regional science,1933(36):631-651.

论》中进一步研究了工业区域化集中的原因，并正式提出"集聚经济"的概念，韦伯认为企业选择区位进行集聚的影响因素有三个：运输成本、劳动力成本与集聚规模效应。其中运输成本是影响企业区位选择的最主要影响因素，但不是唯一因素，劳动力成本会引起运费定向企业区位选择的第一次"偏离"，产业的集聚规模效应则会影响运输成本、劳动力成本定向的企业区位选择的第二次"偏离"。

（4）新经济地理学。

由于传统经济地理学对于在特定地理空间上产生的经济集聚现象的原因和作用机制解释力较弱，从而催生了新经济地理学的产生。其中克鲁格曼反驳了传统经济地理学关于产业空间秩序提前设定的研究模式，并把某个区域内先天存在的区位优势带来的发展优先性称为"首要优势"。但其所谓"首要优势"并不能很好地解释在资源禀赋等区位要素相同或邻近地区所形成的差异显著的产业结构及"中心—外围"发展格局。[1] 克鲁格曼借助新古典经济学的一般均衡分析范式，在 D-S 模型（Dixit-Stiglitz model，迪克西特—斯蒂格利茨模型）中加入"冰山成本变量"，并将规模报酬递增视为前提假设，将外部性纳入分析框架，构建了 C-P 模型（center periphery model，中心外围模型），较好地解释了规模报酬递增等如何通过市场传导机制干预经济集聚现象的。C-P 模型坚持内生决定论，创建了新经济地理学的分析范式。随后新经济地理学派围绕经济集聚展开了系列的研究，克鲁格曼[2]、鲍得温（Baldwin）[3]、维纳伯（Venables）[4]、鲍得温等（Baldwin et al.）[5]、藤

---

[1] KRUGMAN P. First nature, second nature, and metropolitan location[J]. Journal of regional science, 1993, 33(3740): 129–144.

[2] KRUGMAN P. Increasing returns and economic geography[J]. Journal of political economy, 1991, 99(3): 483–499.

[3] BALDWIN R. Agglomeration and endogenous capital[J]. European economic review, 1999(43): 253–280.

[4] VENABLES A J. Equilibrium locations of vertically linked industries[J]. International economic review, 1996, 37(2): 341–359.

[5] BALDWIN R, FORSLID R. The core-periphery model and endogenous growth: stabilizing and destabilizing Integration[J]. Economica, 2000(67): 307–324.

田等（Fujita et al.）❶ 等学者通过建构理论模型来解释经济集聚现象的原因和动因等。随后产业结构、外部性、微观企业特征和创新行为等相继被引入新经济地理学的分析框架，进一步丰富了对生产要素和产业在特定地理空间集聚现象的内生性问题的解释。❷❸❹ 尽管新经济地理学对于产业集聚理论的发展具有开创性的贡献，但是其对于制度的忽视，甚至在其分析框架内将制度视为外生变量，而限制了其对转型国家中产业集聚现象的解释力。尤其在中国，政府在产业发展和产业集聚中的作用不可小觑，政府政策将会对其他相关制度的塑造和激励模式的形成产生决定性作用，并最终影响其质量。❺ 事实上，制度和政府的产业政策可以在较长的时间内对中国产业发展产生影响，甚至这种影响会带来较大的发展中的地区差异。❻

（5）新竞争优势理论。

新竞争优势理论其实是对产业聚集的一种合作竞争解释，其含义是指企业通过寻求合作的方式来获得共同发展，即使这些企业在发展新产品及市场竞争中互为竞争对手，企业也可以通过与竞争对手的信息交换获得最小化风险与最大化企业竞争能力。波特从企业竞争优势的获得角度对产业聚集现象进行了详细的研究，并提出了新的理论分析基础。波特通过对德国、法国、英国、日本、美国等国家的产业聚集现象进行研究，从企业竞争优势的角度对这种现象进行了理论分析，提出了产业群（industrial clusters）的概念，同时还利用"钻石"（diamond）模型对产业聚集及产业群进

❶ FUJITA M，THISSE J F. Economics of agglomeration：cities，industrial location and regional growth[M]. Cambridge：Cambridge University Press，2002.

❷ GREENAWAY D，KNELLER R. Exporting, productivity and agglomeration[J]. European economic review，2008(52)：919-939.

❸ PUGA D. The magnitude and causes of agglomeration economies[J]. Journal of regional science，2010(50)：203-219.

❹ DRUCKER J，FESER E. Regional industrial structure and agglomeration economies：An analysis of productivity in three manufacturing industries[J]. Regional science and urban economics，2012(42)：1-14.

❺ 林毅夫. 经济发展与转型：思潮、战略与自身能力 [M]. 北京：北京大学出版社，2008.

❻ KANBUR R，ZHANG X B. Fifty years of regional inequality in China：a journey through central planning，reform and openness[J]. Review of development economics，2005(9)：87-106.

行了分析。❶ 他认为，竞争不是在不同的国家或产业之间，而是在企业之间进行，而且贸易的专业化并不能通过要素禀赋状况而得到合理的解释。因此，他将分析的重点放在企业上，并从创新能力的角度探讨了产业的聚集现象❷，其整个理论分析框架包括四个方面：需求状况，要素条件，竞争战略，产业群（相关及支持性产业）。这是因为，如果一个产业在国际上要具有竞争力，就必须具备以下几个条件：国内较好的需求状况，要素投入的质量，促进企业在其产业内部迅速超越其他企业的竞争压力，特定产业供应商与顾客之间的联系。❸❹

2.2.2　产业集群生命周期理论

太奇（Tichy）提出了集群生命周期理论❺，分析了集群在不同生命周期阶段的不同表现。集群生命周期理论为产业集聚发展的阶段性划分提供了重要的理论基础。同样，生产性服务业集聚的发展过程也具有生命周期阶段性的演化特征，需要经历集聚萌芽（幼稚期）、发展（成长期）、成熟（成熟期）、逐渐衰落（衰退期）四个阶段❻❼（见图2.1）。

第一阶段：幼稚期。生产性服务业由制造业中间环节分离出来成为独立行业，最初阶段生产性服务业集聚企业较少，仅个别具有开创和冒险精神的企业敢于尝试，也正由于幼稚期仅少数企业进入生产性服务业，可以享受较大的市场份额和相关资源，能够迅速发展，扩大规模逐渐集聚。

❶　刘晓伟. 服务业集聚与城市生产率：演化机理与实证研究 [D]. 兰州：兰州大学，2019：1-50.

❷　曾光，周伟林. 产业聚集理论及进展 [J]. 江淮论坛，2005（6）：5-10.

❸　PORTER M E. Clusters and new economics of competition[J]. Harvard business review,1998,76(6):77-90.

❹　彭娜. 生产性服务业集聚与技术进步之间关系的研究 [D]. 上海：上海师范大学，2021：5-32.

❺　TICHY G. Clusters: less dispensable and more risky than ever, clusters and regional specialization[M]. London:Poin Limited,1998.

❻　POTTER A,WATTS H D. Evolutionary agglomeration theory:increasing returns,diminishing returns,and the industry life cycle[J]. Journal of economic geography,2011(11):417-455.

❼　查志刚、王全纲、刘东皇. 产业集群内生机理与成长期政府策略选择 [J]. 江淮论坛，2019（6）：88-94.

第二阶段：成长期。当生产性服务业度过幼稚期，其发展前景被人们所见，此时会有大量竞争者进入该行业，原先的企业继续扩大规模，形成比较明显的生产性服务业集聚现象，这一阶段为成长期。又由于企业数量增多，且区位上较为靠近，会产生模仿、学习和交流创新等行为，这时可能形成行业协会，进一步促进生产性服务业企业间的良性竞争。同时，生产性服务业细分行业进一步分工细化，形成完整产业链，成长期主要表现为行业技术水平的提升和企业间的相互促进，能够为地区经济增长助力。

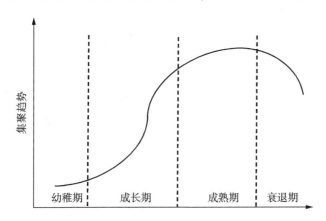

图 2.1 生产性服务业集聚生命周期演化过程

第三阶段：成熟期。生产性服务业集聚在经历成长期后，提供服务所依托的基础设施建设趋于完善，产业集聚的步伐放缓，各企业也不会随意改变企业规模，便认为生产性服务业集聚进入成熟期。在这一阶段，市场被完全瓜分，该行业趋于饱和状态，企业间的竞争近于"零和博弈"（此消彼长）的状态。在这一激烈的竞争环境下，仍然存在技术进步，促进全行业的进步。成熟期阶段是生产性服务业集聚水平最高的时期，对城市经济的促进作用也最大。

第四阶段：衰退期。当生产性服务业集聚达到一定程度后，再向后发展，原先的服务市场可能萎缩，容易诱发恶性竞争，阻碍行业发展，这一阶段为衰退期。一些依靠资源开发的生产性活动，在生产性服务业集聚后期，可能出现资源枯竭、面临转型或消失的局面。生产性服务企业为了争夺剩余市场份额，可能发生恶性竞争、寻租等不良行为，阻碍行业的技术创新。同时，原先维持的知识和技术溢出，现在可能演变为"搭便车"，使得技术创新所承担的外部成本较大，无利可图，企业也就不再积极创新，严重阻碍行业的发展，甚至可能导致行业衰落。

2.2.3 环境经济学理论

2.2.3.1 可持续发展理论

可持续发展理论是指既满足当代人的需要，又不对后代人满足其需要的能力构成危害的发展。在具体内容方面，可持续发展涉及可持续经济、可持续生态和可持续社会三方面的协调统一，要求人类在发展中讲究经济效率、关注生态和谐和追求社会公平，使经济发展与社会同步，与环境协调，减少并治理人类活动对环境的破坏，使维持生命所必需的生态系统处于良好状态。❶ 可持续发展虽然缘起于环境保护问题，但作为一个指导人类走向 21 世纪的发展理论，它已经超越了单纯的环境保护。它将环境问题与发展问题有机地结合起来，已经成为一个有关社会经济发展的全面性战略。

（1）在经济可持续发展方面。可持续发展鼓励经济增长而不是以环境保护为名取消经济增长，因为经济发展是国家实力和社会财富的基础。但可持续发展不仅重视经济增长的数量，更追求经济发展的质量。可持续发展要求改变传统的以"高投入、高消耗、高污染"为特征的生产模式和消费模式，实施清洁生产和文明消费，以提高经济活动中的效益、节约资源和减少废物。从某种角度上，可以说集约型的经济增长方式就是可持续发展在经济方面的体现。❷

（2）在生态可持续发展方面。可持续发展要求经济建设和社会发展要与自然承载能力相协调。发展的同时，必须保护和改善地球生态环境，保证以可持续的方式使用自然资源和环境成本，使人类的发展控制在地球承载能力之内。因此，可持续发展强调发展是有限制的，没有限制就没有发展的持续。生态可持续发展同样强调环境保护，但不同于以往将环境保护

---

❶ 冯富帅. 可持续发展理论下的地区产业发展对策——以巴彦淖尔为例 [J]. 江苏商论，2020（33）：105-106.

❷ 和原芳. 资源和环境约束下山西省产业结构调整研究 [D]. 呼和浩特：内蒙古财经大学，2014：15-22.

与社会发展对立的做法，可持续发展要求通过转变发展模式，从人类发展的源头、从根本上解决环境问题。

（3）在社会可持续发展方面。可持续发展强调社会公平是环境保护得以实现的机制和目标。可持续发展指出世界各国的发展阶段可以不同，发展的具体目标也各不相同，但发展的本质应包括改善人类生活质量，提高人类健康水平，创造一个保障人们平等、自由、教育、人权和免受暴力的社会环境。这就是说，在人类可持续发展系统中，生态可持续是基础，经济可持续是条件，社会可持续才是目的。下一世纪人类应该共同追求的是以人为本位的自然—经济—社会复合系统的持续、稳定、健康发展。

可持续发展的核心思想可以概况为：可持续发展并不否定经济增长；可持续发展以自然资源为基础，同环境承载能力相协调；可持续发展以提高生活质量为目标，同社会进步相适应；可持续发展承认自然环境的价值；可持续发展是培育新的经济增长点的有利因素。2015年联合国《2030年可持续发展议程》着眼统筹人与自然和谐共处，兼顾当今人类和子孙后代发展需求，提出协调推进经济增长、社会发展、环境保护三大任务，为全球发展描绘了新愿景，已成为全球可持续发展各利益相关方共同努力的方向。❶各国正在不断将这一共同愿景内化为国家发展计划和战略，通过各方的共同努力，使议程确定的17个可持续发展目标❷取得一定进展。

2.2.3.2 低碳发展理论

低碳经济是在人与自然和谐共生的思想引导下，实现生产方式的生态化转型的发展模式。低碳经济是创造更高的生活标准和更好的生活质量的途径和机会，为发展、应用和输出先进技术创造机会，也能创造新商机和更多的就业。无论发达国还是发展中国家，都将逐步开启低碳发展步伐，积极应对温室气体引发的全球变化。❸ 2003年，英国颁布《能源白皮书》，首次提出低碳经济这一概念。英国环境专家鲁宾斯德认为：低碳经济是一

---

❶ 朱宏任. 企业在实现2030年可持续发展目标中的责任和任务［EB/OL］.（2020-03-12）［2021-06-05］. http://www.tanpaifang.com/ESG/2020031268955.html.

❷ 第13项目标为：采取紧急行动应对气候变化及其影响。

❸ 宋海云，赵天，张晓萱，等. 新型城镇化绿色低碳发展的理论基础及启示［J］. 中国经贸导刊（中），2018（35）：94-97.

种正在兴起的经济模式，其核心是在市场机制基础上，通过制度框架和政策措施的制定和创新，推动提高能效技术、节约能源技术、可再生能源技术和温室气体减排技术的开发和运用，促进整个社会经济向高能效、低能耗和低碳排放的发展模式转型。❶

低能耗、低排放、低污染是发展低碳经济的基本特征，低能耗是其与其他传统经济模式的最根本区别。❷ 低碳经济一般表现为经济性、全球性、技术性及目标性。低碳经济的经济性，分为两方面：一方面是低碳经济应按照市场经济原则和机制发展；另一方面低碳经济不应导致生活水平明显下降，既反对奢侈或能源浪费型消费，又要提高人们生活水平。低碳经济的全球性，是人类生活在无区隔的生态系统中，维护后代人生存发展、传承繁衍的共同目标，构成人类共同利益，共同解决面对日益恶化的生存环境。❸ 低碳经济的技术性，是通过技术进步提高能源效率，降低二氧化碳等温室气体的排放强度，既享受能源服务，又要求人生活水平不降低，通过节能技术和温室气体减排技术研发和产业化来实现。低碳经济目标是减少对传统能源的依赖，促进社会经济可持续发展。人类社会发展可分为原生态低碳经济、高碳经济与低碳经济时代，社会发展形态是农业社会、工业社会和未来生态社会，而人类文明则对应农业文明、工业文明和生态文明。人类社会是由原生态低碳经济—高碳经济—可持续发展的低碳经济的发展历程。❹

目前关于低碳经济的内涵有以下几种。一是"目的论"，即低碳经济本质上是一种为了控制和减少温室气体排放、减缓气候变化的经济发展方式。二是"方法论"，认为低碳经济要依靠技术创新和制度创新，提高能效、扩大可再生能源应用、加强节能减排。三是"形态论"，认为低碳经济是低碳

❶ SONG M L,ZHAO X,SHANG Y P. The impact of low-carbon city construction on ecological efficiency：empirical evidence from quasi-natural experiments［J］. Resources，conservation and recycling，2020(6)：114-121.

❷ 王丽珊. 浅谈我国低碳发展理论基础及政策导向 ［J］. 资源节约与环保，2018，202 (9)：146.

❸ 杨永利. 我国低碳经济法律政策分析 ［J］. 中国市场，2018 (11)：171-171.

❹ 刘细良. 低碳经济与人类社会发展 ［N］. 光明日报，2009-06-02 (10).

产业、低碳技术、低碳城市、低碳社会、低碳生活、低碳发展等一系列经济形态的自称，是一种碳排放量、生态环境代价和社会成本较低的可持续发展的新经济形态。❶四是"革命论"，认为低碳经济以低能耗、低污染和低排放为特征，是一场有关生产生活方式、价值理念的革命。作为负责任的发展中大国，我国为共同应对环境问题勇于承担自己的一份责任，积极推动低碳经济发展的全球化进程。❷

2.2.3.3 循环经济理论

所谓循环经济，本质上是一种生态经济，它要求运用生态学规律而不是机械论规律来指导人类社会的经济活动。与传统经济相比，循环经济的不同之处在于：传统经济是一种由"资源—产品—污染排放"单向流动的线性经济，其特征是高开采、低利用、高排放。在这种经济中，人们高强度地把地球上的物质和能源提取出来，然后又把污染和废物大量地排放到水系、空气和土壤中，对资源的利用是粗放的和一次性的，通过把资源持续不断地变为废物来实现经济的数量型增长。❸

循环经济模式具备五大特征。①新的系统观。循环经济观指出，人在进行生产与消费时可积极参与这一系统，把自己视作大系统的一部分并与客观规律相符的经济原则展开研究。②新的经济观。循环经济指出，需结合生态学规律，对企业发展承载能力与生态承载能力展开全方位考虑，构建资源承载能力控制到生态系统内的良性循环，从而确保生态系统能得到良性健康发展。③新的价值观。自然属于发展循环经济的基本元素，结合现代科技基础上注重人和自然的协调发展，应用科学发展观来对社会生产与生活新观念、新风气给予指导。④新的生产观，生产时严格遵循"3R"（reducing，reusing and recycling，减量化、再利用、再循环）原则。⑤新的消费观。循环经济倡导物质层次消费与适量消费，对废弃物资源化展开综

❶ 王美多，陈伟. 绿色经济视野下的低碳经济发展新论 [J]. 现代经济信息，2018（17）：13-14.

❷ 董静，黄卫平. 西方低碳经济理论的考察与反思——基于马克思生态思想视角 [J]. 当代经济研究，2018（2）：37-45，97.

❸ 田玉川. 传统经济和循环经济的理论研究 [J]. 山西农经，2019（1）：28-29.

合考虑，促循环生产。❶

循环经济倡导的是一种与环境和谐的经济发展模式。它要求把经济活动组织成一个"资源—产品—再生资源"的反馈式流程，其特征是低开采、高利用、低排放。所有的物质和能源要在这个不断进行的经济循环中得到合理和持久的利用，以把经济活动对自然环境的影响降低到尽可能小的程度。发展循环经济，要求在生产环节实现资源减量化，并对生产过程中形成的废弃物实现再利用；在消费环节实现产品废弃物的回收和再利用，进而实现全过程的低耗、低排目标。因此，要发展企业循环经济运行机制，必须用生态理性替代经济理性。❷

循环经济"减量化、再利用、再循环"（"3R"原则）的重要性不是并列的，其排列是有科学顺序的。"减量化"属于输入端，旨在减少进入生产和消费流程的物质量；"再利用"属于过程，旨在延长产品和服务的时间；"再循环"属于输出端，旨在把废弃物再次资源化以减少最终处理量。处理废弃物的顺序是：避免产生——循环利用——最终处置。首先，要在生产源头的输入端就充分考虑节省资源、提高单位生产产品对资源的利用率、预防和减少废物的产生；其次，对于源头不能削减的污染物和经过消费者使用的包装废弃物、旧货等加以回收利用，使它们回到经济循环中；最后，只有当避免产生和回收利用都不能实现时，才允许将最终废弃物进行环境无害化处理。环境与发展协调的最高目标是实现从末端治理到源头控制，从利用废物到减少废物的质的飞跃，要从根本上减少自然资源的消耗，从而减少环境负载的污染。

从资源流动的组织层面，循环经济可以从企业、生产基地等经济实体内部的小循环，产业集中区域内企业之间、产业之间的中循环，包括生产、生活领域的整个社会的大循环三个层面来展开。第一层面，以企业内部的物质循环为基础，构筑企业、生产基地等经济实体内部的小循环。企业、

---

❶ 张婕予. 循环经济理论下企业信息化发展策略探讨［J］. 中国集体经济，2020（3）：32-33.

❷ 肖良武，蔡锦松. 生态经济学教程［M］. 成都：西南财经政法大学出版社，2013.

生产基地等经济实体是经济发展的微观主体，是经济活动的最小细胞。依靠科技进步，充分发挥企业的能动性和创造性，以提高资源能源的利用效率、减少废物排放为主要目的，构建循环经济微观建设体系。第二层面，以产业集中区内的物质循环为载体，构筑企业之间、产业之间、生产区域之间的中循环。以生态园区在一定地域范围内的推广和应用为主要形式，通过产业的合理组织，在产业的纵向、横向上建立企业间能量流、物流的集成和资源的循环利用，重点在废物交换、资源综合利用，以实现园区内生产的污染物低排放甚至"零排放"，形成循环型产业集群，或是循环经济区，实现资源在不同企业之间和不同产业之间的充分利用，建立以二次资源的再利用和再循环为重要组成部分的循环经济产业体系。第三层面，以整个社会的物质循环为着眼点，构筑包括生产、生活领域的整个社会的大循环。统筹城乡发展、统筹生产生活，通过建立城镇、城乡之间和人类社会与自然环境之间的循环经济圈，在整个社会内部建立生产与消费的物质能量大循环，包括了生产、消费和回收利用，构筑符合循环经济的社会体系，建设资源节约型、环境友好的社会，实现经济效益、社会效益和生态效益的最大化。❶

2.2.4　分工协作理论

分工理论是产业集群形成和存在的基础。亚当·斯密在《国民财富的性质和原因的研究》一书中开篇就分析了劳动分工，并指出"分工是国民财富增进的源泉"。他认为一国国民财富积累首要的也是最重要的原因就是劳动生产率的提高，而劳动生产率的最大提高则是由于分工的结果。他认为：劳动生产力上最大的改进，以及运用劳动时所表现的更大的熟练、技巧和判断力，似乎都是劳动分工的结果。他不仅论述了采取分工生产的方式可以提高劳动生产率，而且，深入分析了产生分工效率的原因。他将分工分为三种：一是企业内分工；二是企业间分工，即企业间劳动和生产的专业化；三是产业分工或社会分工。第二种分工形式实质是产业集群形成的理论依据所在。正是因为这种分工，产业集群才会具有无论是单个企业还是整个市场都无法具备的效率优势，过细分工和市场分工都有一系列弊端。而产业集群保证了分工与专业化的效率，与此同时还能将分工与专业化进一步深化，反过来又促进了产业集群的发展。

专业化分工是产业集群形成的重要力量，但如果集聚企业都是"小而全"，则很难形成具有竞争优势的产业集群。专业化分工形成的社会化分工网络，把人员的培训、销售网络的建立、运输成本的降低、原材料的供应全部纳入专业化的分工里。这种专业化和社会化的高度发展，就有可能形成地区性的新产品，国内外最新的技术就会向该地区聚集，从而形成企业集群发展壮大的良性循环机制。由于高度的专业化分工，大量的劳动力得以就业，不仅缓解了当地就业压力，还能使生产效率成倍提高。因此，深化专业分工，并在分工的基础上建立密切合作关系，可以使所有的企业竞争力得以提高，从而提升产业集群竞争力，促进区域经济发展。专业化的投入品包括原材料、专有设备、服务等，由于产业集群的企业对原料、中间投入品以及服务的巨大需求，这种市场化的需求可以使相关产业的企业进驻本地区。这种进驻是有经济原因的，因为附属产业和上下游产业的企业进驻，首先，节省了运输成本；其次，由于就近中心产业，可以迅速准确地获得市场信息，能根据中心产业市场变化迅速改变自己的生产；最后，这种进驻也降低了交易成本和容易获得专业人才，可以使交易的风险、成本降低。

劳动分工这一内生的过程既可以发生在企业内部，导致企业内部新工种、新的生产部门的产生，也可以发生在企业与企业之间，某一新的生产环节会分离出去成为一个独立的专业化的企业。由此可见，劳动分工的深化所带来的生产效率的提高，是分工经济的一条普遍原理。专业化分工本身具有"自我繁殖"能力。一是各行各业分工的内向发展，会为创造新的专业提供条件。产品价值链越长，技术上进行工序分解的可能性越大，垂直方向的劳动分工有可能加长，这样能吸引众多企业聚集在一起。二是分工度会随技术的改进而深化。分工度的提高反过来使专业内的技术效率提高。分工的内向和外向发展相互影响，效率与分工度的交互影响，构成企业的自我繁殖特性。在集群内分工深化的同时，集群间的协作也在发展，这种趋势逐步演化为地域分工的格局。由于产品具有互补性，不同产业群相互合作，新市场机会层出不穷，新产业集群不断涌现。由分工与协作密切耦合而形成的协同所创造的新的生产力具有更为广阔的发展前景。❶

2.2.5　协同演化理论

协同演化理论是 20 世纪 70 年代以来在多学科研究基础上逐渐形成和发展起来的一门新兴学科，是系统科学的重要分支理论。1964 年，生物学家埃利希和雷文（Ehrlich and Raven）首先提出了"协同演化"的概念。协同论认为，千差万别的系统，尽管其属性不同，但在整个环境中，各个系统间存在着相互影响而又相互合作的关系。其中也包括通常的社会现象，如不同单位间的相互配合与协作，部门间关系的协调，企业间相互竞争的作用，以及系统中的相互干扰和制约等。

最早研究并系统地将协同演化概念运用到社会文化、生态经济领域的学者诺加德（Norgaard）认为，协同演化不仅是"协同"的，更是"演化"的，是"相互影响的各种因素之间的演化关系"。在社会经济系统中，协同演化主要反映了知识、价值、组织、技术和环境等五个子系统之间的长期反馈关系。❷ 霍奇森（Hodgson）认为，协同演化是指一方改变另一方的适应图景，进而改变双方的平均适应。❸ 默曼（Murmann）对协同演化和并行发展进行了区分。他认为，协同演化要求双方必须拥有改变对方适应性特征的双向因果关系，而并行发展则是指双方对一个环境的同时适应。因此，并不是所有的互为因果关系都能够成为互动者之间协同演化的反馈机制，

---

❶ 邓永波. 马克思分工理论与产业重构研究 [J]. 社会科学辑刊，2019 (6)：92-99.

❷ NORGAARD R B. Environmental economies：an evolutionary critique and plea for pluralism[J]. Journal of environmental economics and management，1985，12(4)：382-394.

❸ HODGSON G M. Darwinism in economics：from an alogytoontology[J]. Journal of evolutionary economics，2002，12(3)：259-281.

只有那些决定互动者适应性特征变化的关系才能够促进协同演化。❶ 无论怎样定义，协同演化的本质是确定的，即指两个或两个以上的主体持续地互动与演变，且演化路径相互交织、相互适应的现象。❷

协同演化通常具备以下几个特征：第一，双向或多向因果关系。主体间双向因果关系是协同演化的核心概念。协同演化强调互动主体双方存在着双向的因果关系，而不是一方决定另一方的演化。尤其是在关系复杂的系统中，一个互动者可能同时与多个其他互动者之间存在互为因果的关系。因此，在现实中也就经常表现为多向因果关系。正是由于这种多向因果关系的存在，使得新的变化可能会出现在所有互动群体中，进而通过直接或间接的多向互动与其他系统建立起反馈关系。第二，多层嵌套。协同演化是一个跨界现象，既包括内部微观主体的协同演化，也包括与外部环境的宏观协同演化，并且这些不同层次的演化是交互嵌套、难以区分的。微观行为主体的活动经常会产生宏观上的效果，宏观层面的演化也会对微观层面的演化产生影响。可见，层级间互动的演化，是多层级协同演化的重要特征。第三，非线性。协同演化由一系列连续的反馈路径构成，层级之间也存在着相互反馈机制，这就使得一个组织的演化可能最终导致其他组织发生不可预测的变化，而且群体间的协同演化作为非决定性反馈路径的结果，其演化方式同样是难以预料的。由于事前不存在明确的调适目标，组织主体在特定的时空条件下拥有的知识和能力又是不确定的，系统内的互动模型也就更加复杂。第四，正反馈。正反馈是协同演化的重要特征。作为互动的结果，构成协同演化关系的任何一方对他方的影响都会反馈回来引起自身的变化。正反馈机制促使系统内外部环境的变化对系统的影响不断放大，使系统逐渐变得不稳定，进而偏离原有的均衡状态。在正反馈机制作用下，系统内外部的许多微小的变化就能够通过正反馈得到加速发展。第五，路径依赖。协同演化路径之间的差异反映了过去某一时点的系统特

❶　MURMANN J P. Knowledge and competitive advantage：the coevolution of firms，technology，and national in stitutions［M］. Cambridge：Cambridge University Press，2003：43-23.

❷　郑春勇. 西方学术界关于协同演化理论的研究进展及其评价 ［J］. 河北经贸大学学报，2011，32（5）：14-19.

性和异质性，从而使得协同演化具有路径依赖特征。路径依赖是一个具有正反馈机制的体系，随机的非线性系统可能会受到某种偶然事件的影响，而这种影响一旦被系统所采纳，系统便会沿着一条固定的轨迹或路径演化下去，很难被其他潜在的甚至更优的路径取代，即形成了一种所谓的"不可逆转的自我强化趋势"。

协同演化可以分为几种不同的类型。第一，单一层级内的协同演化和多层级间的协同演化。在一个特定的系统中，根据主体之间的层级关系，可以把协同演化分为单一层级内的协同演化和多层级间的协同演化两种类型。两种的区别在于，交互作用的两个或多个主体是否跨层级。第二，单方主导型协同演化、共同主导型协同演化和无主导型协同演化。所谓单方主导型协同演化，是指客观存在一个起主导作用的互动主体，该互动主体的变化对协同演化产生的影响远远超过其他互动主体变化对协同演化产生的影响。共同主导型协同演化则是由两个互动主体共同主导协同演化的情况。除这两种情况以外的所有协同演化，都可以归类到无主导型协同演化。第三，基于合作的协同演化与基于竞争的协同演化。如果构成协同演化关系的互动主体之间是相互促进的，它们协同演化的结果会同时提高双方的适应性，那么，就可以认为它们之间的关系是基于合作的协同演化。相反，如果互动主体之间是不共容的，它们的协同演化是通过降低某一互动主体的适应性，或是互动演化的结果同时降低了双方的适应性，那么，它们之间的关系是基于竞争的协同演化。第四，协同演化的其他类型。也有学者提出了其他的协同演化类型，比如，根据互动主体之间是否具有供需关系，可以分为纵向协同演化和横向协同演化；根据协同演化关系的传导机制，可以分为直接协同演化和间接协同演化；根据协同演化关系的均衡状况，可以分为稳定型协同演化和变异型协同演化等。

2.2　文献综述

2.2.1　生产性服务业集聚相关研究

学界对生产性服务业集聚的相关研究较多。与本书密切相关的研究的主要集中于以下几个方面。

一是生产性服务业集聚度的测算。采用何种方法测算生产性服务业集聚程度是集聚效应研究的基础，也是最有争议的问题，现有国内外文献测算生产性服务业集聚方法可以分为几类：以区位熵为代表的方法[1]，衡量某一区域要素的空间分布情况，反映某一产业部门的专业化程度。以市场集中度为基础的方法，包括赫芬达尔指数[2][3]，用来反映产业市场集中度。空间基尼系数[4][5]，一般用某一地区的某一产业的相关空间地理单元上的指标（如产值、增加值、就业人数）占该地区全部产业的这一指标的比重，以及该地区该产业这一指标占全国该指标的比重来进行衡量。空间基尼系数在0和1之间，值越接近0，则该地区的产业分布越均衡；值越接近1，则产业集聚程度越强。EG（Elilsion & Glaeser，埃利森和格莱泽）指数[6][7]，是为了解决空间基尼指数的失真，结合赫芬达尔指数，一种新的测量产业集聚程度的集聚指数，其测量的优点主要是消除产业内企业规模分布的影响。地理集聚密度指数[8][9][10]，主要测算单位土地面积的产值或就业数量，也可以看

[1] 刘奕，夏杰长，李垚. 生产性服务业集聚与制造业升级 [J]. 中国工业经济，2017 (7)：24-42.

[2] DURANTON G, PUGA D. NURSERY cities：urban diversity, process innovation, and the life cycle of products[J]. American economic review, 2001, 91(5)：1454-1477.

[3] 茅锐. 产业集聚和企业的融资约束 [J]. 管理世界，2015 (2)：58-71.

[4] 梁琦. 中国工业的区位基尼系数——兼论外商直接投资对制造业集聚的影响 [J]. 统计研究，2003 (9)：21-25.

[5] 盛龙，陆根尧. 中国生产性服务业集聚及其影响因素研究——基于行业和地区层面的分析 [J]. 南开经济研究，2013 (10)：115-129.

[6] ELILSION G, GLAESER E L. Geographic concentration in U. S. manufacturing industries：a dartboard approach[R]. NBER working paper, 1994.

[7] 刘杨，蔡宏波. 契约环境与服务业集聚——基于中国服务业企业数据的分析 [J]. 经济学动态，2017 (5)：78-88.

[8] CICCONE A, HALL R. Productivity and the density of economic activity[J]. American economic review, 1996, 86(1)：54-70.

[9] 范剑勇. 产业集聚与地区间劳动生产率差异 [J]. 经济研究，2006 (11)：72-81.

[10] 张可，汪东芳. 经济集聚与环境污染的交互影响及空间溢出 [J]. 中国工业经济，2014 (6)：70-82.

作经济密度或者就业密度。DO（Duranton & Overman，杜兰敦和奥弗曼）指数❶，基于点对距离，可计算产业不同空间尺度的集聚程度。还有产品相似度地理集聚指数❷❸等。依据外部性理论，生产性服务业集聚有地理上的绝对集中、专业化分工和产业间的密切往来三个显著特征，但现有关于衡量生产性服务业集聚度的方法都仅强调了其中某些方面，很可能存在一定的偏误，导致实证研究的结论不够精确。因此，关于如何合理、准确度量生产性服务业集聚程度仍然是值得深入研究的问题。

二是生产性服务业集聚动因的研究，主要观点有以下几种。一是为了获取成本节约和收益盈余。生产性服务业通过空间集聚以及外部作用的发挥，有利于实现经营成本、交易成本以及配套成本等相关成本的最小化❹❺❻，在其他条件保持不变的情况下，实现收益最大化。二是达到产业融合的目的。多位学者的研究表明生产性服务业集聚的动机在于实现其与制造业的协同发展。刘辉煌以中部地区为研究对象，对该地区生产性服务业集聚的动因进行了探究，表明生产性服务业集聚程度及集聚模式和制造业与其联系紧密有关。❼ 韩明华指出，生产性服务业原本属于制造业，生产性服务业是制造业的附属行业，在两者被区分后仍然存在着协同发展关系，

---

　❶　DURANTON G,OVERMAN H G. Testing for localization using micro-geographic data [J]. Review of economic studies,2005,72(4):1077-1106.

　❷　LONG C,ZHANG X B. Cluster-based industrialization in China:financing and performance[J]. Journal of international economics,2011,84(1):112-123.

　❸　王永进, 盛丹. 地理集聚会促进企业间商业信用吗 [J]. 管理世界, 2013 (1)：101-114.

　❹　KEEBLE D,NACHUM L. Why do business service firms cluster? small consultancies, clustering and decentralization in London and southern England[J]. Royal geographical society, 2002,27(1):67-90.

　❺　唐珏岚. 国际化大都市与生产性服务业集聚 [J]. 世界经济与政, 2004 (11)：64-65.

　❻　杨帆. 生产性服务业发展的动力机制与空间效应研究进展 [J]. 地理科学进展, 2018, 37 (6)：750-760.

　❼　刘辉煌,雷艳. 中部城市生产性服务业集聚及其影响因素研究 [J]. 统计与决策, 2012 (8)：108-110.

且通过产业集聚来推动制造业发展，能达到双赢的效果。● 姚战琪认为生产性服务业集聚与制造业两个产业之间联系紧密，二者相互协作、融合和共同发展。● 三是实现中心辐射效应。一些学者在探究生产性服务业集聚动因后发现，生产性服务业集聚有利于实现中心辐射效应，处在集聚区内的组织及企业可以资源共享，实现企业间交流、合作的便捷性●，而且还会辐射带动周边地区的发展。潘迪特（Pandit）以金融服务业为研究对象，对该行业的集聚动机进行探究，研究表明该行业集聚大大方便了各企业之间的交流沟通，使金融服务业得到快速发展。此外，企业如果位于有影响力的服务业集聚区内，自身的品牌影响力也能得到显著提升。● 斯坦（Stein）基于文化资本的维度，分析发现生产性服务集聚有利于集聚区内的企业在价值观、经营理念等方面达到统一，以此实现协同发展。● 张波以辽宁省为研究对象，对该地生产性服务业集聚带来的外部品牌效应进行了系统探究，认为生产性服务业集聚有利于区域品牌的树立，品牌效应显著。●

三是生产性服务业集聚的经济增长效应研究。生产性服务业在空间上集聚，为上游制造业等部门提供便利，产生明显的规模经济效益，能节约大量的社会成本，因此也对社会各方面产生较大影响。其中，生产性服务业集聚对地区经济发展的影响一直是研究的焦点，汉森（Hansen）指出伴随着信息技术的进步，生产性服务业在就业、增收、提升效率等方面促进

● 韩明华. 生产性服务业的集聚化发展研究——基于与制造业互动的视角 [J]. 科技与管理，2009，11（6）：39-43.

● 姚战琪. 生产性服务中间投入、制造业服务化对中国制造业出口的影响——基于全球价值链视角的研究 [J]. 北京工商大学学报（社会科学），2019，34（4）：1-10.

● WANG Y, WANG J. Does industrial agglomeration facilitate environmental performance:new evidence from urban China? [J]. Journal of environmental management, 2019, 248 (10):1-11.

● PANDIT N R, COOK G A S, SWANN P G M. The dynamics of industrial clustering in British financial services[J]. Service industries journal, 2001, 21(4):33-61.

● STEIN R. Producer services, transaction activities, and cities:rethinking occupational categories in economic geographys[J]. Europen planning studies, 2002, 10(6):210-240.

● 张波. 辽宁省生产性服务业集聚区发展的动力机制及对策研究 [J]. 现代管理科学，2012（3）：40-42.

城市经济发展。❶ 生产性服务业在城市经济中发挥基础作用，势必成为主要发展动力。❷❸ 唐珏岚指出生产性服务业能够促进信息交流和技术创新，同时降低交易成本，并在专业劳动力的获取上具有优势。❹ 王琢卓等则认为生产性服务业集聚通过发挥规模经济、产业关联和知识溢出等外部性来促进地区经济发展。❺ 吉亚辉、甘丽娟运用空间计量的方法对生产性服务业的多样化和专业化集聚效应进行分析，结果表明多样化和专业化集聚均能有效促进地区经济增长，而多样化集聚对经济的促进作用明显大于专业化集聚。❻ 于斌斌运用空间计量从地级及以上城市层面分析生产性服务业集聚模式选择的经济增长效应，结果表明生产性服务业集聚能显著促进地区经济增长，但这一促进作用因地区、行业和城市规模而异，高端生产性服务业在大城市的多样化集聚和低端生产性服务业在小城市的专业化集聚更能发挥对经济增长的促进作用。❼ 曾艺等的研究表明，生产性服务业集聚能够改善本地区经济增长质量，但抑制了邻近地区经济增长质量的改善，且该影响效果因生产性服务行业和城市规模等级不同而存在明显差异。❽

　　四是生产性服务业集聚外部性的影响及作用机制。研究生产性服务业

❶　HANSEN N. Do producer services induce regional economic development[J]. Journal of regional science, 1990(4):465-476.

❷　MACPHERSON A. The role of producer service out sourcing in the innovation performance of New York state manufacturing firms[J]. Annals of the association of American geographers, 1997:52-71.

❸　HELSLEY R W, STRANGE W C. Coagglomeration, clusters, and the scale and composition of cities[J]. Journal of political economy, 2014, 122(5):1064-1093.

❹　唐珏岚. 原生与嵌入：上海生产性服务业集聚区形成的两种模式 [J]. 当代经济管理, 2010 (12)：49-53.

❺　王琢卓，韩峰，赵玉奇. 生产性服务业对经济增长的集聚效应研究——基于中国地级城市面板 VAR 分析 [J]. 经济经纬, 2012 (4)：1-5.

❻　吉亚辉，甘丽娟. 生产性服务业集聚与经济增长的空间计量分析 [J]. 工业技术经济, 2015, 34 (7)：46-53.

❼　于斌斌. 中国城市生产性服务业集聚模式选择的经济增长效应——基于行业、地区与城市规模异质性的空间杜宾模型分析 [J]. 经济理论与经济管理, 2016 (1)：98-112.

❽　曾艺，韩峰，刘俊峰. 生产性服务业集聚提升城市经济增长质量了吗 [J]. 数量经济技术经济研究, 2019 (5)：83-100.

集聚大多从外部性的视角出发，研究生产性服务业集聚引致的外部溢出效应对城镇化、劳动生产率、经济增长、产业结构、工业效率、环境污染、能源效率和碳排放等的影响。

韩峰等研究中国 284 个地级及以上城市生产性服务业集聚对城市化的影响。结果显示，生产性服务业专业化和多样化集聚对城市化具有显著的技术溢出效应，且专业化集聚效果更明显。❶ 惠炜、韩先锋的研究表明生产性服务业集聚能显著提升劳动生产率，但集聚效应存在明显的空间差异，仅促进了东部和西部地区劳动生产率；运用面板门限模型研究发现，生产性服务业集聚对劳动生产率有着显著的正向边际效率递减的非线性动态影响。❷ 张萃的研究表明生产性服务业的集聚对城市生产率的增长具有明显的促进效应❸，而且生产性服务业集聚对城市创新经济增长具有正向溢出效应❹，但同时生产性服务业集聚模式选择对经济增长的影响效应受到行业结构、地区差异和城市规模的约束。❺❻ 孙畅、曾庆均的研究表明生产性服务业集聚能显著促进我国产业结构优化升级❼，张治栋、黄钱利的研究也表明生产性服务业集聚对于产业结构高级化的促进作用明显❽，生产性服务业集聚主要通过波特外部性促进了产业结构升级，而生产性服务业集聚的马歇

❶ 韩峰，洪联英，文映. 生产性服务业集聚推进城市化了吗？［J］. 数量经济技术经济研究，2014（12）：3-21.

❷ 惠炜，韩先锋. 生产性服务业集聚促进了地区劳动生产率吗？［J］. 数量经济技术经济研究，2016（10）：37-56.

❸ 张萃. 生产性服务业集聚对中国城市生产率增长的影响——基于城市等级体系视角的分析［J］. 城市问题，2016（6）：61-69.

❹ 刘丽萍，刘家树. 生产性服务业集聚、区域经济一体化与城市创新经济增长［J］. 经济经纬，2019，36（5）：25-32.

❺ 于斌斌. 中国城市生产性服务业集聚模式选择的经济增长效应——基于行业、地区与城市规模异质性的空间杜宾模型分析［J］. 经济理论与经济管理，2016（1）：98-112.

❻ 李斌，杨冉. 生产性服务业集聚与城市经济绩效［J］. 产业经济研究，2020（1）：128-142.

❼ 孙畅，曾庆均. 生产性服务业集聚能否促进我国产业结构优化升级？——基于2005—2013年省际面板数据的实证检验［J］. 科技管理研究，2017（1）：105-110.

❽ 张治栋，黄钱利. 产业集聚对产业结构升级的影响——基于空间计量和面板门槛模型的实证分析［J］. 当代经济管理，2021（2）：57-64.

尔外部性和雅各布斯（Jacobs）外部性对产业结构升级存在显著的抑制效应。[1] 大冢等（Otsuka et al.）[2] 和程中华等[3]的研究表明生产性服务业集聚不仅可以提升本地区的工业效率，还能通过空间外溢效应提升周围地区的工业效率。还有部分学者研究了生产性服务业集聚对污染排放的影响。刘胜、顾乃华的研究表明生产性服务业的集聚发展有利于促进城市工业污染减排[4]，余泳泽、刘凤娟认为生产性服务业集聚对水污染和空气污染起到抑制作用[5]，郭然、原毅军的研究表明生产性服务业集聚对环境污染有显著的抑制作用。[6] 杨校美等的研究也表明生产性服务业专业化集聚对城市的环境污染产生了显著的抑制作用。[7] 李小帆、张洪潮认为生产性服务业产业集聚对碳排放存在双门限效应，随着城镇化水平的提升，生产性服务业对碳排放的负相关关系表现为强—弱—强的特征。[8]

可以看出，大多数的研究表明，生产性服务业集聚的正外部性作用得到了有效发挥，但不同的集聚模式和不同类别之间存在差异。对于生产性服务业集聚外部性的传导机制，大多数以经验总结或统计描述形式出现，对于生产性服务业集聚外部性的传导机制缺乏深入系统的实证研究。

[1] 于斌斌. 生产性服务业集聚如何促进产业结构升级？——基于集聚外部性与城市规模约束的实证分析 [J]. 经济社会体制比较，2019（2）：30-43.

[2] OTSUKA A，GOTO M，SUEYOSHI T. Industrial agglomeration effects in Japan：Productive efficiency，market access，and public fiscal transfer[J]. Papers in regional science，2010，89（4）：819-840.

[3] 程中华，李廉水，刘军. 生产性服务业集聚对工业效率提升的空间外溢效应 [J]. 科学学研究，2017，35（3）：364-371，378.

[4] 刘胜，顾乃华. 行政垄断、生产性服务业集聚与城市工业污染——来自260个地级及以上城市的经验证据 [J]. 财经研究，2015（11）：95-107.

[5] 余泳泽，刘凤娟. 生产性服务业空间集聚对环境污染的影响 [J]. 财经问题研究，2017（8）：23-29.

[6] 郭然，原毅军. 生产性服务业集聚、制造业集聚与环境污染——基于省级面板数据的检验 [J]. 经济科学，2019（1）：82-94.

[7] 杨校美，张永进，曾瑞，等. 生产性服务业集聚对环境污染的影响研究——来自长江经济带城市的证据 [J]. 南京财经大学学报，2021（6）：99-108.

[8] 李小帆，张洪潮. 产业集聚对碳排放的影响研究——以城镇化水平为门槛的非线性分析 [J]. 生态经济，2019，35（10）：31-36.

五是侧重研究生产性服务业集聚对制造业效率、制造业升级、制造业竞争力、制造业全要素生产率等的影响。生产性服务业与制造业融合发展成为研究的热点问题。❶ 宣烨指出生产性服务业的集聚效应有利于降低交易成本❷，于斌斌指出其可进而提高制造业生产效率。❸ 在空间层面的研究发现，集聚效应还能促进邻近地区制造业生产效率的提升，外溢效应具有衰减性。❹ 盛丰考虑空间因素，研究表明生产性服务业集聚有利于制造业升级优化。❺ 韩同银等在对生产性服务业集聚与制造业的协同路径进行研究时得出同样的结论，认为生产性服务业集聚有利于制造业升级。❻ 韩峰、阳立高的研究表明，生产性服务业专业化集聚通过发挥规模经济效应和技术外溢效应，对本地和周边地区制造业结构升级均产生了显著促进作用，而多样化集聚仅通过规模经济效应促进了本地区制造业结构升级，且长期效应大于短期。❼ 李晓阳等的研究表明，生产性服务业专业化集聚对制造业绿色转型升级的影响显著为负，而多样化集聚对制造业绿色转型升级的影响显著为正，且信息通信技术在两种集聚模式对制造业绿色转型升级的影响中起正向调节作用。❽ 江茜、王耀中研究认为，生产性服务业集聚通过推动制造业升级、促进制造业创新和支撑制造业集聚三个角度作用于制造业竞争力；

❶ 孔令夷，邢宁. 生产性服务业与制造业的互动差异——基于区域及行业视角[J]. 山西财经大学学报，2019，41（4）：46-62.

❷ 宣烨. 生产性服务业空间集聚与制造业效率提升——基于空间外溢效应的实证研究[J]. 财贸经济，2012（4）：121-128.

❸ 于斌斌. 生产性服务业集聚能提高制造业生产率吗？——基于行业、地区和城市异质性视角的分析[J]. 南开经济研究，2017（2）：112-132.

❹ 余泳泽，刘大勇，宣烨. 生产性服务业集聚对制造业生产效率的外溢效应及其衰减边界——基于空间计量模型的实证分析[J]. 金融研究，2016（2）：23-36.

❺ 盛丰. 生产性服务业集聚与制造业升级：机制与经验——来自230个城市数据的空间计量分析[J]. 产业经济研究，2014（3）：32-39.

❻ 韩同银，李宁. 河北省生产性服务业集聚对制造业升级的影响——基于京津冀协同发展视角[J]. 河北经贸大学学报，2017，38（5）：83-88.

❼ 韩峰，阳立高. 生产性服务业集聚如何影响制造业结构升级？一个集聚经济与熊彼特内生增长理论的综合框架[J]. 管理世界，2020（2）：72-94.

❽ 李晓阳，代柳阳，牟士群，等. 生产性服务业集聚与制造业绿色转型升级——信息通信技术的调节作用[J]. 西南大学学报（社会科学版），2022，48（1）：83-96.

生产性服务业集聚正向作用于制造业竞争力并且通过空间外溢辐射影响周边地区制造业竞争力，外商直接投资、城市交通水平和人力资本对制造业竞争力加强促进作用显著。❶ 宣烨、余泳泽运用微观企业数据，实证发现生产性服务业集聚对城市制造业企业全要素生产率具有促进作用；通过异质性分析发现，促进作用在不同分类情况下存有差异：多样化集聚大于专业化集聚，低端集聚大于高端集聚，国有制造业大于非国有制造业。❷ 于斌斌、吴丹基于集聚外部性的角度理论分析了生产性服务业集聚对制造业创新效率提升的影响机制，结果表明，生产性服务业集聚的马歇尔外部性和波特外部性能提升制造业创新效率，而雅各布斯外部性对制造业创新效率的影响并不显著。从区域异质性来看，在东部地区，生产性服务业集聚的波特外部性对制造业创新效率的促进效应更为显著，而在中西部地区，生产性服务业集聚的马歇尔外部性对制造业创新效率的提升作用更为显著。❸

另外，大量学者针对生产性服务业与制造业的协同集聚进行了研究。李强的研究指出，生产性服务业与制造业具有明显的协同集聚现象，城市规模会促进这一协同集聚效应的扩大。❹ 杨仁发指出生产性服务业与制造业的协同集聚能明显提高地区工资水平。❺ 豆建民、刘叶利用 285 个地级及以上城市数据研究指出，生产性服务业与制造业的协同集聚对城市经济增长存在双门限效应。❻

通过文献梳理，笔者发现直接就生产性服务业集聚对制造业碳排放效

❶　江茜，王耀中. 生产性服务业集聚与制造业竞争力 [J]. 首都经济贸易大学学报，2015（12）：74-80.

❷　宣烨，余泳泽. 生产性服务业集聚对制造业企业全要素生产率提升研究——来自 230 个城市微观企业的证据 [J]. 数量经济技术经济研究，2017，34（2）：89-104.

❸　于斌斌，吴丹. 生产性服务业集聚如何提升制造业创新效率？——基于集聚外部性的理论分析与实证检验 [J]. 科学决策，2021（3）：18-35.

❹　李强. 基于城市视角下的生产性服务业与制造业双重集聚研究 [J]. 商业经济与管理，2013（1）：70-78.

❺　杨仁发. 产业集聚与地区工资差距——基于我国 269 个城市的实证研究 [J]. 管理世界，2013（8）：41-52.

❻　豆建民，刘叶. 生产性服务业与制造业协同集聚是否能促进经济增长——基于中国 285 个地级及以上城市的面板数据 [J]. 现代财经（天津财经大学学报），2016，36（4）：92-102.

率的研究鲜有涉足。

六是随着空间经济学的兴起，逐渐过渡到生产性服务业集聚的空间溢出效应。张素庸等采用动态空间杜宾模型，实证检验了省域范围内的生产性服务业集聚及其空间溢出效应对绿色全要素生产率的影响，提出各地应结合自身要素禀赋和比较优势进行科学规划，制定适宜的生产性服务业集聚模式。❶ 曾庆均等研究生产性服务业集聚与区域创新效率的空间溢出效应，认为生产性服务业具有知识密集型优势，有利于知识和技术溢出，同时创新效率较高的区域能为生产性服务业集聚提供良好的创新环境，中国各地区生产性服务业集聚与创新效率相互促进作用明显，存在显著的空间溢出效应。❷ 林秀梅和曹张龙运用 SDM 模型（spatial data modelling，空间数据模型）基于中国 2003—2016 年 31 个省、自治区、直辖市（不含港澳台）进行实证检验，验证了生产性服务业集聚可以促进本地区与相邻地区的产业结构升级。❸ 任阳军等基于中国 236 个地级市的面板数据，运用动态空间计量模型探究生产性服务业集聚对环境污染的影响及其空间溢出效应。结果显示：中国城市环境污染存在明显的空间正相关性，而且对相邻城市环境污染产生负向空间溢出效应；生产性服务业专业化集聚在短期和长期上均显著降低本市的环境污染，对相邻城市环境污染的影响则不显著。❹ 于斌斌从理论和实证角度研究了生产性服务业集聚对能源效率的影响作用及其空间溢出效应。结果显示，生产性服务业集聚的雅各布斯外部性显著提升了本地区的能源效率，还对周边地区具有明显的空间溢出效应，而生产性服务业集聚的马歇尔外部性仅利于本地区的能源效率提升。❺ 韩峰、谢锐的

---

❶ 张素庸，汪传旭，任阳军. 生产性服务业集聚对绿色全要素生产率的空间溢出效应 [J]. 软科学，2019，33（11）：11-15，21.

❷ 曾庆均，王纯，张晴云. 生产性服务业集聚与区域创新效率的空间效应研究 [J]. 软科学，2019，33（1）：24-28.

❸ 林秀梅，曹张龙. 中国生产性服务业集聚对产业结构升级的影响及其区域差异 [J]. 西安交通大学学报（社会科学版），2020，40（1）：30-37.

❹ 任阳军，何彦，李伯棠，等. 生产性服务业集聚对环境污染的空间溢出效应研究 [J]. 技术经济，2019（12）：67-76.

❺ 于斌斌. 生产性服务业集聚与能源效率提升 [J]. 统计研究，2018，35（4）：30-40.

研究发现，城市层面生产性服务业专业化和多样化集聚并未产生预期中的碳减排效应，但显著提升了周边城市碳排放水平。[1] 而全国层面专业化集聚有助于促进碳排放降低，而多样化集聚促进了碳排放增加。[2]

2.2.2 制造业碳排放效率相关研究

与本书密切相关的碳排放效率研究主要集中于以下几个方面。

一是如何界定和测算制造业碳排放效率。碳排放效率早期主要借鉴卡亚（Kaya）等提出的碳生产率概念，并将其界定为国内生产总值与生产中碳排放量之比。[3] 还有学者提出采用人均二氧化碳排放、单位能源二氧化碳排放、单位 GDP 二氧化碳排放、累计人均排放量等评价指标，以上研究涉及的碳排放效率均由二氧化碳排放总量与某一变量的比重来表示，仅具有"单要素"的特征，忽略能源结构、经济发展等要素替代的影响。从全要素的视角出发，DEA 开始广泛应用于污染排放等环境绩效的评价之中[4]，解决了考虑非合意产出的效率测评问题。[5][6] 后续相关研究将 SBM 模型的应用拓展到效率

[1] 韩峰，谢锐. 生产性服务业集聚降低碳排放了吗？——对我国地级及以上城市面板数据的空间计量分析 [J]. 数量经济技术经济研究，2017，34（3）：40-58.

[2] 刘城宇，韩峰. 生产性服务业集聚有助于降低碳排放吗 [J]. 南京财经大学学报，2017（1）：91-101.

[3] KAYA Y, YOKOBORI K. Environment, energy and economy: strategies for sustainability [M]. Delhi: Bookwell Publications, 1999.

[4] GUO X D, ZHU L, FAN Y, et al. Evaluation of potential in carbon emissions in Chinese provinces based on environmental DEA[J]. Energy policy, 2011, 39(5): 2352 – 2360.

[5] CHUNG Y H, FÄRE R, GROSSKOPY S. Productivity and undesirable outputs: a directional distance function approach[J]. Journal of environmental management, 1997, 51(3): 229-240.

[6] 李小胜，张焕明. 中国碳排放效率与全要素生产率研究 [J]. 数量经济技术经济研究，2016（8）：64-79，161.

测度领域。❶❷❸

　　二是测算区域、城市、行业碳排放效率以及时间和空间的演变特征。❹马大来等采用 1998—2011 年我国 30 个省份的面板数据分析，得出我国省际碳排放效率表现出较大的省际差异性，东部沿海省份的平均碳排放效率显著高于内陆省份。分地区看，东部地区的碳排放效率走势相对平稳，全国及中西部地区的碳排放效率则呈现出 U 形曲线的特征，并且东部地区的碳排放效率明显要高于中西部地区。❺孙秀梅采用 DEA 和 SE-DEA（Supper Efficiency-data Envelopment Analysis，超效率-数据包络分析）模型对中国106 个资源型地级市的碳排放效率进行深入研究，发现在不同阶段这 106 个地级市的碳排放效率存在显著差异，同一类型的城市之间也存在明显差异。❻孙秀等结合应用三阶段 DEA 和超效率 SBM 模型对我国东西地区的碳排放效率进行测度研究，发现东西部碳排放效率存在显著差异，且引起差异的主要驱动力量是科技因素。❼宋金昭等在计算 2005—2015 年我国 30 个省域建筑业碳排放量的基础上，运用考虑非期望产出的 SBM 模型测算了各省建筑业的碳排放效率，表明我国建筑业碳排放量整体先上升后下降，各地区间碳排放量和碳排放效率差距较大，且均呈现东、中、西部渐次递减

　　❶　MARKLUNDA P O,SAMAKOVLISB E. What is driving the EU burden-sharing agreement:efficiency or equity? [J]. Journal of environmental management,2007,85(2):317-329.

　　❷　GOMEZ-CALVET R. Energy efficiency in the European Union:what can be learned from the joint application of directional distance functions of directional distance functions and slacks-based measures? [J]. Applied energy,2014,132(11):137-154.

　　❸　王惠，卞艺杰，王树乔. 出口贸易、工业碳排放效率动态演进与空间溢出 [J]. 数量经济技术经济研究，2016（1）：3-19.

　　❹　SUEYOSHI T,GOTO M. DEA approach for unified efficiency measurement:Assessment of Japanese fossil fuel power generation[J]. Energy economics,2011,33(2):292-303.

　　❺　马大来，陈仲常，王玲. 中国省际碳排放效率的空间计量 [J]. 中国人口·资源与环境，2014（12）：67-77.

　　❻　孙秀梅，王格，董会忠，等. 基于 DEA 与 SE-SBM 模型的资源型城市碳排放效率及影响因素研究——以全国 106 个资源型地级市为例 [J]. 科技管理研究，2016（23）：78-84.

　　❼　孙秀梅，张慧，綦振法，等. 我国东西地区的碳排放效率对比及科技减排路径研究——基于三阶段 DEA 和超效率 SBM 模型的分析 [J]. 华东经济管理，2016（4）：74-79.

趋势, 东、中部平均碳排放效率在 0.7 上下波动, 西部仅为 0.5~0.6。❶ 岳立、雷燕燕、王杰的研究表明我国省域旅游碳排放效率现处于中等水平, 增速平缓, 具有一定路径锁定特征, 局部空间呈波动性增长格局; 可分为低效率制约、低效率驱动、高效率制约和高效率驱动四种省域发展模式。❷ 蔺雪芹、边宇、王岱的研究表明 2000—2018 年京津冀地区工业碳排放效率不断提高, 空间格局由 "中心高, 四周低" 向 "高值区带状集聚, 低值区分散" 转变, 城市间工业碳排放效率差异减小。工业行业间碳排放效率差异大, 不同行业碳排放效率空间格局差异显著。❸ 总体来看, 区域、城市与行业之间碳排放效率存在明显差异, 随着经济的发展、技术水平的提高以及环境规制的增强, 碳排放效率也在逐步提升, 而且部分研究表明碳排放效率在空间上存在着集聚特征。

三是影响机制与影响因素。马大来将空间计量模型引入碳排放效率影响因素模型中, 分别从全国和区域两个层面进行分析, 结果表明产业结构、能源消费结构、城镇化水平等对两个层面的碳排放效率均有正向影响作用。❹ 李若影在空间计量基础上分析了中国交通行业的碳排放效率影响因素, 发现人口、能源强度和城镇化会对碳排放起到抑制作用, 而运输结构优化会促进碳排放效率提升。❺ 蔡火娣对中国省区二氧化碳排放效率影响因素进行探究, 结果发现所有制结构和对外开放程度与碳排放效率均呈现正相关, 工业结构、能源结构和政府干预程度与碳排放效率呈负相关。❻ 宋杰

❶ 宋金昭, 郭芯羽, 王晓平, 等. 中国建筑业碳排放效率区域差异及收敛性分析——基于 SBM 模型与面板单位根检验 [J]. 西安建筑科技大学学报 (自然科学版), 2019 (2): 301-308.

❷ 岳立, 雷燕燕, 王杰. 中国省域旅游业碳排放效率时空特征及影响因素分析 [J]. 统计与决策, 2020 (16): 69-73.

❸ 蔺雪芹, 边宇, 王岱. 京津冀地区工业碳排放效率时空演化特征及影响因素 [J]. 经济地理, 2021 (6): 187-195.

❹ 马大来. 中国区域碳排放效率及其影响因素的空间计量研究 [D]. 重庆: 重庆大学, 2015: 161.

❺ 李若影. 基于空间计量模型的中国交通运输业碳排放影响因素分析 [D]. 西安: 长安大学, 2017: 55.

❻ 蔡火娣. 基于 RAM-SFA 模型的中国二氧化碳排放效率影响因素分析 [J]. 当代经济, 2017 (26): 86-89.

鲲探究了山东省 17 个城市的碳排放效率影响因素，发现能源消费结构、产业结构和城镇化均会降低碳排放效率，而对外开放水平和科技水平会大大提升碳排放效率。❶ 李凯风在外资转移视角下，利用面板模型对三大经济圈内部碳排放效率影响因素进行探究，研究表明经济发展水平、环境规制、政府干预程度、要素禀赋水平对实际碳效率和内部碳效率均有显著影响。❷ 一些学者的研究表明外商直接投资还会通过技术溢出等效应对碳排放产生显著影响。❸❹❺ 一些学者重点研究了技术水平对碳排放效率的影响机制和作用渠道，并提出相应的减排政策措施。❻❼ 郑（Zheng）以能源强度代表碳排放效率水平，采用 1999—2007 年中国 20 个工业子行业数据集的面板变量系数回归模型，研究了出口对工业能源强度的影响，结果表明，出口增加加剧了工业部门的能源强度，出口对能源强度的影响存在很大差异。❽ 朱德进、杜克锐的研究表明各省市的进出口贸易与碳排放效率之间存在倒 U 形关系，对于大多数省市来说，进出口贸易促进了碳排放效率的提高；随着

❶ 宋杰鲲，梁璐璐，牛丹平，等. 山东省地市碳排放效率测度、影响因素与提升对策 [J]. 中国石油大学学报，2018（1）：15-21.

❷ 李凯风，倪静池，张卓. 三大经济圈内部碳排放绩效的影响因素分析——基于外资转移视角 [J]. 武汉金融，2018（3）：50-55.

❸ 周杰琦，韩颖，张莹. 外资进入、环境管制与中国碳排放效率：理论与经验证据 [J]. 中国地质大学学报（社会科学版），2016（2）：50-62.

❹ GOKMENOGLU K, TASPINAR N. The relationship between CO_2 emission, energy consumption, economic growth and FDI: the case of Turkey[J]. Journal of international trade & economic development, 2016, 25(5): 706-723.

❺ BEHERA S R, DASH D P. The effect of urbanization, energy consumption, and foreign direct investment on the carbon dioxide emission in the SSEA(south and southeast Asian) region [J]. Renewable and sustainable energy reviews, 2017(70): 96-106.

❻ 周琳. 基于技术进步的中国省际碳排放效率研究 [D]. 北京：中国石油大学（北京），2016：51.

❼ 李小胜，张焕明. 中国碳排放效率与全要素生产率研究 [J]. 数量经济技术经济研究，2016（8）：64-79.

❽ ZHENG Y, QI J, CHEN X. The effect of increasing exports on industrial energy intensity in China[J]. Energy policy, 2011, 39(5): 2688-2698.

进出口贸易的增加，碳排放效率呈现先提高后降低的趋势。❶ 孙爱军的研究表明，碳排放效率随着出口贸易的增加呈现出倒 U 形曲线特征。❷ 马艳艳、逯雅雯认为作为技术进步的重要来源，外商直接投资能够显著提高二氧化碳排放效率；自主创新技术进步和进口对于提升二氧化碳排放效率具有显著的抑制作用；出口对于二氧化碳排放效率的抑制作用不显著。❸ 曲晨瑶等认为环境规制、外商投资对高碳排放效率行业、中碳排放效率行业和低碳排放效率行业产生异质性影响。❹ 平智毅、吴学兵、吴雪莲认为经济增长对碳排放效率的提高存在空间溢出效应。❺ 方建春、童杨、陆洲的研究表明能源价格的上升，有助于提升碳排放效率。❻ 马海良、张格琳认为能源偏向性技术进步对碳排放效率具有负向影响，而非能源偏向性技术进步与能源价格对碳排放效率具有正向影响，且负向影响大于正向影响。❼ 总体来看，大多数文献认为经济增长、产业结构、能源结构、环境管制、技术进步、对外贸易和外商直接投资等是影响碳排放效率的主要因素，这些因素主要是通过生产率的改变或是能源利用效率的变化对碳排放效率产生影响。

2.3　研究述评

学界对生产性服务业集聚的相关研究较多，与本书密切相关的研究主

---

❶ 朱德进，杜克锐. 对外贸易、经济增长与中国二氧化碳排放效率 [J]. 山西财经大学学报，2013（5）：1-11.

❷ 孙爱军. 省际出口贸易、空间溢出与碳排放效率——基于空间面板回归偏微分效应分解方法的实证 [J]. 山西财经大学学报，2015（3）：1-10.

❸ 马艳艳，逯雅雯. 不同来源技术进步与二氧化碳排放效率——基于空间面板数据模型的实证 [J]. 研究与发展管理，2017（8）：33-41.

❹ 曲晨瑶，李廉水，程中华. 中国制造业行业碳排放效率及其影响因素 [J]. 科技管理研究，2017（4）：60-68.

❺ 平智毅，吴学兵，吴雪莲. 长江经济带碳排放效率的时空差异及其影响因素分析 [J]. 生态经济，2020（3）：31-37.

❻ 方建春，童杨，陆洲. 财政分权、能源价格波动与碳排放效率 [J]. 重庆社会科学，2021（7）：5-17.

❼ 马海良，张格琳. 偏向性技术进步对碳排放效率的影响研究——以长江经济带为例 [J]. 软科学，2021（7）：12.

要集中于以下几个方面。一是生产性服务业集聚度的测算。从分析来看，关于如何合理、准确度量生产性服务业集聚程度仍然是值得深入研究的问题。二是生产性服务业集聚动因的研究，不同学者从不同角度进行了解读。三是生产性服务业集聚外部性的影响及作用机制。大多数的研究表明集聚正外部性的作用得到了发挥，但不同的集聚模式和不同类别之间存在差异。四是侧重研究生产性服务业集聚对制造业效率的影响。直接就生产性服务业集聚对制造业碳排放效率的研究鲜有涉足。碳排放效率研究主要集中于以下几个方面：一是如何界定和测算制造业碳排放效率；二是测算区域、城市、行业碳排放效率以及时间和空间的演变特征；三是碳排放效率影响机制与影响因素方面的研究。

现有文献为本书的研究提供了许多理论上的支撑和政策上的指导，但尚存在如下几个方面的问题有待于进一步深入探讨。第一，现有文献大多从能源价格、环境规制、产业结构、技术进步、外商直接投资和国际贸易等角度研究提高碳排放效率的途径，直接从生产性服务业集聚的视角研究对制造业碳排放效率影响的文献还很少。第二，虽然现有研究考虑了制造业碳排放效率在区域层面上存在空间相关性，但是忽略了空间溢出效应的有限边界，因此本章考虑了空间溢出效应随距离衰减特征，在揭示生产性服务业集聚对制造业碳排放效率的溢出效应有效边界的基础上，区分了不同行业和不同规模城市的生产性服务业集聚对制造业碳排放效率的直接效应和溢出效应。第三，采用中介效应模型就生产性服务业集聚对制造业碳排放效率的影响机制进行系统研究。

2.4 本章小结

本书的理论基础包括产业集聚理论、环境经济学理论、分工协作理论以及协同演化理论等。生产性服务业集聚属于产业集聚的一种形式，而制造业碳排放效率与气候变化问题紧密相关，也属于环境经济学的范畴。生产性服务业集聚对制造业碳排放效率的影响本质上与产业分工、产业协同演化紧密相关。

通过相关文献梳理，与本书密切相关的研究主要集中在以下层面：关于生产性服务业集聚的研究，一是生产性服务业集聚度的测算；二是生产性服务业集聚动因的研究；三是生产性服务业集聚的经济增长效应研究；四是生产性服务业集聚外部性的影响及作用机制；五是侧重研究生产性服务业集聚对制造业效率、制造业升级、制造业竞争力等方面的影响；六是随着空间经济学的兴起，开始关注生产性服务业集聚的空间溢出效应。关于制造业碳排放效率的研究，一是如何界定和测算碳排放效率；二是测算区域、城市、行业碳排放效率以及时间和空间的演变特征；三是碳排放效率影响机制与影响因素方面的研究。现有研究有待进一步深入和扩展的地方主要体现在：直接就生产性服务业集聚对制造业碳排放效率的文献还很少；现有研究忽略了空间溢出效应的有限边界；生产性服务业集聚对制造业碳排放效率的影响机制缺乏系统的研究。本书将从上述几个方面进一步深入研究。

生产性服务业集聚对
制造业碳排放效率影响的机理

本章首先对生产性服务业集聚和制造业碳排放效率的概念和内涵进行界定，其次通过理论模型考察生产性服务业集聚与制造业碳排放效率的关系，最后进一步分析生产性服务业集聚对制造业碳排放效率影响的理论机制。

3.1 概念界定

3.1.1 生产性服务业集聚

3.1.1.1 生产性服务业的概念和内涵

不同学者对生产性服务业的概念和内涵进行了界定。1962年，国外学者马克卢普（Machlup）指出生产知识是生产性服务业的本质。[1] 1996年，格林菲尔德（Greenfield）针对服务业及其分类展开了分析和研究，并首次提出生产性服务业概念。生产性服务业是以市场为导向的中间投入服务，可用于商品和服务的进一步生产，属于非最终消费服务的一种。丹尼尔斯（Daniels）提出服务业应当分为消费性服务业和生产性服务业两类，从服务业中剔除前者剩余的则为生产性服务业。希利和利佰瑞（Healey and Ilbery）也指出生产性服务业即那些为其他产业提供服务的中间产业，能够辅助其

---

[1] MACHLUP H F. The production and distribution of knowledge in the United States [M]. Princeton：Princeton University Press，1962.

他生产者更好地生产产品。● 卡尔-约翰等（Karl-Johan et al.）将生产性服务业定义为代表先进性、专业性和高度知识密集性的服务企业的集合，甚至涵盖了专门为企业提供服务的行业。生产性服务业是具备高知识密集性、专业性和高需求性的服务业，属于生产系统的中间部门，为其他生产活动提供服务。●

　　我国对生产性服务业的发展研究起步较晚，且以延续国外的相关研究为主。侯学钢等通过分析和研究，将生产性服务业概括为制造商服务业，并且指出，生产性服务业是以为社会物质生产提供各种非物质形态的服务为宗旨，且生产性服务业在西方"工厂制"确立之后才得到了迅速的发展。● 钟韵、闫小培通过研究指出，生产性服务业提供服务的主体是生产、经营活动的企业及政府，而不是个体消费者。生产性服务虽然在工业生产的各个环节都极其重要，但是在生产活动或物质改造活动中并没有直接参与其中，属于间接参与。● 程大中认为投资于其他产业的中间服务就称之为生产性服务业。● 生产性服务业是分工细化、深化和降低交易成本共同作用的结果●，是从制造业中分离开来的独立部门，具有信息、知识、技术、人才密集等特征。●● 郑休休、赵忠秀指出，生产性服务业作为中间投入被其

　　● HEALEY M J, ILBERY B W. Location and change: perspectives on economic geography [M]. New York: Oxford University Press, 1990.

　　● SEO H J, LEE Y S, KIM H S. Does international specialization in producer services warrant sustainable growth? [J]. The service industries journal, 2011, 31(8): 1279-1291.

　　● 侯学钢, 彭再德. 上海城市功能转变与地域空间结构优化 [J]. 城市规划, 1997 (4): 8-11.

　　● 钟韵, 闫小培. 西方地理学界关于生产性服务业作用研究述评 [J]. 人文地理, 2005 (3): 12-17, 5.

　　● 程大中. 中国生产者服务业的增长、结构变化及其影响——基于投入产出法的分析 [J]. 财贸经济, 2006 (10): 45-52, 96-97.

　　● 梁红艳. 中国城市群生产性服务业分布动态、差异分解与收敛性 [J]. 数量经济技术经济研究, 2018, 35 (12): 40-60.

　　● 江曼琦, 席强敏. 生产性服务业与制造业的产业关联与协同集聚 [J]. 南开学报 (哲学社会科学版), 2014 (1): 153-160.

　　● 李平, 付一夫, 张艳芳. 生产性服务业能成为中国经济高质量增长新动能吗 [J]. 中国工业经济, 2017 (12): 5-21.

他行业所使用的产出超过自身总产出的一半是确定生产性服务业的常用标准。❶

尽管不同学者对生产性服务业有不同的界定，但可以看出，生产性服务业是一种具有较强的产业关联性现代服务业，同时也是一种高集聚、高辐射、高就业的知识和技术密集型产业，在带动区域经济发展及提升区域竞争力中发挥着重要作用。生产性服务业是指为保持工业生产过程的连续性、促进工业技术进步、产业升级和提高生产效率提供保障服务的服务行业。它是与制造业直接相关的配套服务业，是从制造业内部的生产服务部门独立发展起来的新兴产业，本身并不向消费者提供直接、独立的服务效用。生产性服务业依附于制造业企业，贯穿于企业生产的上游、中游和下游诸环节中，以人力资本和知识资本作为主要投入品，把日益专业化的人力资本和知识资本引进制造业，是二三产业加速融合的关键环节。❷

国内有关生产性服务业的行业范围划定的争论主要有两点：一是房地产业是否应当纳入生产性服务业的范畴？早期一些学者，如陈建军等❸、高觉民等❹、王恕立等❺将房地产确定为生产性服务业的代表，但国务院 2012 年 12 月印发的《服务业发展"十二五"规划》中，明确将房地产业划归到生活性服务业行列；盛龙等❻则将服务业分为生产性、消费性和公共性服务业，而房地产业划归为消费性服务业。二是诸如交通运输此类行业，不仅向生产者提供运输服务，成为生产活动的辅助性服务业，同时也面向最终

❶ 郑休休，赵忠秀. 生产性服务中间投入对制造业出口的影响——基于全球价值链视角 [J]. 国际贸易问题，2018（8）：52-65.

❷ 李莉. 生产性服务业集聚对城镇化质量的影响研究 [D]. 蚌埠：安徽财经大学，2018.

❸ 陈建军，陈国亮，黄洁. 新经济地理学视角下的生产性服务业集聚及其影响因素研究——来自中国 222 个城市的经验证据 [J]. 管理世界，2009（4）：83-95.

❹ 高觉民，李晓慧. 生产性服务业与制造业的互动机理：理论与实证 [J]. 中国工业经济，2011（6）：151-160.

❺ 王恕立，胡宗彪. 中国服务业分行业生产率变迁与异质性考察 [J]. 经济研究，2012，47（4）：15-27.

❻ 盛龙，陆根尧. 中国生产性服务业集聚及其影响因素研究——基于行业和地区层面的分析 [J]. 南开经济研究，2013（5）：115-129.

消费者提供服务，是否应当纳入生产性服务业的行列？在 2015 年，国家统计局印发的《生产性服务业分类（2015）》中，将货物运输、仓储和邮政快递服务纳入到生产性服务业的范畴。

关于生产性服务业的行业划分，经历了几个重要的时间节点。早在 2011 年，《中华人民共和国国民经济和社会发展第十二个五年规划纲要》中把金融服务业、商务服务业、信息服务业、交通服务业、现代物流业划分为生产性服务业。2012 年，国务院印发的《服务业发展"十二五"规划》中，进一步将生产性服务业细分为交通运输业、现代物流业、高技术服务业、设计咨询业、商务服务业、科技服务业、电子商务、工程咨询服务业、节能环保服务业、人力资源服务业、新型业态和新兴产业。2019 年，国家统计局印发了关于《生产性服务业统计分类（2019）》的通知，依据《国民经济行业分类》（GB/T 4754—2017），国家统计局对《生产性服务业分类（2015）》部分内容进行了修订。本次修订延续了 2015 版的分类原则、方法和框架，根据新旧国民经济行业的对应关系，进行结构调整和行业编码的对应转换，并充分考虑与生活性服务业统计分类标准的衔接性，形成《生产性服务业统计分类（2019）》。❶本分类的范围包括为生产活动提供的研发设计与其他技术服务，货物运输、通用航空生产、仓储和邮政快递服务，信息服务，金融服务，节能与环保服务，生产性租赁服务，商务服务，人力资源管理与职业教育培训服务，批发与贸易经纪代理服务，生产性支持服务。生产性服务业的分类详见表 3.1。❷

表 3.1　生产性服务业的分类

年份	来源	分类
2011	《中华人民共和国国民经济和社会发展第十二个五年规划纲要》	金融服务业、商务服务业、信息服务业、交通服务业、现代物流业

❶　统计局关于印发《生产性服务业统计分类（2019）》的通知［EB/OL］.（2019-04-01）［2021-07-01］. http://www. gov. cn/gongbao/content/2019/content_5425337. htm.

❷　李军花. 城市群视角下生产性服务业集聚对城市创新力的影响［D］. 广州：暨南大学，2020：15.

年份	来源	分类
2012	《服务业发展"十二五"规划》	交通运输业、现代物流业、高技术服务业、设计咨询业、商务服务业、科技服务业、电子商务、工程咨询服务业、节能环保服务业、人力资源服务业、新型业态和新兴产业
2015	《生产性服务业统计分类（2015）》	研发设计与其他技术服务，货物运输、仓储和邮政快递服务，信息服务，金融服务，节能与环保服务，生产性租赁服务，商务服务，人力资源管理与培训服务，批发经纪代理服务，生产性支持服务
2019	《生产性服务业统计分类（2019）》	研发设计与其他技术服务，货物运输、通用航空生产、仓储和邮政快递服务，信息服务，金融服务，节能与环保服务，生产性租赁服务，商务服务，人力资源管理与职业技能培训服务，批发与贸易经纪代理服务，生产性支持服务

本书考虑到研究对象和数据可获得性，将批发和零售业，交通运输业、仓储及邮政业，信息传输、计算机服务和软件业，金融业，租赁和商业服务业，科学研究、技术服务和地质勘查业六个大行业作为生产性服务业代表，在此基础上开展研究。

3.1.1.2　生产性服务业集聚的内涵

随着经济的发展，服务业逐渐登上历史舞台，在 20 世纪后期逐渐引起人们的广泛关注。斯科特（Scott）认为企业为提升竞争力，将重心放在生产环节，进而将生产以外的环节独立出去。这些被独立出去的大多为那些原先辅助生产的服务活动。但独立以后企业生产又与这些服务有着紧密联系，由此便促成了这些独立的生产服务的聚集。❶ 也有学者认为生产性服务

❶ SCOTT A J. Flexiable production systems and regional development：the rise of new industrial spaces in North America and Western Europe［J］. International journal of urban and regional research，1988（12）：171-186.

业集聚是那些生产性服务业企业为节约交易成本和共享信息资源而有意识地向同一地区集中的现象。在国内，张树林、韩峰等认为生产性服务业集聚即是分工深化导致的生产性服务业供应链上的关联企业在地理上的集中。❶❷ 原毅军、郭然明确指出生产性服务业集聚即是生产性服务企业在某一地区内大量集中。❸ 由此可见，学界有关生产性服务业集聚的概念相对统一，即指从生产活动中逐渐独立出来的中间服务不断向某一地域集中的现象。❹

生产性服务业集聚就是生产性服务业在一定地理空间上的集合。❺ 随着生产性服务业的不断发展，其经济规模不断扩大，生产性服务业呈现出典型的空间集聚发展的特征，集聚逐渐成为其主要的发展形式。❻ 集聚能够通过促进专业化供应商队伍形成、劳动力市场共享以及知识和信息外溢、基础设施建设等提升产业的生产效率与竞争优势。在如今的全球经济版图中，分布着多种多样且大小不一的生产性服务业集聚区，如世界知名的有东京生产性服务业集聚区、美国曼哈顿金融与商务服务业集聚区、印度班加罗尔的软件业集聚区、美国硅谷的电子产业集聚区等，我国也有北京中关村的中介服务业集聚区、上海陆家嘴金融服务业集聚区等。由于近些年信息通信技术（Information and Communications Technology，ICT）的不断发展和广泛应用，金融业和信息服务业等生产性服务业借助信息技术传输无形产品，大大延伸了服务产品的可达距离，使生产性服务业集聚水平呈现出持

❶ 张树林. 现代服务业集群的机理分析 [J]. 黑龙江对外经贸，2007（10）：34-35.

❷ 韩峰，王琢卓，李玉双. 生产性服务业集聚与城市经济增长——基于湖南省地级城市面板数据分析 [J]. 产业经济研究，2011（6）：19-27.

❸ 原毅军，郭然. 生产性服务业集聚、制造业集聚与技术创新——基于省级面板数据的实证研究 [J]. 经济学家，2018（5）：23-31.

❹ 侯欢. 生产性服务业集聚对城市全要素生产率的影响研究 [D]. 重庆：西南大学，2020：19.

❺ KEEBLE D，NACHUM L. Why do business service firms cluster? small consultancies, clustering and decentralization in London and southern England[J]. Transactions of the institute of British geographers,2002,27(1):67-90.

❻ 王帅，吴传琦. 生产性服务业集聚与城市经济增长关系研究——基于35个大中城市的实证分析 [J]. 技术经济与管理研究，2019（12）：125-130.

续上升的趋势。❶

3.1.2 制造业碳排放效率

（1）制造业碳排放。

碳排放是关于温室气体排放的总称，温室气体对太阳光中的可见光（波长较短）具有高度的穿透性，而对地面反射的红外光（波长较长）具有高度的吸收性。当太阳光照射到地球表面时，会使地表升温，地球表面同样会将大量的太阳光再次辐射回外太空，而大气中的温室气体能够截留地球表面的辐射，阻止地球散热，使地球表面变得更暖，就像给地球盖了一层棉被。这种温室气体使地球表面温度上升的效应，就被称为温室效应。温室气体中最主要的组成成分是二氧化碳，《京都议定书》附件中强调了六种温室气体，除二氧化碳外（CO_2），还有甲烷（CH_4）、氧化亚氮（N_2O）、氢氟碳化物（HFC_S）、全氟化碳（PFC_S）和六氟化硫（SF_6）。二氧化碳是重要的温室气体，对地球温室效应的"贡献"最大，因此制造业碳排放可以理解为制造业在生产过程中产生的二氧化碳排放。制造业在生产过程中会消耗掉各种化石燃料能源，主要有煤炭、焦煤、原油、汽油、柴油、煤油、燃料油和天然气等，这些化石燃料能源在使用过程中会向大气层中排放出温室气体二氧化碳，即产生碳排放。依照 2006 年政府间气候变化专门委员会（Intergovernmental Panel on Climate Change，IPCC）国家温室气体清单指南第二卷（能源）第六章提供的参考方法，将制造业各行业消耗的能源种类、数量，结合碳排放因子进行测算并加总，可得到制造业碳排放量。

（2）制造业碳排放效率。

效率代表着在使用同样生产要素的前提下，尽最大可能增加所需产出，也代表在产出一定的前提下，尽最大可能去减少所使用的要素投入。用投入产出的视角来看，制造业碳排放效率可以定义为在投入既定生产要素的前提下，在产生尽量少的二氧化碳的排放量的同时，尽可能去地提升制造业总产值等期望产出，制造业碳排放效率反映出制造业投入和期望产出、

---

❶ 苏晶蕾. 生产性服务业集聚对我国制造业升级的影响研究 [D]. 长春：东北师范大学，2018：133.

非期望产出之间的配置关系。❶

　　对于碳排放效率当前并没有统一的标准概念，所以关于碳排放效率的研究多数围绕环境效率和能源效率的定义进行的。20 世纪末期，帕特森（Patterson）就能源效率的概念发表了见解。他指出能源效率就是在用较少的能源投入量的基础上生产同等水平的产出，简单来说就是单位能源消耗产生的经济收益。❷ 环境效率是由世界可持续发展工商理事会（World Business Council for Sustainable Development，WBCSD）提出，指的是将一个单位的环境作为代价，由此而交换得到的价值。❸ 这个价值既包括物质层面又包括非物质层面，物质层面大多为产品价值，非物质则以服务价值为主。针对碳排放效率问题的早期研究主要围绕卡亚等提出的碳生产率为主，并将其界定为 GDP 与生产中碳排放量之比，其公式是：碳生产率＝GDP/二氧化碳排放量。❹ 还有学者提出采用人均二氧化碳排放、单位能源二氧化碳排放等评价指标，以上研究涉及的碳排放效率均由二氧化碳排放总量与某一变量的比重来表示，仅具有"单要素"的特征，忽略能源结构、经济发展等要素替代的共同影响，因此，使用单要素评价碳排放效率具有一定的片面性。从全要素研究的思路出发，数据包络分析法开始广泛应用于二氧化碳等环境绩效的评价之中，并提出了考虑非期望产出的方向性距离函数，解决了考虑非合意产出的效率测评问题。近年来，学者多采用全要素指标，如数据包络分析法，将二氧化碳视为污染物，作为投入要素或者非期望产出，同其他投入产出一起从全要素角度衡量碳排放效率。后续相关研究将 SBM 模型的应用拓展到效率测度领域。

　　为了全面、准确地测度制造业碳排放效率，本书从经济学的投入产出

　　❶ 薛佳颖. 全球价值链的嵌入对中国工业碳排放效率的影响研究［D］. 乌鲁木齐：新疆大学，2020：56.

　　❷ PATTERSON M G. What is energy efficiency?［J］. Energy policy,1996,24(5):377-390.

　　❸ WBCSD. The business case for sustainable development:making a difference towards the earth summit 2002 and beyond［J］. Corporate environmental strategy,2002,9(3):226-235.

　　❹ KAYA Y,YOKOBORI K. Environment,energy and economy:strategies for sustainability［M］. Delhi:Bookwell Publications,1999.

视角出发,把二氧化碳排放视为一种经济学非期望产出。在本书中,制造业碳排放效率是在投入要素一定的情况下,用最低程度的碳排放获取最高经济产出,本书采用 DEA-SBM 效率测算模型,将松弛变量纳入目标函数,形成一种非径向、非角度的效率度量方法,利用多投入和多产出数据对制造业碳排放效率进行测量,投入指标包含资本、劳动和能源,产出指标包含制造业增加值(期望产出)和二氧化碳排放(非期望产出)。由此可知,当制造业碳排放效率较高时,说明制造业生产中资源配置比较合理,经济产出同环境间的关系比较和谐。

3.2　生产性服务业集聚对制造业碳排放效率影响的理论模型

生产性服务业以信息服务、金融服务、研发服务等为主导产业,具有信息密集、知识密集以及技术密集的特点。[1] 作为制造业企业生产过程中的中间投入品,生产性服务业在特定空间上的集聚发展势必会对制造业碳排放效率产生重要影响。为了考察生产性服务业集聚对制造业碳排放效率影响的作用机制,本书将通过构建一个理论模型来分析生产性服务业集聚与制造业碳排放效率的关系。本书基于迪克西特和斯蒂格利茨的垄断竞争框架来分析生产性服务业集聚对制造业碳排放效率的影响。[2] 假设一个经济体中的制造业在生产过程中不仅需要投入资本(K)和劳动(L),而且还需要投入生产性中间服务品(Q),并假定生产性服务 Q 为各种中间投入品的组合,则

$$Q = \left[\int_0^n q(i)^{(\sigma-1)/\sigma} \mathrm{d}i \right]^{\sigma/\sigma-1}, \ \sigma = \frac{1}{1-\rho} > 1 \qquad (3.1)$$

式中,σ 为不同生产性服务之间的替代弹性,n 为经济体中的制造业在生产过程中投入中间生产性服务的种类。$q(i)$ 为第 i 种可获得的生产性服务品的数量,ρ 为消费者对生产性服务品的偏好程度。假设制造业的生产函数符合柯布-道格拉斯(Cobb-Douglas)生产函数,其表达式为

---

❶　张营营. 生产性服务业集聚与中国制造业全要素生产率:理论机制与经验辨识[D]. 西安:西北大学,2020:184.

❷　DIXIT A K,STIGLITZ J E. Monopolistic competition and optimum product diversity[J]. American economic review,1977,67(3):297-308.

$$F(L,\ Q,\ K) = A(L^{\varphi}Q^{1-\varphi})^{\alpha}K^{1-\alpha} \tag{3.2}$$

式中，A 为广义的技术进步，φ 为劳动的产出份额，α 为劳动和生产性中间服务品联合生产的产出份额。劳动的投入由两部分组成，一部分是用于生产制造业产品，另一部分是用于提供生产性服务。在垄断竞争框架下，迪克西特和斯蒂格利茨模型中生产性服务企业可根据其边际成本 mc 来进行定价，并且能够自由进入和退出市场，因此，均衡状态长期利润为 0。由此，在均衡状态下中间生产性服务品的价格为：$\phi = \dfrac{mc}{1 - 1/\sigma}$。此外，本章将借鉴西科恩和霍尔（Ciccone and Hall）的思路❶，引入参数 μ 来刻画由技术进步所引致生产性服务效率的提升。假设生产性服务企业生产 $\overline{\omega}$ 单位的中间服务品时需要投入 $\mu\overline{\omega}+f$ 单位的劳动数量，这里的 f 表示用劳动投入来衡量生产性服务品的固定成本。设单位劳动工资为 w，则有 $mc = \mu w$。生产性服务企业将追求利润最大化为目标，那么均衡状态下的利润表达式为

$$\pi = \phi\overline{\omega} - w(\mu\overline{\omega} + f) = \frac{1}{1 - \sigma}\mu\overline{\omega}w - wf \tag{3.3}$$

由于生产性服务企业可以自由进入和退出市场，在长期均衡状态下有 $\pi=0$，那么可以得

$$\overline{\omega} = f(\sigma - 1)/\mu \tag{3.4}$$

假设制造业在生产过程中投入总的劳动数量为 N，那么投入生产性服务品生产的劳动量为 $(1 - \varphi)N$，则有

$$n = N(1 - \varphi)/(\mu\overline{\omega} + f) = N(1 - \varphi)/(\sigma f) \tag{3.5}$$

从式（3.5）可知，随着生产性服务劳动投入量的不断增加，生产性服务种类亦会随着增加，这就意味着生产性服务业的多样化水平也会提高。

假设生产性服务业符合规模报酬递增收益，并且生产性服务均属于同质产品，那么式（3.1）可以表示为 $Q=n^{(\sigma-1)/\sigma}q$。假设生产每种生产性服务品均需投入 $\mu\overline{\omega}$ 单位的劳动量，且有 n 种生产性服务，则对于生产性服务品需投入总的劳动量为 $n\mu\overline{\omega}$。接下来，本书以生产性服务业的产出率 ξ 衡量其

---

❶ CICCONE A, HALL R. Productivity and the density of economic activity[J]. American economic review, 1996(86):54−70.

劳动生产率，则有

$$\xi = Q/n\mu\bar{\omega} = n^{1/\sigma-1}/\mu \tag{3.6}$$

式中，由于 $\sigma>1$，则有 $\partial\xi/\partial n=0$。由此可见，生产性服务业的生产率的提升是由技术进步通过降低参数 μ 所引致的，而且生产性服务业的产出效率的提高是由技术进步通过规模的扩大或者多样化水平的提升所引致的。

假设制造业在柯布—道格拉斯（Cobb-Douglas）生产函数形式下，资本数量和价格均是外生给定的，只考虑劳动力数量和技术进步的情况下，制造业的生产函数形式可表示为

$$F(L,\ Q) = AL^{\varphi}\left[\int_{0}^{n}q(i)^{(\sigma-1)/\sigma}\mathrm{d}i\right]^{(1-\varphi)\sigma/\sigma-1} \tag{3.7}$$

相对应制造业的成本函数为

$$C(w,\ \Phi) = \frac{1}{\varphi}\left(\frac{1-\varphi}{\varphi}\right)^{\varphi-1}w^{\varphi}\Phi^{1-\varphi} \tag{3.8}$$

式中，Φ 为生产性服务总价格指数。根据生产性服务同质性假设，将生产性服务总价格指数表示为

$$\Phi(n,\ \phi) = n^{1/\sigma-1}\phi = n^{1/\sigma-1}\frac{\mu w}{1-1/\sigma} \tag{3.9}$$

将式（3.9）代入到式（3.8）中，由 $\sigma>1$，$\varphi<1$ 可知

$$\partial C(w,\ \Phi)/\partial n = (1-\varphi)C(w,\ \Phi)/n(1-\sigma) < 0 \tag{3.10}$$

由此可见，在制造业的生产过程中，所使用的中间品，即生产性服务业作为知识密集型和技术密集型的中间品，随着生产性服务业规模的扩大和专业化分工的深入，生产性服务业行业越细分，集聚的多样水平越高，不仅可以提高自身产出效率，而且生产性服务业的集聚会降低制造业包括能源在内的生产成本，提升制造业的生产效率和碳排放效率。

3.3 **生产性服务业集聚对制造业碳排放效率影响的机制分析**

从理论上来看，生产性服务业集聚主要通过规模效应、技术外溢效应和竞争效应对制造业碳排放效率产生影响，但是这三大效应有正向效应和负向效应，对制造业碳排放效率的影响具有不确定性和复杂性（见图3.1，正向效应采用实线标识，负向效应采用虚线标识）。

第一，规模经济效应。正向效应主要体现在生产性服务业集聚有利于发挥中间服务品生产的规模经济效应❶，降低制造业包括能源消耗的生产成本❷，促使制造业向价值链高端攀升，提高制造业碳排放效率。具体来看，一方面，生产性服务业集聚带来的规模经济效应可促使制造业生产中使用更多低碳节能生产技术和服务来替代高能耗资源投入并将其嵌入制造业价值链中促进生产环节向低排放、高附加值的两端延伸。❸❹ 另一方面，生产性服务业集聚的规模经济效应可促使制造业将减排业务外包出去，不仅使制造业企业更加专注核心业务发展，同时也极大提升制造业碳排放效率。负向效应表现为随着生产性服务业集聚规模扩大，其内部结构日趋复杂，这种复杂性会损耗内部资源和能源，而此耗损使规模扩大本应带来的好处相互消减，出现了生产性服务业集聚规模不经济带来的制造业碳排放效率的降低。

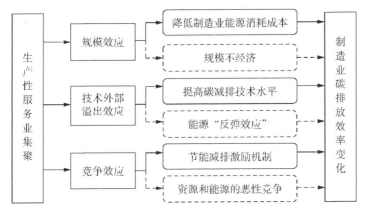

图 3.1　生产性服务业集聚对制造业碳排放效率的影响机制

❶　惠炜，韩先锋. 生产性服务业集聚促进了地区劳动生产率吗？［J］. 数量经济技术经济研究，2016（10）：37-56.

❷　OTSUKA A，GOTO M，SUEYOSHI T. Energy efficiency and agglomeration economies：the case of Japanese manufacturing industries［J］. Regional science policy & practice，2014（2）：195-212.

❸　刘胜，顾乃华. 行政垄断、生产性服务业集聚与城市工业污染——来自 260 个地级及以上城市的经验证据［J］. 财经研究，2015（11）：95-107.

❹　于明远，范爱军. 生产性服务嵌入与中国制造业国际竞争力提升［J］. 当代经济科学，2019，41（2）：88-96.

第二，技术外溢效应。正向效应表现为生产性服务业作为一种典型的知识密集型和技术密集型行业❶，较易形成学习效应，其空间集聚会深化与制造业之间的知识和技术的转移和传播❷，提高制造业技术进步水平和劳动生产率，从而提高制造业碳排放效率。❸一方面，生产性服务业集聚产生的知识溢出早已突破传统制造业的行业和空间局限，使溢出效果更加明显。❹另一方面，作为知识密集型和技术密集型行业，生产性服务业集聚不仅聚集了大量专业技术工人，而且增加了技术人员正式和非正式合作交流的机会，易于激发创新思维和形成良好的集体学习和创新环境。❺❻在集体学习和知识溢出效应作用下，先进生产技术专业信息与前沿理念被嵌入生产制造环节中，提高制造业技术研发、产品设计和科学管理水平，促进要素生产率的全面提升，提高制造业碳排放效率。负向效应表现为技术进步和技术的外部性在提高制造业能源效率的同时会带来经济规模的扩张，引致更多的能源消费，能源"反弹效应"部分抵消了对能源的节约。

第三，竞争效应。正向效应表现为生产性服务业集聚会形成相互竞争的态势，这客观上会提高生产性服务业为制造业服务的水平和降低服务的成本，达到提高制造业碳排放效率的目的。❼负向效应表现为随着生产性服务业集聚规模的继续扩大，生产要素的过度集中，出现了对有限资源和能源的恶性竞争，集聚的"拥塞效应"超过集聚效应，能源消耗增加，制造

❶ 盛龙，陆根尧. 中国生产性服务业集聚及其影响因素研究——基于行业和地区层面的分析 [J]. 南开经济研究，2013（10）：115-129.

❷ QI Y G，LIU Y J. Industria spatial structure and evolution of producer services and manufacturing[J]. Metallurgical and mining industry，2015(3)：27-135.

❸ 韩峰，谢锐. 生产性服务业集聚降低碳排放了吗？——对我国地级及以上城市面板数据的空间计量分析 [J]. 数量经济技术经济研究，2017，34（3）：40-58.

❹ 杨庆，江成涛，蒋旭东，等. 高技术产业集聚能提升碳生产率吗 [J]. 宏观经济研究，2021（4）：141-159.

❺ 原毅军，郭然. 生产性服务业集聚、制造业集聚与技术创新——基于省级面板数据的实证研究 [J]. 经济学家，2018（5）：23-31.

❻ 秦松松，董正英. 科技服务业集聚对区域创新产出的空间溢出效应研究——基于本地溢出效应和跨区域溢出效应的分析 [J]. 管理现代化，2019，39（2）：40-44.

❼ 刘城宇，韩峰. 生产性服务业集聚有助于降低碳排放吗 [J]. 南京财经大学学报，2017（1）：91-101.

业碳排放效率降低。

基于理论分析，本章提出第一个假说：生产性服务业集聚通过规模经济效应、技术外溢效应、竞争效应影响制造业碳排放效率。

生产性服务业集聚对制造业的碳减排效应还与生产性服务业内部细分行业性质有关。中低端生产性服务业主要服务对象为劳动和资本密集型制造业，而高端生产性服务业则主要为技术密集型或高端制造业提供服务。[1]由于劳动和资本密集型制造业处于价值链中低端，单位产品能耗和碳排放均较高，因而在生产性服务业内部结构中低端行业占比较大情况下，生产性服务业集聚对碳排放效率的正向效应发挥将受到限制。相反，内部结构中高端行业占比较大的生产性服务业集聚则有助于产生预期的碳减排效应。尤其是环境治理和公共设施管理业的集聚将使同类或同质污染物的集中排放和治理成为可能，有利于减少企业碳排放治理成本，提高制造业碳排放效率。此外，生产性服务业集聚也存在专业化集聚和多样化集聚之分。[2][3]对于规模较小的城市而言，较为初级和简单的制造业结构对生产性服务业的需求也较为单一，因而生产性服务业更适合专业化集聚模式。对于规模较大的综合性城市来说，制造业规模较大、产业链较为完善，因而对生产性服务业的市场需求总量较大且形式多样，生产性服务业更适于选择多样化集聚模式。[4]生产性服务业集聚模式与城市规模的良性互动和有效匹配有助于提升制造业碳排放效率。[5]

因此，本章提出第二个假说：不同层次的生产性服务业集聚和不同规

[1] 于斌斌. 中国城市生产性服务业集聚模式选择的经济增长效应——基于行业、地区与城市规模异质性的空间杜宾模型分析 [J]. 经济理论与经济管理, 2016 (1)：98-112.

[2] 韩峰, 冯萍, 阳立高. 中国城市的空间集聚效应与工业能源效率 [J]. 中国人口·资源与环境, 2014 (5)：72-79.

[3] 席强敏, 陈曦, 李国平. 中国城市生产性服务业模式选择研究——以工业效率提升为导向 [J]. 中国工业经济, 2015 (2)：18-30.

[4] 席强敏, 陈曦, 李国平. 中国城市生产性服务业模式选择研究——以工业效率提升为导向 [J]. 中国工业经济, 2015 (2)：18-30.

[5] 刘城宇, 韩峰. 生产性服务业集聚有助于降低碳排放吗 [J]. 南京财经大学学报, 2017 (1)：91-101.

模城市的生产性服务业集聚模式，对制造业碳排放效率的影响存在差异。

生产性服务业集聚除对城市本身的制造业碳排放效率产生影响外，邻近城市的生产性服务业集聚带来的技术外溢效应和规模经济效应还能够突破本地限制而产生跨区域的空间外溢效应。❶ 伴随区域间产业分工的进一步深化、交通通信技术的不断进步和区际市场的进一步整合，生产性服务业集聚产生的中间服务品空间共享效应和技术外溢效应可通过跨区域产业关联以及区间技术转移、商品贸易、人才流动等突破特定地域范围❷，对其他区域的制造业碳排放效率产生影响。柯等（Ke et al.）认为，生产性服务业在空间上可通过上下游关联效应与制造业形成跨区域协同集聚，进而产生更为明显的规模经济效应和中间服务品空间共享效应。❸ 从这个意义上说，某一地区生产性服务业集聚也可能通过这种协同效应对另一地区的城市环境质量产生影响。❹ 而且现有的实证研究也表明，中国制造业碳排放效率在地级市层面上具有显著的空间自相关性。❺ 这也意味着各城市生产性服务业集聚对制造业碳排放效率的影响可能并不相互独立，某地区的生产性服务业集聚不仅会对本地区的制造业碳排放效率产生影响，而且邻近地区的生产性服务业集聚也会对本城市制造业碳排放效率产生影响，即可能存在空间溢出效应。由于空间传递中的衰减性，生产性服务业集聚对制造业碳排放效率的影响存在一定的区域界限，具体表现为随距离衰减的变化特征。

因此，本章提出第三个假说：生产性服务业集聚对制造业碳排放效率的影响存在空间溢出效应，但存在有效边界。

❶ CHENG Z. The spatial correlation and interaction between manufacturing agglomeration and environmental pollution[J]. Ecological indicators,2016,61(2):1024-1032.

❷ 韩峰，严伟涛，王业强. 生产性服务业集聚与城市环境质量升级——基于土地市场调节效应的研究 [J]. 统计研究，2021，38（5）：42-54.

❸ KE S,HE M,YUAN C. Synergy and co-agglomeration of producer services and manufacturing:A panel data analysis of Chinese cities[J]. Regional studies,2014(11):1829-1841.

❹ 张素庸，汪传旭，任阳军. 生产性服务业集聚对绿色全要素生产率的空间溢出效应 [J]. 软科学，2019，33（11）：11-15，21.

❺ 王惠，卞艺杰，王树乔. 出口贸易、工业碳排放效率动态演进与空间溢出 [J]. 数量经济技术经济研究，2016（1）：3-19.

本章小结

生产性服务业是指为保持工业生产过程的连续性、促进工业技术进步、产业升级和提高生产效率提供保障服务的服务行业。生产性服务业集聚是指与制造业直接相关的配套服务业在地理上的绝对集中以及衍生出来的专业化分工和产业间的密切往来。制造业碳排放效率定义为单位排放的实际产出与最优产出（生产前沿边界）之间的比重。

通过构建理论模型来分析生产性服务业集聚与制造业碳排放效率的关系，生产性服务业作为知识密集型和技术密集型的中间品，随着生产性服务业规模的扩大和专业化分工的深入，生产性服务业行业分得更细，集聚的多样水平更高，不仅促进自身产出效率提高，而且生产性服务业的集聚会降低制造业包括能源在内的生产成本，提升制造业的生产效率和碳排放效率。

生产性服务业集聚主要通过规模效应、技术外溢效应和竞争效应对制造业碳排放效率产生影响，但是这三大效应的发挥有正向效应和负向效应，因此其对制造业碳排放效率的影响具有不确定性和复杂性。生产性服务业集聚的碳减排效应还与不同类别生产性服务业行业性质有关。中低端生产性服务业的主要服务对象为劳动和资本密集型制造业，而高端生产性服务业则主要为技术密集型或高端制造业提供服务。不同层次的生产性服务业集聚和不同规模城市的生产性服务业集聚模式，对制造业碳排放效率的影响存在差异。某个城市的生产性服务业集聚不仅会对该城市的制造业碳排放效率产生影响，而且邻近城市的生产性服务业集聚也会对该城市制造业碳排放效率产生影响，即可能存在空间溢出效应，但是空间溢出效应呈现随距离衰减特征，即存在有效边界。

生产性服务业集聚与
制造业碳排放效率的时空演变特征

本章对生产性服务业集聚与制造业碳排放效率进行测算，对生产性服务业集聚与制造业碳排放效率的发展现状进行评价并进行纵向与横向比较。运用测算的生产性服务业集聚与制造业碳排放效率数据初步考察两者之间是否存在相关关系。

4.1 **生产性服务业集聚时空演变特征**

4.1.1　生产性服务业集聚水平测度

4.1.1.1　常用的集聚测度指标比较分析

在衡量产业集聚程度时，学者们除了使用产值密度、就业密度等可直接获取的数据外，还采用了一系列专门衡量集聚的指数，常见的有产业集中度指数、赫芬达尔-赫希曼指数、区位基尼系数、地理集聚度指数、区位熵，及其他测度方法等。以下对这些指标的优劣势进行比较分析。

（1）产业集中度指数。

产业集中度也叫市场集中度或行业集中度（concentration ratio，CR），是指市场上的某种行业内少数企业的生产量、销售量、资产总额等对某一行业的支配程度，它一般是用这几家企业的某一指标（企业职工人数、资

产总额或销售额等）占该行业总量的百分比来表示[1]，计算公式可表示为

$$\mathrm{CR}_k = \sum_{i=1}^{n} X_i \Big/ \sum_{i=1}^{N} X_i \qquad (4.1)$$

式中，X_i 为产业内第 i 家企业的产值、产量、销售额、销售量或职工人数。k 为产业内规模最大的前几位企业或地区的数目，N 为该行业的企业总数。CR_k 为前 k 家企业占该行业的市场份额，取值范围在 0~1 之间，值越大，产业集中程度越高；反之，值越小，产业集中程度就越低。

CR_k 计算简便、含义直观，因而成为测度产业集聚水平的常用方法。CR_k 的局限性主要表现为：仅反映了规模较大、市场占有率较高的企业或地区的变化，忽略了其他份额较小的企业或地区的影响，而且不能用于不同产业集中度之间的比较[2]，当 k 取不同数值时会得出不同结论，而关于 k 的取值并没有明确标准或原则。

（2）赫芬达尔-赫希曼指数。

其可简称为赫芬达尔指数（Herfindahl-Hirschman index，HHI），是一种测量产业集中度的综合指数。它是指一个行业中各市场竞争主体所占行业总收入或总资产百分比的平方和，用来计量市场份额的变化，即市场中厂商规模的离散度。具体公式为

$$\mathrm{HHI} = \sum_{i=1}^{N} S_i^2 = \sum_{i=1}^{N} (X_i/X)^2 \qquad (4.2)$$

式中，S_i 为 i 企业的市场占有率，X_i 为 i 企业的规模，X 为市场总规模，N 为市场中企业总数。HHI 等于 $1/N$，代表所有企业规模相等的完全竞争市场；HHI 等于 1，代表只有一家企业的完全垄断市场。

HHI 指数在很大程度上弥补了行业集中度指数的缺陷，能较为全面地反映所有企业市场份额的变化情况，其计算结果不受企业数量和规模分布的影响。但 HHI 未能考虑区域间的差异，而且计算 HHI 指数需要掌握微观企业的数据，这增加了测算的难度。

---

[1] 魏后凯，等. 中国产业集聚与集群发展战略［M］. 北京：经济管理出版社，2008.

[2] 侯欢. 生产性服务业集聚对城市全要素生产率的影响研究［D］. 重庆：西南大学，2020：36.

（3）区位基尼系数。

区位基尼系数（Gini index）是反映经济活动在空间地理上不均衡分布的指标，通常用某一地区某行业就业人数占全国该行业就业人数的比重，与该地区总就业人数占全国总就业人数的比重之间的差值的平方和来表示。区位基尼系数的计算公式为

$$Gini = \sum_{r=1}^{RN} (S_r - C_r)^2 \qquad (4.3)$$

式中，r 为地区，RN 为地区数量，S_r 为 r 地区某行业就业人数占全国该行业就业人数的比重，C_r 为 r 地区总就业人数占全国总就业人数的比重。基尼系数的取值范围为［0~1］，系数越大表明产业集聚度越高，当基尼系数为 1 时，生产活动全部集聚在一个特定的地域范围。

该测度方法的主要特征是计算简单，反映了产业空间分布的均衡性，在一定程度上弥补了 HHI 的缺陷。但基尼系数无法揭示行业内和地区间的差距，如果个别企业或者个别地区规模大，则会掩盖真实的行业集聚水平，因而在比较分析不同产业集聚度时难以得出准确结论。❶

（4）地理集聚度指数。

针对区位基尼系数存在较大失真的问题，埃里森和格莱泽对其进行了修正，结合赫芬达尔指数和基尼系数两个指标，在充分考虑企业和地区规模差异的基础上，形成了一种新的测度产业集聚方法。具体公式为

$$EG = \frac{Gini - (1 - \sum X_r^2)HHI}{(1 - \sum X_r^2)(1 - HHI)} \qquad (4.4)$$

式（4.4）中，Gini 为空间基尼系数，HHI 为赫芬达尔–赫希曼指数，X_r 为 r 地区总就业人数占全国总就业人数的比重。EG 为地理集聚度指数，其取值范围为［-1,1］，其值越接近 1，表明产业集聚程度越高；其值越接近-1，表明产业集聚程度越低。

地理集聚度指数尽管弥补了赫芬达尔指数和基尼系数两个指标的不足，综合考虑了企业与行业两个维度，克服了企业规模与区域面积差异造成的指数失真问题，能够较好地比较不同产业的集聚度，但其对数据的要求较

---

❶ 杨芳. 生产性服务业集聚的经济增长效应研究［D］. 兰州：兰州大学，2017：50.

高，同时计算较为复杂，而且也受微观企业数据可得性的制约。

（5）区位熵。

区位熵（location quotient，LQ）常用来测度某一产业在指定地域的专业化程度，用指定区域某种产业的就业人数或产值占该区域所有产业总就业人数或产值的比重，与全国该产业就业人数或产值占全国所有产业就业人数或产值的比重的比值来衡量。具体公式为

$$\mathrm{LQ}_{ih}(t) = \left[\left(x_{ih}(t)\big/\sum\nolimits_h x_{ih}(t)\right)\right]\big/\left[\sum\nolimits_i X_{ih}(t)\big/\sum\nolimits_i\sum\nolimits_h X_{ih}(t)\right] \quad (4.5)$$

式中，$\mathrm{LQ}_{ih}(t)$ 指 t 时期 i 城市 h 产业的区位熵指数，$x_{ih}(t)$ 为 t 时期 i 城市 h 产业就业人数，$\sum\nolimits_h x_{ih}(t)$ 为 t 时期 i 城市所有产业的就业人数。$\sum\nolimits_i X_{ih}(t)$ 为 t 时期全部城市 h 产业的就业人数，$\sum\nolimits_i\sum\nolimits_h X_{ih}(t)$ 为 t 时期全部城市所有产业的就业人数。$\mathrm{LQ}_{ih}>1$ 时，表明 i 城市 h 产业的聚集程度高于全国平均水平；$\mathrm{LQ}_{ih}=1$ 时，表明 i 城市 h 产业的聚集程度与全国平均水平持平；$\mathrm{LQ}_{ih}<1$ 时，表明 i 城市 h 产业的聚集程度低于全国平均水平。

LQ 含义直观、计算简便，数据获取难度较小，是衡量区域产业集中度和判断区域优势产业的有效方法，在研究中得到了广泛应用，但 LQ 无法反映集聚区内不同产业的相互关联，还忽视了规模较大地区之外的其他地区的规模情况，也不能反映地区内部产业结构与分布的差别。

（6）其他测度方法。

一些学者在测度产业集聚水平上时，采用了一些直接可获取的数据进行测算，如产值密度、就业密度等。也有学者认为依据外部性理论，产业集聚有地理上的绝对集中、专业化分工和产业间的密切往来三个显著特征，选取的测度方法应该包含产业集聚的这三个内在属性，因此提出了更加复杂的产业集聚指数测度方法。例如，$\mathrm{Cluster-labor}_{hr}=\sum\omega_{h\mu}\times\mathrm{LZ}_{hr}\times\mathrm{LD}_{hr}$ 代表产业集聚指数，式中，r 为地区，h 为产业，LZ_{hr} 为劳动或资本专业化水平，LD_{hr} 为劳动或资本密度，$\sum\omega_{h\mu}$ 为产业 h 与其他作为中间投入产业 μ 之间的技术经济联系。

当前应用广泛的集聚指标在度量产业空间集聚时各具优势，但与理想的集聚指标相比又存在不同方面的欠缺。不同的测算方法有不同的适用之

处，为确保测算结果的准确性，需根据适用范围加以甄别和选择。

4.1.1.2　测度指标选择及数据说明

由于不同的集聚测度指标各具优势和不足，结合数据的可得性，本章综合应用产业集中度指数和区位熵两个指标，描述我国生产性服务业集聚特征和发展变化。首先，采用产业集中度指数判断不同层次（主要指高端和低端）生产性服务业向少数大城市集中的程度。其次，通过城市区位熵数据揭示不同层次生产性服务业集聚的特征，及其在不同等级城市和地理区域的异质性。由于区位熵可以反映出各城市生产性服务业集聚的相对水平，且具有含义直观、计算简便、数据获取较为容易等优势，本章重点应用了区位熵数据。需要说明的是，受到数据可得性的限制，大多数研究把所研究的对象（省份或城市）视作一个整体，而不考虑地域单元内部的差异，此时产业集聚与产业地理集中的内涵是一致的。❶ 由于微观企业数据获取较为困难，因此本研究通过测度生产性服务业地理集中度来代表其集聚水平。

2003 年起相关统计年鉴按照新的行业分类方法发布数据，因此，本章以 2003 年为研究起点。由于生产性服务业主要集中于城市，本章以我国地级及以上城市为研究对象。为保证数据的完整性和连续性，本章选择 285 个地级及以上城市作为研究对象，研究的时间跨度为 2003—2018 年。本章主要采用生产性服务业细分行业就业人数测算生产性服务业区位基尼系数、产业集中度指数和区位熵。所用数据主要来源于相关年度的《中国统计年鉴》和《中国城市统计年鉴》。年鉴中无法获取的个别数据利用移动平均法补齐。城市层面的数据有"全市"和"市区"两种统计口径，研究使用了"全市"的数据。

4.1.2　时空演变特征

4.1.2.1　生产性服务业集聚的总体特征

（1）基于产业集中度指数的分析。

首先通过产业集中度指数观察高端和低端生产性服务业向少数大城市集中的特征（见表 4.1）。从 CR_1 的变动范围看，2003—2018 年高端生产性

---

❶ 杨芳. 生产性服务业集聚的经济增长效应研究 [D]. 兰州：兰州大学，2017：52.

服务业 CR_1 在 0.1135~0.1482 间变动，低端生产性服务业 CR_1 在 0.0925~
0.1558 间变动。高端生产性服务业 CR_1 稳中有升❶，低端产性服务业 CR_1
在 2004 年达到峰值后呈现波动下降的趋势。从 CR_4 的变动范围看，高端生
产性服务业 CR_4 在 0.2075 ~ 0.2613 间变动，低端生产性服务业 CR_4 在
0.2212~0.3022 间变动。高端和低端生产性服务业 CR_4 均在波动中上升。❷
低端生产性服务业就业人数最多的前四位城市排名和高端生产性服务业基
本相似，但波动更为明显。从 CR_{10} 的变动范围看，高端生产性服务业 CR_{10}
在 0.2968~0.4125 间变动，低端生产性服务业 CR_{10} 在 0.3233~0.4236 间变
动。从 CR_{10} 的发展变化看，高端和低端生产性服务业集聚都表现为在波动
中上升的趋势，相比而言，低端生产性服务业集聚的波动更大，低端生产
性服务业集中在前十位城市的特征更加显著。

表 4.1　2003—2018 年生产性服务业的产业集中度指数

年份	高端生产性服务业集中度			低端生产性服务业集中度		
	CR_1	CR_4	CR_{10}	CR_1	CR_4	CR_{10}
2003	0.1135	0.2075	0.2968	0.1253	0.2232	0.3233
2004	0.1482	0.2376	0.3258	0.1558	0.2568	0.3525
2005	0.1223	0.2261	0.3322	0.1522	0.2633	0.3733
2006	0.1135	0.2172	0.3215	0.1033	0.2212	0.3355
2007	0.1212	0.2318	0.3325	0.1121	0.2245	0.3348
2008	0.1285	0.2385	0.3420	0.1138	0.2315	0.3512
2009	0.1246	0.2411	0.3485	0.1246	0.2433	0.3613
2010	0.1233	0.2398	0.3452	0.1258	0.2565	0.3714
2011	0.1382	0.2512	0.3575	0.1125	0.2545	0.3715
2012	0.1398	0.2515	0.3728	0.1089	0.3011	0.4211

❶　首都北京是生产性服务业发展的核心阵地，且近十年来北京更为重视高端生产
性服务业的发展。

❷　低端生产性服务业相比于高端生产性服务业，集中在前四位城市的特征更加明
显。在高端生产性服务业规模最大的前四位城市中，北京居于榜首，上海位居第二，后
面广州、深圳、重庆是出现频率最高的城市。

续表

年份	高端生产性服务业集中度			低端生产性服务业集中度		
	CR$_1$	CR$_4$	CR$_{10}$	CR$_1$	CR$_4$	CR$_{10}$
2013	0.1265	0.2611	0.4015	0.0982	0.2896	0.4136
2014	0.1245	0.2613	0.3825	0.0925	0.2985	0.4233
2015	0.1362	0.2583	0.3815	0.1023	0.3011	0.4155
2016	0.1358	0.2597	0.4011	0.1025	0.2988	0.4236
2017	0.1336	0.2598	0.4125	0.0985	0.3015	0.4215
2018	0.1395	0.2577	0.4036	0.0942	0.3022	0.4192

数据来源：根据 2013—2018 年《中国城市统计年鉴》数据计算而得。

（2）基于区位熵的分析。

采用区位熵指数测算 2003—2018 年城市生产性服务业集聚水平并取平均值，结果如图 4.1 所示。可以看出，随着时间的推移，区位熵指数整体呈现出上升趋势，从 2003 年的 1.1032 上升到 2018 年的 1.2025。这说明生产性服务业在城市集聚的趋势越来越明显。

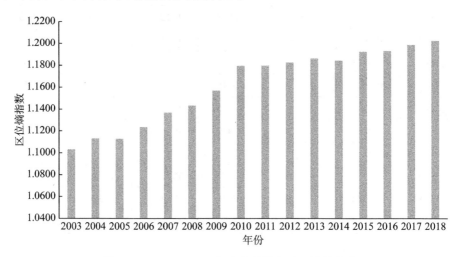

图 4.1　2003—2018 年生产性服务业区位熵指数

数据来源：根据 2003—2018 年《中国城市统计年鉴》数据计算而得。

表 4.2 测算了 2003—2018 年东部、中部、西部和东北部生产性服务业区位熵指数，可以看出，东部地区各年生产性服务业的区位熵指数都大于

1，而且整体呈现上升的趋势，均值为 1.17，表明东部地区生产性服务业集聚已经具有一定规模。中部地区生产性服务业的区位熵指数平均值为 0.98，西部和东北部地区的平均值为 0.97 和 0.96。

表 4.2　2003—2018 年不同地区生产性服务业区位熵指数

年份	东部	中部	西部	东北部
2003	1.08	0.95	0.93	0.93
2004	1.11	0.93	0.94	0.95
2005	1.12	0.98	0.92	0.92
2006	1.13	0.96	0.95	0.91
2007	1.14	0.97	0.98	0.97
2008	1.16	0.95	0.95	0.95
2009	1.15	0.96	1.02	0.96
2010	1.15	0.97	0.99	0.94
2011	1.13	0.99	0.98	0.98
2012	1.13	0.98	0.98	0.99
2013	1.16	0.96	1.01	0.98
2014	1.18	1.01	0.97	0.97
2015	1.22	1.02	0.97	0.99
2016	1.25	0.98	0.98	1.01
2017	1.28	0.99	0.94	0.97
2018	1.35	1.01	0.99	0.98
均值	1.17	0.98	0.97	0.96

数据来源：根据 2003—2018 年《中国城市统计年鉴》数据计算而得。

整体来看，除了东部地区生产性服务业集聚水平具有较大的优势外，中部、西部和东北部地区生产性服务业集聚水平各年份虽然有波动，但大致水平相当，如图 4.2 所示。

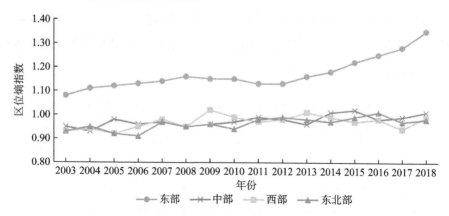

图 4.2　2003—2018 年不同地区生产性服务业区位熵指数图

数据来源：根据 2003—2018 年《中国城市统计年鉴》数据计算而得。

接下来测算不同规模城市生产性服务业集聚水平。根据 2014 年颁布的城市规模分类标准，城区常住人口 50 万人以下的城市为小城市；城区常住人口 50 万人以上 100 万人以下的城市为中等城市；城区常住人口 100 万人以上 500 万人以下的城市为大城市；城区常住人口 500 万人以上城市为特大超大城市。表 4.3 提供了 2003 年、2010 年和 2018 年不同规模城市生产性服务业的集聚水平。在不同类型的城市中，随着城市规模的扩大，生产性服务业的总体集聚水平、高端生产性服务的集聚水平和低端生产服务的集聚水平呈上升趋势。[1] 总体而言，随着时间的推移，中国不同规模城市的生产性服务集聚水平不断提高，这与中国现代服务业发展所倡导的要求是一致的。

表 4.3　不同类别生产性服务业集聚水平

类别	城市规模	2003 年	2010 年	2018 年	均值
生产性服务业集聚	特大及超大城市	1.3211	1.3523	1.4511	1.3748
	大城市	1.1123	1.2011	1.0523	1.1219
	中等城市	1.0533	1.0699	1.1652	1.0961
	小城市	0.9222	1.0933	1.1536	0.7797

———————————

[1]　其中，低端生产性服务业包括：交通运输、仓储和邮政业，批发和零售业，租赁和商业服务业；高端生产性服务业包括：信息传输、计算机服务业和软件业，金融业，科学研究、技术服务业和地质勘查业。

续表

类别	城市规模	2003 年	2010 年	2018 年	均值
高端生产性服务业集聚	特大及超大城市	1.3795	1.3988	1.5122	1.4302
	大城市	1.2565	1.3112	1.3559	1.3079
	中等城市	1.2133	1.3185	1.3113	1.2810
	小城市	1.2066	1.3022	1.3013	1.2700
低端生产性服务业集聚	特大及超大城市	1.2615	1.3112	1.2898	1.2875
	大城市	1.1011	0.9925	0.9233	1.0056
	中等城市	0.9522	0.9688	0.9533	0.9581
	小城市	0.8052	0.8133	0.9015	0.8400

数据来源：根据 2003 年、2010 年、2018 年《中国城市统计年鉴》数据计算而得。

不同层次生产性服务业集聚城市的数量变化。本书把区位熵大于 1 作为生产性服务业集聚城市的判断标准，关注高端和低端生产性服务业集聚城市的数量变化。测算结果显示，不同层次生产性服务业集聚城市的数量均在波动中减少（见图 4.3），2003 年高端生产性服务业集聚的城市有 82 个，2018 年减少至 52 个；与此同时，低端生产性服务业集聚的城市由 71 个减少为 43 个。这表明不同层次生产性服务业集聚水平均呈现增强趋势。研究期

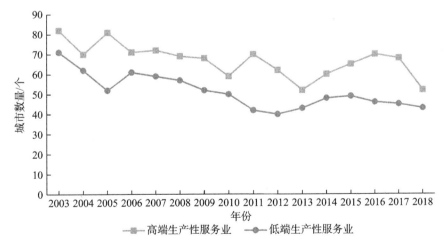

图 4.3　2003—2018 年不同层次生产性服务业集聚城市数量

数据来源：根据 2003—2018 年《中国城市统计年鉴》数据计算而得。

内，高端生产性服务业集聚的城市数量均比低端产性服务业集聚的城市数量多。可见，具有高端生产性服务业集聚优势的城市较多，可能的原因在于高端生产性服务业生产率高、利润空间大、跨区域服务便捷，因而成为很多城市重点发展的产业。

4.1.2.2 不同类别城市生产性服务业集聚的特点

生产性服务业集聚与城市规模、行政等级等存在密切关联。近年来，已有研究关注到生产性服务业存在层级分工现象，指出生产性服务业层级分工应与城市规模、等级相对应。结合我国城市行政等级与职能分工的差异，参照王国顺等的研究❶，将地级及以上城市分为省会城市与非省会城市。省会城市包括直辖市和一般省会城市，这类城市是全国或省域的行政管理中心、经济贸易中心、交通运输中心以及科技信息中心。省会城市包含除拉萨以外的 30 个城市（不含香港、澳门、台北），非省会城市包括省会城市以外的计划单列市和地级市，共 225 个城市。

利用 2003 年地级及以上城市生产性服务业数据，采用区位熵测算生产性服务业集聚水平（见表 4.4）。从省会城市生产性服务业集聚水平来看，2003 年高端生产性服务业集聚的省会城市有 25 个。❷ 高端生产性服务业区位熵处于（1.0，1.5］的城市有 23 个，占省会城市总数的 76.67%；区位熵大于 1.5 的城市有 2 个，占省会城市总数的 6.67%。2003 年，低端生产性服务业集聚的省会城市有 23 个。低端生产性服务业区位熵处于（1.0，1.5］的城市有 21 个，占省会城市总数的 70.00%；区位熵大于 1.5 的城市有 2 个，分别是上海和北京，占省会城市总数的 6.67%。这说明省会城市中高端与低端生产性服务业具有相似的分布特征，即大多数城市具有生产性服务业的相对优势，但仅有个别城市具有生产性服务业的突出优势。从非省会城市生产性服务业集聚水平来看，2003 年高端生产性服务业集聚的非省会城市有 44 个，占比为 17.19%，剩余绝大多数城市集聚水平低于全国平

❶ 王国顺，张凡，郑准. 我国知识密集型服务业的空间集聚水平及影响因素——基于 288 个城市数据的实证研究 [J]. 经济地理，2016（4）：107-112.

❷ 如果某个城市生产性服务业区位熵大于 1，表明该城市生产性服务业就业比例高于全国平均水平，是生产性服务业集中的城市；反之，若区位熵小于 1，则该城市就业比例低于全国平均水平，不是生产性服务业集中的城市。

均水平。高端生产性服务业具有突出优势❶的非省会城市是东莞和深圳，占非省会城市总数的 0.79%。低端生产性服务业集聚的非省会城市有 38 个，占比为 14.84%。可见，2003 年省会城市不同层次生产性服务业集聚水平均明显高于非省会城市，省会城市在高端和低端生产性服务业发展上均具有明显集聚特征。

表 4.4　2003 年省会和非省会城市生产性服务业区位熵的分布

类别	区位熵阈值	省会城市		非省会城市	
		城市数/个	该组城市占比/%	城市数/个	该组城市占比/%
高端生产性服务业	(2.0, +∞)	0	0	0	0
	(1.5, 2.0]	2.0	6.67	2	0.79
	(1.0, 1.5]	23	76.67	42	16.47
	(0.5, 1.0]	5	16.66	192	75.29
	[0, 0.5]	0	0	19	7.45
低端生产性服务业	(2.0, +∞)	1.0	3.33	0	0
	(1.5, 2.0]	1.0	3.33	1	0.39
	(1.0, 1.5]	21	70.00	37	14.51
	(0.5, 1.0]	7	23.33	186	72.94
	[0, 0.5]	0	0	31	12.16

数据来源：根据 2003 年《中国城市统计年鉴》数据计算而得。

利用 2018 年地级及以上城市生产性服务业数据，采用区位熵测算生产性服务业集聚水平（见表 4.5）。从省会城市生产性服务业集聚水平来看，2018 年高端生产性服务业集聚的省会城市有 27 个，占比为 90%。高端生产性服务业区位熵处于（1.0~1.5]的城市为 14 个，比 2003 年减少了 9 个，但区位熵大于 1.5 的城市共 13 个，比 2003 年增加了 11 个。2018 年低端生产性服务业集聚的省会城市有 24 个，占比为 80%。低端生产性服务业区位熵处于（1.0~1.5]的省会城市为 15 个，减少了 6 个，区位熵大于 1.5 的省会城市共 9 个，增加了 7 个。可见，虽然不同层次生产性服务业集聚相对

❶　区位熵大于 1.5 的。

73

优势的省会城市有所减少，但具有突出优势的省会城市却在明显增多。从非省会城市生产性服务业集聚的变化来看，2018 年高端生产性服务业集聚的非省会城市有 50 个，占比为 19.53%。其中，高端生产性服务业区位熵处于（1.0~1.5] 的城市为 45 个，增加了 3 个，区位熵大于 1.5 的城市共 5 个，也增加了 3 个。2018 年，低端生产性服务业集聚的非省会城市数量为 29 个，比 2003 年减少了 9 个。可见，不同层次生产性服务业集聚相对优势的城市在减少，而具有突出优势的城市在增加；高端和低端生产性服务业集聚的非省会城市数量明显减少，不同层次生产性服务业向省会城市集聚的趋势更加突出。

表4.5　2018 年省会和非省会城市生产性服务业区位熵的分布

类别	区位熵阈值	省会城市		非省会城市	
		城市数/个	该组城市占比/%	城市数/个	该组城市占比/%
高端生产性服务业	(2.0, +∞)	3	10.00	0	0
	(1.5, 2.0]	10	33.33	5	1.96
	(1.0, 1.5]	14	46.67	45	17.65
	(0.5, 1.0]	3	10.00	188	73.72
	[0, 0.5]	0	0	17	6.67
低端生产性服务业	(2.0, +∞)	3	10.00	0	0
	(1.5, 2.0]	6	20.00	4	1.57
	(1.0, 1.5]	15	50.00	25	9.80
	(0.5, 1.0]	6	20.00	189	74.12
	[0, 0.5]	0	0	37	14.51

数据来源：根据 2018 年《中国城市统计年鉴》数据计算而得。

4.1.2.3　不同区域城市生产性服务业集聚的特点

地理区位是影响经济集聚的重要因素[1]，已有研究表明生产性服务业集聚在区域层面存在显著差异。[2] 因此，接下来进一步分析不同层次生产性服

[1]　杨芳. 生产性服务业集聚的经济增长效应研究 [D]. 兰州：兰州大学，2017：61.
[2]　韩峰，王琢卓，赖明勇. 中国城市生产性服务业集聚效应测度 [J]. 城市问题，2015（9）：57-67.

务业集聚在东部、中部、西部和东北部地区的差异。首先，分析 2003 年不同区域城市生产性服务业集聚的特点（见表4.6）。

表4.6 2003 年不同地域生产性服务业区位熵的分布

类别	区位熵阈值	东部		中部		西部		东北部	
		城市数/个	占比/%	城市数/个	占比/%	城市数/个	占比/%	城市数/个	占比/%
高端生产性服务业	(2.0, +∞)	0	0.00	0	0.00	0	0.00	0	0.00
	(1.5, 2.0]	2	2.30	0	0.00	1	1.18	0	0.00
	(1.0, 1.5]	28	32.18	10	12.66	16	18.82	7	20.59
	(0.5, 1.0]	50	57.47	63	79.75	63	74.12	20	58.82
	[0.0, 0.5]	7	8.05	6	7.59	5	5.88	7	20.59
低端生产性服务业	(2.0, +∞)	0	0	0	0	0	0	0	0
	(1.5, 2.0]	1	1.15	1	1.27	0	0	0	0
	(1.0, 1.5]	20	22.99	15	18.99	12	14.12	5	14.71
	(0.5, 1.0]	58	66.67	58	73.42	59	69.41	18	52.94
	[0, 0.5]	8	9.20	5	6.33	14	16.47	11	32.35

数据来源：根据 2003 年《中国城市统计年鉴》数据计算而得。

2003 年，东部地区高端生产性服务业集聚的城市有 30 个，高端生产性服务业区位熵位于（1.5~2.0]的城市有 2 个（北京、东莞），占东部城市总数的 2.30%；区位熵处于（1.0~1.5]的城市有 28 个，占东部城市的 32.18%。这说明超过 1/3 的东部城市在高端生产性服务业上具有相对优势，但仅有约 3% 的城市具有突出优势。2003 年，东部地区低端生产性服务业集聚的城市有 21 个，低端生产性服务业区位熵大于 1.5 的城市有 1 个（北京），约占东部城市总数的 1.15%；区位熵处于（1.0~1.5]的城市有 20 个，占东部城市总数的 22.99%。

2003 年，中部地区高端生产性服务业集聚的城市有 10 个，中部地区没有高端生产性服务业区位熵大于 1.5 的城市，表明中部城市在高端生产性服务业上不具有突出优势。中部地区低端生产性服务业区位熵大于 1 的城市有 16 个，其中区位熵大于 1.5 的城市仅有 1 个，中部城市具有高端和低端生产性服务业的相对优势，但几乎没有城市在生产性服务业上具有突出优势。

2003 年，西部地区高端生产性服务业集聚的城市有 17 个，占比接近 20%，剩余近 80% 的城市在高端生产性服务业上不具有优势。西部地区低端生产性服务业区位熵位于（1.0，1.5]的城市有 12 个，说明 13.95% 的西部城市具有低端生产性服务业相对优势，西部地区没有低端生产性服务业区位熵大于 1.5 的城市。

2003 年，东北部地区高端生产性服务业集聚的城市有 7 个，占东北部城市的 20.59%，没有区位熵大于 1.5 的城市。东北部地区低端生产性服务业集聚的城市有 5 个，占东北部城市总数的 14.71%。

通过测算分析，东部地区高端生产性服务业集聚城市的数量和比例均明显高于中部、西部和东北部地区。与此同时，东部地区低端生产性服务业集聚城市的数量和比例最大，其次是中部地区、西部地区和东北部地区。

下面通过比较各地区 2003 年和 2018 年城市生产性服务业区位熵的数据分布（见表4.7），分析研究期内不同区域高端和低端生产性服务业集聚的发展变化。

表 4.7　2018 年不同地域生产性服务业区位熵的分布

类别	区位熵阈值	东部		中部		西部		东北部	
		城市数/个	占比/%	城市数/个	占比/%	城市数/个	占比/%	城市数/个	占比/%
高端生产性服务业	(2.0, +∞)	2	2.30	0	0	0	0	0	0
	(1.5, 2.0]	6	6.90	3	3.80	4	4.71	1	2.94
	(1.0, 1.5]	19	21.84	10	12.66	15	17.64	9	26.47
	(0.5, 1.0]	56	64.37	60	75.95	62	72.94	20	58.82
	[0, 0.5]	4	4.60	6	7.59	4	4.71	4	11.76
低端生产性服务业	(2.0, +∞)	1	1.15	0	0	0	0	0	0
	(1.5, 2.0]	2	2.30	2	2.53	2	2.35	1	2.94
	(1.0, 1.5]	20	22.99	13	16.46	10	11.77	5	14.71
	(0.5, 1.0]	55	63.22	54	68.35	60	70.59	20	58.82
	[0, 0.5]	9	10.34	10	12.66	13	15.29	8	23.53

数据来源：根据 2018 年《中国城市统计年鉴》数据计算而得。

2018 年，东部地区高端生产性服务业集聚的城市有 27 个，比 2003 年减少了 3 个。高端生产性服务业区位熵处于（1.0~1.5］的城市有 19 个，比 2003 年减少了 9 个，但区位熵大于 1.5 的城市数量比 2003 年增加了 6 个。东部地区低端生产性服务业集聚的城市有 23 个，比 2003 年增加了 2 个。东部地区低端生产性服务业区位熵大于 1.5 的城市比 2003 年增加了 2 个。东部地区高端生产性服务业集聚城市的数量明显减少，而低端生产性服务业集聚城市的数量明显增加。对于不同层次的生产性服务业而言，具有生产性服务业突出优势的城市均显著增加。

2018 年，中部地区高端生产性服务业区位熵处于（1.0~1.5］之间的城市有 10 个，区位熵大于 1.5 的城市比 2003 年增加了 3 个。2018 年，中部地区低端生产性服务业集聚城市的数量比 2003 年减少了 1 个，区位熵大于 1.5 的城市增加了 1 个。中部地区高端生产性服务业集聚城市的数量有所增加，低端生产性服务业集聚城市的数量变化不大。中部地区具有高端和低端生产性服务业突出优势的城市明显增加。

2018 年，西部地区高端生产性服务业集聚城市的数量为 19 个，比 2003 年增加了 2 个。其中，高端生产性服务业区位熵处于（1.0~1.5］的城市有 15 个，而区位熵大于 1.5 的城市有 4 个。2018 年，西部地区低端生产性服务业集聚城市的数量和 2003 年相同，为 12 个。其中，区位熵处于（1.0~1.5］的城市为 10 个，比 2003 年减少了 2 个，而区位熵大于 1.5 的城市为 2 个，增加了 2 个。由此可见，西部地区不同层次生产性服务业集聚城市的数量均未发生明显变化。与东部和中部地区一样，西部地区具有高端和低端生产性服务业突出优势的城市也有所增加。

2018 年，东北部地区高端生产性服务业集聚城市的数量为 10 个，比 2003 年增加了 3 个，其中高端生产性服务业区位熵处于（1.0~1.5］的城市有 9 个，而区位熵大于 1.5 的城市有 1 个。2018 年，东北部地区低端生产性服务业集聚城市的数量为 6 个，比 2003 年增加 1 个。其中，低端生产性服务业区位熵处于（1.0~1.5］的城市有 5 个，而区位熵大于 1.5 的城市有 1 个。可以看出，东北部地区不同层次生产性服务业集聚城市的数量均略有增加。

因此，高端和低端生产性服务业具有突出集聚优势的城市均明显增多。

不同层次生产性服务业集聚城市的数量在不同区域存在差异。东部地区高端生产性服务业集聚的城市明显减少，低端生产性服务业集聚的城市明显增加；中部地区高端生产性服务业集聚城市的数量有所增加，低端生产性服务业集聚城市的数量变化不大；西部地区不同层次生产性服务业集聚城市的数量均未发生明显变化；东北部地区不同类别生产性服务业集聚城市的数量均略有增加。

4.2 制造业碳排放效率时空演变特征

4.2.1 制造业碳排放效率测度

4.2.1.1 DEA-SBM 效率测算模型

本书把制造业碳排放效率定义为单位二氧化碳的实际经济产出与最优产出的比重，构造基于松弛变量的 DEA-SBM 效率测算模型[1][2]，将松弛变量纳入目标函数，形成一种非径向、非角度的效率度量方法，利用多投入和多产出数据对制造业碳排放效率进行测算，投入指标包含资本、劳动和能源，产出指标包含制造业增加值（期望产出）和二氧化碳排放（非期望产出）。首先需要架构同时包含非期望产出和期望产出的生产可能结合，法（Färe）等将要素投入和含有污染物这种（坏）产出之间的技术结构称为环境效率。假设生产系统有 m 个决策单元，使用 z 种投入要素，生产 u_1 种好产出和 u_2 种坏产出，对应的向量分别表示为 $x \in R_z$，$y_g \in R_{u_1}$，$y_b \in R_{u_2}$，矩阵定义为 $X = (x_{ij}) \in R_{z \times m}$，$Y_g = (y_{gij}) \in R_{u_1 \times m}$，$Y_b = (y_{bij}) \in R_{u_2 \times m}$，且生产可能集满足有界集与闭集、投入自由处置与期望产出、非期望产出与期望产出零结合及产出联合弱可处置性假设，环境效率模型可以化为 $P =$

---

[1] YANG W, LI L. Efficiency evaluation of industrial waste gas control in China: a study based on data envelopment analysis(DEA) model[J]. Journal of clean production, 2018(179): 1-11.

[2] YU X, WU Z, ZHENG H, et al. How urban agglomeration improve the emission efficiency? A spatial econometric analysis of the Yangtze River delta urban agglomeration in China[J]. Journal of environmental management, 2020(260): 110061.

$\left\{ (\boldsymbol{x}, \boldsymbol{y}_{\text{g}}, \boldsymbol{y}_{\text{b}}) \mid \boldsymbol{x} \geq X\boldsymbol{\alpha}, \boldsymbol{y}_{\text{g}} \leq \boldsymbol{y}_{\text{g}}\boldsymbol{\alpha}, \boldsymbol{y}_{\text{b}} = Y_{\text{b}}\boldsymbol{\alpha}, \sum_{i=1}^{m} \boldsymbol{\alpha} \geq 0 \right\}$，式中等式约束表示非期望产出和期望产出的联合弱可处置性以及零结合性，不等式约束表明投入和期望产出的强可处置性，$\boldsymbol{\alpha}$ 表示横截面观察值的非负权重。考虑非期望产出时，对于某一特定的决策单元 $\text{DMU}(\boldsymbol{x}_0, \boldsymbol{y}_{\text{g}0}, \boldsymbol{y}_{\text{b}0})$，基于节能减排的生产约束，构造分式规划为

$$\rho^* = \min \frac{1 - \dfrac{1}{z} \displaystyle\sum_{i=1}^{z} \dfrac{\bar{u}_1}{\boldsymbol{x}_{i0}}}{1 + \dfrac{1}{u_1 u_2} \left(\displaystyle\sum_{r=1}^{u_1} \dfrac{u_{gr}}{\boldsymbol{y}_{r0}} + \displaystyle\sum_{r=1}^{u_2} \dfrac{u_{br}}{\boldsymbol{y}_{r0}} \right)} \tag{4.6}$$

$$\text{s. t. } \boldsymbol{x}_0 = X\boldsymbol{\alpha} + \bar{u}, \ \boldsymbol{y}_{\text{g}0} = Y_{\text{g}}\boldsymbol{\alpha} - u_{\text{g}}, \ \boldsymbol{y}_{\text{b}0} = Y_{\text{b}}\boldsymbol{\alpha} + u_{\text{b}} \tag{4.7}$$

$$\bar{u} \geq 0, \ u_{\text{g}} \geq 0, \ u_{\text{b}} \geq 0, \ \boldsymbol{\alpha} \geq 0 \tag{4.8}$$

式中，u_{b}、u_{g} 和 $\bar{u}$ 分别为非期望产出、期望产出和投入的松弛量；$\boldsymbol{\alpha}$ 为权重向量；ρ^* 为目标效率值，取值范围在 $[0, 1]$，且关于 u_{b}、u_{g} 和 $\bar{u}$ 严格单调递减；当 u_{b}、u_{g} 和 $\bar{u}$ 取值均为 0，即 $\rho^* = 1$，说明决策单元是有效的，$\rho^* < 1$，则说明决策单元无效，可以在投入产出上相应改进。

4.2.1.2　Malmquist 指数

SBM 模型不可测算动态效率，只可分析区域静态效率。因此本章采用 Malmquist 指数测量城市 2003—2018 年制造业碳排放效率动态变化，在此基础上考虑的内容不仅为非期望产出，而且还包括非期望产出的减小和期望产出的增多。Malmquist 指数于 1953 年由马姆奎斯特（Malmquist）第一次提出并应用，后来将其用到生产领域来测算效率的变化。Malmquist 指数 MI 从 t 到 $t+1$ 时的表达式为

$$\text{MI}_{t, t+1} = \left[\frac{1 + D_t(x_t, y_t, c_t, \boldsymbol{g}_t)}{1 + D_t(x_{t+1}, y_{t+1}, c_{t+1}, \boldsymbol{g}_{t+1})} \times \frac{1 + D_{t+1}(x_t, y_t, c_t, \boldsymbol{g}_t)}{1 + D_{t+1}(x_{t+1}, y_{t+1}, c_{t+1}, \boldsymbol{g}_{t+1})} \right]^{\frac{1}{2}} \tag{4.9}$$

式中，x 为投入要素，y 为产出要素，c 为非期望产出，$\boldsymbol{g}$ 为各要素的松弛向量；$D_t(x_t, y_t, c_t, \boldsymbol{g}_t)$ 与 $D_{t+1}(x_{t+1}, y_{t+1}, c_{t+1}, \boldsymbol{g}_{t+1})$ 分别为 t 期与 $t+1$ 期的距离函数；$D_t(x_{t+1}, y_{t+1}, c_{t+1}, \boldsymbol{g}_{t+1})$ 表示以 t 时期的技术为参考的 $t+1$

期混合距离函数；$D_{t+1}(x_t,\ y_t,\ c_t,\ \boldsymbol{g}_t)$ 表示以 $t+1$ 时期的技术为参考的 t 期混合距离函数。

Malmquist 指数同 2 个指标有关，是由技术变化指数（TC）和技术效率变化指数（EC）组成的，即 MI=EC×TC，则有

$$EC_{t,\ t+1} = \left[\frac{1 + D_t(x_t,\ y_t,\ c_t,\ \boldsymbol{g}_t)}{1 + D_{t+1}(x_{t+1},\ y_{t+1},\ c_{t+1},\ \boldsymbol{g}_{t+1})} \right] \quad (4.10)$$

$$TC_{t,\ t+1} = \left[\frac{1 + D_{t+1}(x_t,\ y_t,\ c_t,\ \boldsymbol{g}_t)}{1 + D_t(x_t,\ y_t,\ c_t,\ \boldsymbol{g}_t)} \times \frac{1 + D_{t+1}(x_{t+1},\ y_{t+1},\ c_{t+1},\ \boldsymbol{g}_{t+1})}{1 + D_t(x_{t+1},\ y_{t+1},\ c_{t+1},\ \boldsymbol{g}_{t+1})} \right]^{\frac{1}{2}}$$

$$(4.11)$$

Malmquist 指数可以看成是 EC 与 TC 的乘积，也就是效率变化指数和技术进步指数的乘积。EC 和 TC 分别测度的是决策单元从 t 时期到 $t+1$ 时期的变动情况，EC 反映的是技术效率的提升，TC 反映的是技术进步情况。在规模收益可变情况下，Malmquist 指数为纯技术效率、规模效率、技术进步三者的乘积。

4.2.1.3 指标的选取、数据来源及处理

有关制造业碳排放效率的测算需要用到三个方面的基础数据，数据的来源及处理如下。

（1）生产投入要素。所涉及的生产投入要素有三种：劳动、资本和能源。根据数据的可获性和准确性，劳动投入（Labor）选取各城市制造业的全部职工年平均人数作为投入变量；资本投入（Capital）选取各城市制造业的年末固定资产净值（以 2003 年为基期）作为投入变量；能源投入（Resource）选取各城市制造业的能源消耗总量（折算成以"标准煤"为单位）作为投入变量。

中国碳排放核算数据库统计了我国各地区细分行业终端能源消耗量，2003 年的《中国统计年鉴》将制造业细分为 30 个行业。本章对各年份、各地区制造业的终端能源消耗量加总，然后依据制造业总产值，计算出各年份、各地区制造业能源消耗强度。再利用 2003 年的《中国城市统计年鉴》中各城市的制造业总产值，计算出各城市制造业能源消耗总量。

（2）期望产出。本章将采用各制造业行业的增加值（以 2003 年为基期

的不变价格）作为期望产出指标。

（3）非期望产出。本章测算的制造业碳排放效率实际上是一种将二氧化碳排放作为非合意产出的效率指数，因此本章采用的非期望产出为各城市制造业二氧化碳排放总量（见表4.8）。

表4.8　投入产出指标体系

指标	类别	具体指标
投入指标	投入生产要素	资本投入
		劳动力投入
		能源投入
产出指标	期望产出	制造业行业的增加值
	非期望产出	制造业二氧化碳排放总量

依照 IPCC（Intergovernmental Panel on Climate Change，政府间气候变化专门委员会）2006 年国家温室气体清单指南第二卷（能源）第六章提供的参考方法，化石燃料能源主要有煤炭、焦煤、原油、汽油、柴油、煤油、燃料油和天然气等 17 种，计算出各年份、各地区制造业二氧化碳排放总量 T_c 为

$$T_c = \sum_{p=1}^{30} E_{pq} \times \text{NCV}_{pq} \times \text{CEF}_{pq} \times \text{COF}_{pq} \times (44/12) \qquad (4.12)$$

式中，T_c 为测算的制造业二氧化碳排放总量，p 为制造业行业，q 为能源消费种类，E 为能源消费量，将不同类型制造业能源消费量通过能源折合系数予以加总，单位为万吨标准煤。NCV 为平均低位发热值，CEF 为碳排放系数，COF 为碳氧化率，44 和 12 分别为二氧化碳和碳的分子量。平均低位发热值由《中国能源统计年鉴》的附录提供；碳排放系数来源于 IPCC（2006）；设定碳氧化率为 1。

根据计算出的各年份、各地区制造业二氧化碳排放总量，然后结合制造业总产值，计算出各年份、各地区制造业碳强度。再利用《中国城市统计年鉴》中各城市的制造业总产值，计算出各城市制造业二氧化碳排放总量。

数据主要来源于 2003—2018 年的《中国城市统计年鉴》《中国统计年

鉴》和《中国能源统计年鉴》以及各城市统计年鉴、统计公报等资料，选取的是 2003—2018 年 285 个地级及以上城市面板数据进行检验。

4.2.2　时空演变特征

基于 DEA-SBM 效率测算模型，采用 285 个地级及以上城市的投入产出数据进行处理，得到各城市 2003—2018 年制造业碳排放效率值，并计算平均值，见表 4.9。可以看出，2003—2018 年制造业碳排放效率平均值在 0.4355~0.5058，制造业碳排放效率水平整体较低，说明中国地级及以上城市制造业生产中投入与产出配置不合理，能源利用度较低，生产技术水平不高，制造业碳排放效率还有较大的提升空间。

表 4.9　2003—2018 年制造业碳排放效率均值

年份	效率均值	年份	效率均值
2003	0.4355	2011	0.4646
2004	0.4388	2012	0.4782
2005	0.4415	2013	0.4858
2006	0.4489	2014	0.4861
2007	0.4533	2015	0.4926
2008	0.4595	2016	0.4925
2009	0.4629	2017	0.5028
2010	0.4652	2018	0.5058

数据来源：根据 DEA-SBM 效率模型测算并计算平均值而得。

从动态来看，2003—2018 年制造业碳排放效率平均值各年有波动，但总体呈现出上升趋势，这表明各城市虽然制造业碳排放效率不高，但随着经济发展水平、技术进步以及与其他产业的融合发展，制造业碳排放效率在进一步提高（见图 4.4）。

分区域来看，东部、中部、西部和东北部地区的制造业碳排放效率均值都呈现出上升的趋势。这说明随着经济的进一步发展、技术水平的提高已经碳减排目标的趋紧，各地区制造业碳排放效率均呈现上升趋势，见表 4.10。

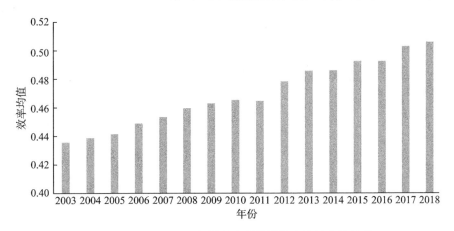

图 4.4　2003—2018 年制造业碳排放效率均值变化趋势

数据来源：根据 DEA-SBM 效率模型测算并计算平均值而得。

表 4.10　2003—2018 年不同地区制造业碳排放效率均值

年份	东部	中部	西部	东北部
2003	0.6565	0.3812	0.3536	0.3625
2004	0.6521	0.3928	0.3525	0.3622
2005	0.6656	0.4048	0.3517	0.3655
2006	0.6621	0.4028	0.3625	0.3622
2007	0.6692	0.4119	0.3715	0.3758
2008	0.6724	0.4128	0.3813	0.3836
2009	0.6826	0.4236	0.3712	0.3869
2010	0.6915	0.4235	0.3748	0.3736
2011	0.7068	0.4325	0.3855	0.3847
2012	0.7096	0.4336	0.3833	0.3936
2013	0.7154	0.4425	0.3912	0.4024
2014	0.7138	0.4578	0.4028	0.4011
2015	0.7202	0.4525	0.4036	0.4123
2016	0.7216	0.4529	0.4066	0.4145
2017	0.7322	0.4648	0.4078	0.4171
2018	0.7313	0.4652	0.4144	0.4216
均值	0.6939	0.4285	0.3821	0.3887

数据来源：根据 DEA-SBM 效率模型测算并计算平均值而得。

东部、中部、西部和东北部地区的制造业碳排放效率均值存在较大差异，东部地区制造业碳排放效率均值相对较高，其次为中部地区，东北部和西部地区制造业碳排放效率相对较低（见图4.5）。

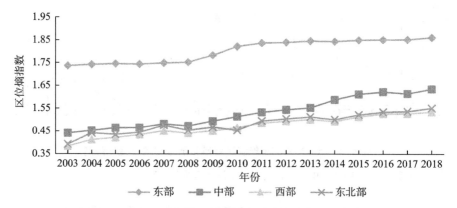

图4.5 2003—2018年不同地区制造业碳排放效率均值变化趋势

数据来源：根据DEA-SBM效率模型测算并计算平均值而得。

为了进一步识别各城市制造业碳排放效率变动的原因，根据前文的Malmquist指数分解方法，对制造业碳排放效率进行分解，得到纯技术效率与规模效率。纯技术效率指的是整体制造业碳排放效率中由管理、技术等因素影响的部分，而规模效率指的是整体制造业碳排放效率中由生产规模、资源配置等影响的部分。具体分解结果见表4.11。其中PTE（pure technical efficiency）代表纯技术效率，SE（scale efficiency）代表规模效率。2003—2018年，中国城市制造业碳排放效率的纯技术效率和规模效率均值分别为0.61和0.80。可见城市制造业碳排放效率的提升主要得益于规模效率。这在一定程度上说明中国地级及以上城市整体制造业生产规模和资源配置较为合理，而生产技术水平、管理水平对于提高城市制造业碳排放效率还有较大的提升空间。

表4.11 2003—2018年制造业碳排放效率纯技术效率与规模效率均值

年份	PTE	SE
2003	0.54	0.68
2004	0.48	0.72

续表

年份	PTE	SE
2005	0.45	0.88
2006	0.58	0.79
2007	0.55	0.82
2008	0.58	0.73
2009	0.62	0.75
2010	0.63	0.82
2011	0.65	0.91
2012	0.71	0.73
2013	0.64	0.81
2014	0.65	0.86
2015	0.66	0.85
2016	0.63	0.84
2017	0.74	0.82
2018	0.72	0.86
均值	0.61	0.80

数据来源：根据 Malmquist 指数分解并计算平均值而得。

表 4.12 是 2003—2018 年不同区域制造业碳排放效率的纯技术效率与规模效率均值。东部地区纯技术效率与规模效率均值最高，分别为 0.83 和 0.92，其次为中部地区和东北部地区，西部地区最低，而且各个区域都表现为规模效率大于纯技术效率。

表 4.12　2003—2018 年不同区域制造业碳排放效率的纯技术效率与规模效率均值

年份	东部		中部		西部		东北部	
	PTE	SE	PTE	SE	PTE	SE	PTE	SE
2003	0.75	0.89	0.54	0.75	0.46	0.68	0.51	0.68
2004	0.78	0.92	0.56	0.74	0.51	0.67	0.53	0.66
2005	0.81	0.95	0.58	0.71	0.53	0.66	0.55	0.67
2006	0.82	0.94	0.61	0.73	0.54	0.63	0.52	0.71

年份	东部		中部		西部		东北部	
	PTE	SE	PTE	SE	PTE	SE	PTE	SE
2007	0.83	0.88	0.63	0.72	0.48	0.61	0.51	0.72
2008	0.79	0.89	0.65	0.73	0.44	0.60	0.46	0.75
2009	0.81	0.91	0.64	0.69	0.45	0.63	0.53	0.74
2010	0.83	0.92	0.62	0.73	0.51	0.64	0.52	0.71
2011	0.82	0.93	0.58	0.72	0.53	0.65	0.54	0.73
2012	0.81	0.97	0.67	0.74	0.55	0.68	0.56	0.75
2013	0.85	0.95	0.64	0.75	0.54	0.67	0.57	0.77
2014	0.84	0.92	0.65	0.77	0.56	0.64	0.56	0.79
2015	0.82	0.94	0.63	0.70	0.52	0.63	0.52	0.75
2016	0.91	0.87	0.64	0.73	0.57	0.62	0.53	0.74
2017	0.88	0.95	0.65	0.75	0.53	0.68	0.55	0.73
2018	0.85	0.93	0.67	0.77	0.52	0.62	0.56	0.72
均值	0.83	0.92	0.62	0.73	0.52	0.64	0.53	0.73

数据来源：根据 Malmquist 指数分解并计算平均值而得。

从 2003—2018 年各个城市的平均制造碳排放效率的空间分布来看。效率更高的地区主要位于北京、天津、河北、山东、长江三角洲、珠江三角洲和其他东部沿海地区。效率较低的地区主要分布在山西、陕西、甘肃、宁夏、吉林、内蒙古和中部一些城市。2003—2018 年，制造业碳排放效率高集聚区数量显著增加，主要集中在北京、天津、河北、山东和长江三角洲、珠江三角洲等东部沿海地区。这些地区科技创新能力强，制造业能源利用水平较高。另一方面，制造业碳排放效率较低的地区的数量有所减少——主要集中在山西、陕西、甘肃和宁夏地区。这些地区工业化水平低，经济配套条件差，科技创新对制造业的作用较低，制造业能源利用效率也相对较低。

4.3　生产性服务业集聚与制造业碳排放效率的关系

通过采用区位熵测算的生产性服务业集聚指数来看，东部地区各年生产性服务业的区位熵指数都大于中部、西部、和东北部地区。而且在不同类型的城市中，随着城市规模的扩大，生产性服务业的总体集聚水平、高端生产性服务的集聚水平和低端生产服务的集聚水平均呈上升趋势。这说明生产性服务业集聚度高的城市主要集中于东部一些规模较大的城市，而生产性服务业集聚度比较低的城市主要集中于中西部一些规模较小的城市。制造业碳排放效率更高的地区主要位于北京、天津、河北、山东和长江三角洲地区、珠江三角洲地区和其他东部沿海地区。制造业碳排放效率较低的地区主要分布在山西、陕西、甘肃、宁夏、吉林、内蒙古和中部一些城市。通过初步统计分析来看，生产性服务业集聚程度与制造业碳排放效率水平具有高度的契合性和相关性。当然，影响制造业碳排放效率的因素有很多，后面将构建计量模型从多角度实证研究生产性服务业集聚对制造业碳排放效率的影响。

4.4 本章小结

采用区位熵指数测算 2003—2018 年城市生产性服务业集聚指数整体呈现出上升趋势，这说明生产性服务业在城市集聚的趋势越来越明显。生产性服务业集聚与城市规模、行政等级等存在密切关联。2003 年省会城市不同层次生产性服务业集聚水平均明显高于非省会城市，反映了省会城市在高端和低端生产性服务业发展上均具有明显集聚特征。2018 年，低端生产性服务业集聚的非省会城市数量比 2003 年减少了 9 个。高端和低端生产性服务业集聚的非省会城市数量明显减少，不同层次生产性服务业向省会城市集聚的趋势更加明显。不同层次生产性服务业集聚水平在东部、中部、西部和东北部地区有显著差异。2003 年，东部地区高端生产性服务业集聚城市的数量和比例均明显高于中部、西部和东北部地区。与此同时，东部地区低端生产性服务业集聚城市的数量和比例最大，其次是中部地区、西部地区和东北部地区。2018 年，高端和低端生产性服务业具有突出集聚优势的城市均明显增多。不同层次生产性服务业集聚城市的数量在不同区域存在差异，东部地区高端生产性服务业集聚的城市明显减少，低端生产性服务业集聚的城市明显增加；中部地区高端生产性服务业集聚城市的数量有所增加，低端生产性服务业集聚城市的数量变化不大；西部地区不同层次生产性服务业集聚城市的数量均未发生明显变化；东北部地区不同层次生产性服务业集聚城市的数量均略有增加。

2003—2018年制造业碳排放效率平均值在0.4355～0.5058之间，制造业碳排放效率水平整体较低，说明中国地级及以上城市制造业生产中投入与产出配置不够合理，能源利用效率较低，制造业碳排放效率还有较大的提升空间。从动态来看，2003—2018年制造业碳排放效率均值各年有波动，但总体呈现出上升趋势；东部、中部、西部和东北部地区的制造业碳排放效率均值存在较大差异，东部地区制造业碳排放效率均值相对较高，其次为中部地区，东北部和西部地区制造业碳排放效率相对较低。制造业碳排放效率最高的地区主要位于北京、天津、河北、山东与长江三角洲、珠江三角洲和其他东部沿海地区。效率较低的地区主要分布在山西、陕西、甘肃、宁夏、吉林、内蒙古和中部一些地区。

生产性服务业集聚度高的城市主要集中于东部一些规模较大的城市，而比较低的城市主要集中于中西部一些规模较小的城市。制造业碳排放效率更高的地区主要位于北京、天津与长江三角洲、珠江三角洲和其他东部沿海地区。制造业碳排放效率较低的地区主要分布在山西、陕西、甘肃、宁夏等中西部一些城市。

通过初步分析可知，生产性服务业集聚程度与制造业碳排放效率水平具有高度的契合性和相关性。

生产性服务业集聚对
制造业碳排放效率影响的实证研究

本章在前面理论分析的基础上，通过构建面板计量回归模型，采用2003—2018 年 285 个地级及以上城市面板数据，实证研究城市生产性服务业集聚对制造业碳排放效率的影响以及作用大小，并考虑不同城市规模、不同地理空间、不同层次生产性服务业集聚以及不同生产性服务业集聚模式的异质性。

5.1 模型设定

根据前面的理论分析构建计量模型，以测算出的制造业碳排放效率为被解释变量，以生产性服务业集聚水平为核心解释变量，实证研究生产性服务业集聚对制造业碳排放效率的影响。与此同时，除了生产性服务业集聚对制造业碳排放效率产生影响外，还有其他因素也会对制造业碳排放效率产生影响，包括经济发展水平、人力资本水平、科技投入强度、外资利用规模和环境规制强度等。控制变量包含上述影响制造业碳排放效率的其他因素。此外，考虑到过去制造业碳排放效率的变化存在时间累积效应，本章在基准静态模型基础上［见式（5.1）］构建包含被解释变量滞后一期的动态模型［见式（5.2）］。

$$\text{MCE}_{it} = \alpha_0 + \alpha_1 \text{CLU}_{it} + \gamma \sum X_{it} + u_i + \varepsilon_{it} \tag{5.1}$$

$$\text{MCE}_{it} = \beta_0 + \beta_1 \text{MCE}_{i(t-1)} + \beta_2 \text{CLU}_{it} + \eta \sum X_{it} + u_i + \varepsilon_{it} \tag{5.2}$$

式中，i 为城市，t 为时间，α_0 和 β_0 为截距项，α_1、β_1、β_2 为待估系

数。MCE_{it} 为第 i 个城市第 t 年制造业碳排放效率，$MCE_{i(t-1)}$ 表示 MCE_{it} 的滞后一期。CLU 代表生产性服务业集聚水平。X 代表影响制造业碳排放效率的一组控制变量，包括：经济发展水平、人力资本水平、科技投入强度、外资利用规模和环境规制强度。u_i 表示城市固定效应，ε_{it} 为随机扰动项。

<table>
<tr><td>5.2</td><td>变量选取与数据说明</td></tr>
</table>

5.2.1 变量选取

（1）被解释变量。

制造业碳排放效率为被解释变量。本章构造基于松弛变量的 DEA-SBM 效率测算模型，具体测算方法参见第四章关于制造业碳排放效率的测算。

（2）解释变量。

生产性服务业集聚指数为解释变量。采用区位熵指数来测度生产性服务业集聚水平，具体方法是采用某个城市某种生产性服务业的就业人数或产值占该城市所有产业总就业人数或产值的比重，与全国该生产性服务业就业人数或产值占全国所有产业就业人数或产值的比重的比值来衡量。具体公式为

$$LQ_{ih}(t) = \left[(x_{ih}(t) / \sum_h x_{ih}(t)) \right] / \left[\sum_i X_{ih}(t) / \sum_i \sum_h X_{ih}(t) \right] \quad (5.3)$$

式中，$LQ_{ih}(t)$ 为 t 时期 i 城市生产性服务业 h 的区位熵指数，$x_{ih}(t)$ 为 t 时期 i 城市生产性服务业 h 的就业人数，$\sum_h x_{ih}(t)$ 为 t 时期 i 城市所有产业的就业人数。$\sum_i X_{ih}(t)$ 为 t 时期全部城市生产性服务业 h 的就业人数，$\sum_i \sum_h X_{ih}(t)$ 为 t 时期全部城市所有产业的就业人数。用区位熵指数代表生产性服务业集聚水平，在模型中用 CLU 表示。

此外，在异质性分析中，考虑两种不同的生产性服务业集聚模式，包括生产性服务业专业化集聚和多样化集聚。

生产性服务业专业化集聚。用 SPM 表示，该指标构建方法参考 Ezcurra[1]

---

[1] EZCURRA R, PASCUAL P, RAPUN M. Regional specialization in the European Union [J]. Regional studies, 2006, 40(6): 601-616.

（埃泽拉）和韩峰、谢锐[❶]的研究，表示为

$$\mathrm{SPM}_i = \sum \left[\frac{E_{ih}}{E_i} - \frac{E^{'}}{E^{'}_h} \right] \qquad (5.4)$$

式中，E_{ih} 为城市 i 生产性服务行业 h 的就业人数，E_i 为城市 i 总就业人数，$E^{'}_h$ 表示除城市 i 外的某生产性服务行业 h 的就业人数，$E^{'}$ 为除城市 i 外的全国总就业人数。

生产性服务业多样化集聚（用 DVM 表示）的计算公式为

$$\mathrm{DVM}_i = \sum \frac{E_{ih}}{E_i} \left[\frac{1 / \sum\limits_{h'=1,\ h'\neq h}^{n} [E_{ih'}/(E_i - E_{ih})]^2}{1 / \sum\limits_{h'=1,\ h'\neq h}^{n} [E_{h'}/(E - E_h)]^2} \right] \qquad (5.5)$$

式中，E_h 为全国生产性服务业 h 的就业人数，E 则为全国总就业人数。

（3）其他控制变量。

①经济发展水平。用 PDP 表示经济发展水平。城市经济越发达，生产性服务业的市场需求和市场容量越大，为制造业服务的程度就越高，制造业生产率和碳排放效率可能就越高。这种极化效应使制造业碳排放效率较高的城市大都集中在经济发达地区。

②人力资本水平。用 HUL 表示该指标。人力资本水平不仅影响生产性服务业集聚的程度，还会通过提升管理和创新水平来提高制造业碳排放效率。

③科技投入强度。用 TEC 表示科技投入强度。科技投入和研发会带来生产技术的进步，特别是清洁生产技术水平的提升，能够提高资源利用效率，减少碳排放，一般来说，科技投入有利于制造业碳排放效率的提升。

④外资利用规模。用 FDI 表示外资利用规模。外资对制造业碳排放效率的影响具有不确定性，一方面，外商直接投资可能带来先进的技术和管理经验，通过技术溢出和有效管理提升制造业碳排放效率；另一方面，外商可能将一些高耗能的高碳行业转移到我国，从而不利于制造业碳排放效率的提高。

---

❶　韩峰，谢锐. 生产性服务业集聚降低碳排放了吗？——对我国地级及以上城市面板数据的空间计量分析 [J]. 数量经济技术经济研究，2017（3）：40-58.

⑤环境规制强度。用 REI 表示该指标。关于环境规制对制造业碳排放效率的影响存在两种不同的观点，一种观点认为环境规制强度的增加会提高企业污染治理成本，削弱企业的创新能力，从而不利于制造业碳排放效率的提高。另一种观点认为合理的环境规制能激发生产主体的创新热情，提升其资源优化配置水平和技术创新能力，有利于提高制造业碳排放效率。

5.2.2 数据来源及处理

数据主要来源于 2003—2018 年《中国城市统计年鉴》《中国统计年鉴》和《中国能源统计年鉴》以及各城市统计年鉴、统计公报等资料。选取的是 2003—2018 年 285 个地级及以上城市面板数据进行检验。

（1）制造业碳排放效率。

本书用 MCE 表示制造业碳排放效率，制造业碳排放效率的测算需要三个方面的基础数据，包括生产投入要素（劳动、资本和能源）、期望产出（制造业行业的增加值）和非期望产出（二氧化碳排放量）。数据的来源及处理方法参见第四章。

（2）生产性服务业集聚指数。

根据构建的生产性服务业集聚指数、生产性服务业专业化集聚和生产性服务业多样化集聚的计算公式，将数据代入进行测算。指数越大，说明生产性服务业集聚水平越高，生产性服务业专业化集聚和生产性服务业多样化集聚特征更显著。

（3）其他控制变量。

本章采用人均 GDP 来反映一个城市的经济发展水平。采用平均受教育年限作为人力资本的代理变量。科技投入强度用公共财政中的科学技术支出占 GDP 的比重表示。外资利用规模用当年实际利用外资额来表示（折算为人民币），单位为亿元。

环境规制强度指标选用相对指标来度量，涉及废水、废尘与二氧化硫的污染排放量。首先定义城市 i 第 l 种污染的相对排放水平为

$$\mathrm{pr}_{li} = \frac{p_{li}}{\dfrac{1}{n}\sum_{j=1}^{n} p_{lj}} \tag{5.6}$$

式中，pr_{li} 表示第 i 个城市第 l 种污染物的排放水平，p_{li} 表示第 i 个城市第 l 种污染物的污染排放强度[❶]，$\dfrac{1}{n}\sum\limits_{j=1}^{n}p_{lj}$ 表示城市第 l 种污染物污染排放强度的均值。对无量纲的变量 pr_{li} 进行如下加总平均处理：

$$EI_i = \frac{1}{3}(\mathrm{pr}_{1i} + \mathrm{pr}_{2i} + \mathrm{pr}_{3i}) \tag{5.7}$$

EI_i 为第 i 个城市无量纲变量加总平均值，1、2、3 分别表示工业废水、SO_2 和烟尘，EI_i 的值与环境规制水平呈反向变动关系。这里将 EI_i 的值进行逆处理得到 REI_i，REI_i 的值越大，表明环境规制水平越高。

5.3　实证结果与分析

表 5.1 分别给出了静态面板模型估计结果和两步 GMM（Generalzed Method of Moments，广义矩估计方法）估计结果，模型 2 和模型 4 分别在模型 1 和模型 3 的基础上引入了控制变量。根据估计结果可知，生产性服务业集聚系数至少在 10% 的统计水平上显著为正，表明生产性服务业集聚能够提升本城市制造业碳排放效率水平，生产性服务业集聚可通过强化生产性服务业与制造业以及制造业企业之间的知识外溢和信息交流、减少信息不对称，提高制造业企业学习效率和技术水平[❷]，进而提高制造业碳排放效率。至少在 5% 的水平上，制造业碳排放效率的滞后一期系数显著为正，表明中国城市制造业碳排放效率存在明显的时期滞后性，往期制造业碳排放效率的提高会对当期碳排放效率产生促进作用。从控制变量参数来看，经济发展水平显著提升了城市的制造业碳排放效率，可能是城市经济越发达，生产性服务业为制造业服务的程度就越高，制造业生产率和碳排放效率就越高。人力资本水平对城市制造业碳排放效率产生显著的正向效应，表明人力资本水平不仅影响生产性服务业集聚的程度，还会通过提升管理和创

---

❶　污染排放强度指的是单位 GDP 的污染物排放量。

❷　OTSUKA A，GOTO M，SUEYOSHI T. Energy efficiency and agglomeration economies：the case of Japanese manufacturing industries[J]. Regional science policy & practice，2014(2)：195-212.

新水平来提高制造业碳排放效率。科技投入强度系数显著为正，说明科技投入强度的提升提高了城市制造业碳排放效率水平。科技投入和研发会带来生产技术的进步，特别是清洁生产技术水平的提升，能够提高资源利用效率，减少碳排放，从而提高城市制造业碳排放效率。外资利用规模参数估计均未通过显著性检验，说明外资对制造业碳排放效率并未产生明显影响，可能的原因在于外商直接投资对制造业碳排放效率的作用具有不确定性。外商一方面可能带来先进的技术和管理经验，另一方面，也可能将一些高耗能的高碳行业转移到我国。环境规制强度的系数显著为正，说明环境规制强度提升有利于提高城市制造业碳排放效率，表明环境规制能激发生产主体的创新热情，提升其资源优化配置水平和技术创新能力，有利于提高制造业碳排放效率。

表 5.1　实证结果

变量	固定效应		两步 GMM 估计	
	模型 1	模型 2	模型 3	模型 4
ln CLU	0.0911*	0.0836*	0.0812**	0.0815**
	(0.0423)	(0.0352)	(0.0233)	(0.0301)
ln PDP		0.2021*		0.1398*
		(0.0836)		(0.0615)
ln HUL		0.0922**		0.0935**
		(0.0223)		(0.0237)
ln TEC		0.0339**		0.0512**
		(0.0112)		(0.0133)
ln FDI		−0.3011		−0.2998
		(0.2563)		(0.2036)
ln REI		0.0225*		0.0236*
		(0.0111)		(0.0108)
$L.$ ln MCE	—	—	0.0523**	0.0368**
			(0.0122)	(0.0101)
常数	−0.2352*	−0.2155**	−0.1022**	−0.2434**
	(0.0539)	(0.0368)	(0.0253)	(0.0101)
AD−R^2	0.7162	0.6522	0.7225	0.7011
AR（1）Test	—	—	0.6375	0.6525
AR（2）Test	—	—	0.5295	0.5633

续表

变量	固定效应		两步 GMM 估计	
	模型 1	模型 2	模型 3	模型 4
Sargen Test	—	—	62.31	65.22

注：（1）＊、＊＊分别表示在 10% 和 5% 统计性水平上显著，回归系数下面括号里面的数为标准误。

（2）$L.\ln MCE$ 为被解释变量滞后一期。

5.4　异质性检验

5.4.1　不同规模城市

按照《国务院关于调整城市划分标准的通知》（国发〔2014〕51 号），城市按规模可划分为小城市、中等城市、大城市和特大及超大城市四类。采用两步 GMM 模型估计，分析不同规模城市的生产性服务业集聚对制造业碳排放效率的影响异质性，检验结果见表 5.2。

表 5.2　不同规模城市的空间回归结果

变量	特大及超大城市	大城市	中等城市	小城市
ln CLU	0.1055＊＊ (0.0041)	0.1121＊＊＊ (0.0028)	0.2522 (0.2212)	−0.2633 (0.2215)
ln PDP	0.1236＊ (0.0520)	0.1513＊ (0.0511)	0.1368＊＊ (0.0455)	0.1511＊＊ (0.0452)
ln HUL	0.0562＊ (0.0201)	0.0744＊＊ (0.0314)	0.0811＊ (0.0315)	0.0721＊＊ (0.0313)
ln TEC	0.0298＊＊ (0.0108)	0.0215＊＊＊ (0.0101)	0.0303＊＊ (0.0111)	0.0246＊ (0.0118)
ln FDI	−0.1033 (0.1025)	0.2152 (0.1558)	−0.2513 (0.2123)	−0.2632 (0.2136)
ln REI	0.0303＊＊ (0.0104)	0.0312＊ (0.0124)	0.0311＊＊ (0.0121)	0.0325＊ (0.0115)
$L.\ln MCE$	0.0233＊＊ (0.0101)	0.0155＊ (0.0058)	0.0216＊＊ (0.0102)	00335＊＊ (0.0125)
常数	0.1236＊＊ (0.0512)	−0.1052＊＊ (0.0322)	0.2856＊ (0.1011)	−0.1011 (0.0816)

续表

变量	特大及超大城市	大城市	中等城市	小城市
AR（1）Test	0.7022	0.6855	0.6796	0.7532
AR（1）Test	0.6038	0.6011	0.6522	0.6619
Sargen Test	47.0255	45.2568	48.6355	55.3299

注：(1) *、**和***分别表示在10%、5%和1%水平上通过显著性检验，括号里面为标准误。

(2) $L.\ln MCE$ 为被解释变量滞后一期。

制造业碳排放效率的滞后一期系数显著为正，表明中国城市制造业碳排放效率存在明显的时间累积效应。特大及超大城市生产性服务业集聚均有利于提高碳排放效率，这意味着特大及超大城市的生产性服务业集聚使得知识和技术的相互影响更为广泛，从而有效提高制造业碳排放效率水平。大城市生产性服务业集聚对本城市制造业碳排放效率产生了显著的降低作用，这意味着我国大城市生产性服务业集聚与城市规模并未实现有效匹配，非但无法使生产性服务业集聚对本城市制造业碳排放效率产生正向效应，相反降低了制造业碳排放效率水平。中等城市和小城市生产性服务业集聚均未对城市制造业碳排放效率产生明显影响。其他控制变量系数与总体样本估计基本一致。

5.4.2 不同地域空间

为了检验中国不同区域的生产性服务业集聚是否对制造业碳排放效率具有异质性影响，本章从地理空间上将总样本划分东部、中部、西部和东北部四组，对其子样本的两步 GMM 模型估计结果如表5.3所示。

表5.3 不同规模城市的空间回归结果

变量	东部	中部	西部	东北部
ln CLU	0.1525 （01041）	0.1221** （0.0048）	0.1522* （0.0522）	0.1333* （0.0635）
ln PDP	0.1105 （0.0620）	0.1213* （0.0411）	0.1154** （0.0255）	0.1369** （0.0351）
ln HUL	0.0665* （0.0211）	0.1024** （0.0325）	0.0745* （0.0288）	0.0746** （0.0324）

续表

变量	东部	中部	西部	东北部
ln TEC	0.0265 **	0.0252 **	0.0316 **	0.0289 *
	(0.0112)	(0.0113)	(0.0115)	(0.0119)
ln FDI	-0.1253	0.2462	0.1513	-0.1624
	(0.1224)	(0.1658)	(0.1121)	(0.1136)
ln REI	0.0313 **	0.0324 *	0.0211	0.0326 *
	(0.0124)	(0.0114)	(0.0121)	(0.0112)
$L.$ ln MCE	0.0105 **	0.0112 *	0.0116 **	00125 **
	(0.0041)	(0.0051)	(0.0052)	(0.0045)
常数	-0.1033 **	-0.1068 **	0.1851 *	-0.12111 *
	(0.0502)	(0.0315)	(0.0511)	(0.0516)
AR（1）Test	0.7125	0.6869	0.6798	0.7568
AR（2）Test	0.6039	0.6255	0.6833	0.6658
Sargen Test	52.3021	45.2635	46.3235	48.5233

注：（1）*、**分别表示在 10%、5%水平上通过显著性检验，括号里面为标准误。

（2）$L.$ ln MCE 为被解释变量滞后一期。

由估计结果可知，被解释变量制造业碳排放效率滞后一期系数都为正，且通过了显著性检验，说明制造业碳排放效率具有正向的时间累积效应。对于东部地区而言，生产性服务业集聚对制造业碳排放效率的提升效应并不明显。相反，在中部地区、西部地区和东北部地区，生产性服务业集聚能明显地提升制造业碳排放效率水平。对于这个结论可以得到合理的解释：东部地区由于长期的优先发展和规模的持续扩张，工业集聚开始出现一定程度的"拥挤效应"，已进入集聚发展的瓶颈期。而中部、西部、东北部地区由于处于集聚的初始发展阶段，生产性服务业集聚产生的制造业碳减排边际效益处于递增阶段，因此能产生显著的制造业碳排放效率正向提升作用。

5.4.3　不同层次生产性服务业集聚

生产性服务业集聚对制造业碳排放效率的影响可能受到行业类别的异质性影响，根据研发强度、人均产值等指标，把生产性服务业划分为低端生产性服务业和高端生产性服务业两类。其中低端生产性服务业包括"交通运输、仓储和邮政业""批发和零售业""租赁和商业服务业",高端生产性服务业包括"信息传输、计算机服务业和软件业""金融业""科学研究、技术服务业和地质勘查业"。表5.4是高端生产性服务业集聚和低端生产性服务业集聚子样本回归结果。

表5.4 不同层次生产性服务业集聚回归结果

变量	高端生产性服务业集聚	低端生产性服务业集聚
ln CLU	0.1985**	0.0958*
	(0.0541)	(0.0325)
ln PDP	0.1105	0.1025
	(0.0856)	(0.0755)
ln HUL	0.0658*	0.0624*
	(0.0152)	(0.0145)
ln TEC	0.0365**	0.0116**
	(0.0102)	(0.0103)
ln FDI	0.1365	0.1421
	(0.1233)	(0.1147)
ln REI	0.0225*	0.0214*
	(0.0102)	(0.0111)
$L.$ ln MCE	0.0231**	0.0225**
	(0.0038)	(0.0049)
常数	0.1033*	0.1851*
	(0.0502)	(0.0811)
AR (1) Test	0.6569	0.6233
AR (2) Test	0.5836	0.5923
Sargen Test	48.9235	50.2652

注:(1) *、**分别表示在10%、5%水平上通过显著性检验,括号里面为标准误。
(2) $L.$ ln MCE 为被解释变量滞后一期。

由估计结果可知,两类样本中被解释变量制造业碳排放效率滞后一期系数都为正,且通过了显著性检验。这说明制造业碳排放效率具有正向的时间累积效应。对于两类样本而言,生产性服务业集聚对制造业碳排放效率的影响为正,且至少在10%的水平上显著,生产性服务业集聚能明显地提升制造业碳排放效率水平。从影响的作用大小来看,高端生产性服务业集聚影响系数为 0.1985，低端生产性服务业集聚影响系数为 0.0958，这说明生产性服务业集聚的碳减排效应与生产性服务业内部细分行业性质有关。低端生产性服务业主要服务对象为劳动和资本密集型制造业，而高端生产性服务业则主要为技术密集型或高端制造业提供服务。❶ 由于劳动和资本密集型制造业处于价值链中低端，单位产品能耗和碳排放均较高，因而生产性服务业内部结构中低端行业占比较大情况下，生产性服务业集聚对碳排放效率的效应发挥将受到限制。相反，内部结构中高端行业占比较大的生产性服务业集聚则有助于产生预期的碳减排效应。

5.4.4　不同生产性服务业集聚模式

从生产性服务业集聚模式来看，主要分为专业化集聚以及多样化集聚，专业化集聚和多样化集聚所产生的外部性来源不同，对制造业碳排放效率的影响可能也存在差异。表 5.5 是两种生产性服务业集聚模式的回归结果。

表 5.5　不同层次生产性服务业集聚回归结果

变量	回归结果	
	专业化生产性服务业集聚	多样化生产性服务业集聚
ln SPM	0.1255**	
	(0.0522)	
ln DVM		0.0758*
		(0.0315)
ln PDP	0.1022	0.0824
	(0.0856)	(0.0525)
ln HUL	0.0359*	0.0633*
	(0.0151)	(0.0223)
ln TEC	0.0521**	0.0415*
	(0.0203)	(0.0211)
ln FDI	0.1833	0.1022*
	(0.1039)	(0.0447)

---

❶　于斌斌. 中国城市生产性服务业集聚模式选择的经济增长效应——基于行业、地区与城市规模异质性的空间杜宾模型分析 [J]. 经济理论与经济管理, 2016 (1): 98-112.

续表

变量	回归结果	
	专业化生产性服务业集聚	多样化生产性服务业集聚
ln REI	0.0325* (0.0113)	0.0368* (0.0111)
L. ln MCE	0.0431* (0.0135)	0.0125** (0.0033)
常数	0.0533* (0.0203)	0.1156* (0.0428)
AR（1）Test	0.6125	0.5839
AR（2）Test	0.5233	0.4233
Sargen Test	43.2152	48.2135

注：（1）＊、＊＊分别表示在10%、5%水平上通过显著性检验，括号里面为标准误。

（2）L. ln MCE 为被解释变量滞后一期。

由估计结果可知，两种生产性服务业集聚模式中被解释变量制造业碳排放效率滞后一期系数都为正，且通过了显著性检验，说明制造业碳排放效率具有正向的时间累积效应。专业化生产性服务业集聚和多样化生产性服务业集聚对制造业碳排放效率的影响均为正，且至少在10%的水平上显著，表明两种生产性服务业集聚模式均有利于制造业碳排放效率水平的提升。生产性服务业专业化集聚可以通过地理上的邻近，为制造业提供具有针对性的专业化服务，降低信息的不对称性，并降低制造业企业成本，实现生产过程中的节能减排。生产性服务业专业化集聚可以强化专业性人力资本的积累，增加技术员工正式与非正式交流、合作的机会，形成良好的集体学习与创新环境，并通过技术的溢出效应使得知识、信息和技术在关联产业间扩散与共享，促使生产性服务价格的降低，增加生产性服务的可得性，制造业企业可以专心于产品的研发与升级，从而提高制造业碳排放效率。将生产性服务业的专业性知识嵌入制造业生产中，可以延伸制造业产业价值链，提高制造业技术研发、产品设计和科学管理水平，提高制造业企业碳排放效率。生产性服务业多样化集聚可以成为关联产业间生产的"润滑剂"，通过与上下游产业之间的投入—产出关联，深化产业链分工，提高整个产业链不同部门间的协作效率，从而提高制造业碳排放效率。从影响的作用大小来看，专业化生产性服务业集聚影响系数为 0.1255，多样化生产性服务业集聚影响系数为 0.0758。这表明专业化生产性服务业集聚对提高制造业碳排放效率的作用更大。

5.5　稳健性检验

为了消除可能存在的内生性问题，接下来选择合适的工具变量进行稳健性检验，分别采用固定效应和两阶段 GMM 方法。通过借鉴相关文献和对中国城市生产性服务业发展的规律分析，本章将城市所在地区海拔（用 HIH 表示）作为工具变量。城市海拔是一个地理因素，不受其他经济因素干扰，较好地满足外生性要求；另外，一个城市的海拔越高，发展生产性服务业的成本和限制越大。所以，一个城市海拔越高，城市生产性服务业空间集聚水平有可能越低。总而言之，城市海拔和城市生产性服务业集聚满足一定的相关性要求。从生产性服务业集聚指标系数来看，与不采用工具变量的结果差别不大，且也通过了显著性检验（见表 5.6）。这在一定程度上说明，考虑内生性问题的工具变量回归结果也没有发生太大变化。稳健性检验的实证结果基本支持本研究所得出的结论。

表 5.6　稳健性检验一：工具变量法

变量	被解释变量为生产性服务业集聚指数对数		被解释变量为制造业碳排放效率对数	
	固定效应	两步 GMM	固定效应	两步 GMM
ln HIH	−0.0212**	−0.0253**		
	(0.0101)	(0.0104)		
ln CLU			0.1111**	0.1133**
			(0.0415)	(0.0362)
ln PDP	0.1526*	0.1325*	0.1258*	0.1469**
	(0.0521)	(0.0521)	(0.0525)	(0.0535)
ln HUL	0.0689**	0.0698*	0.0852**	0.0716*
	(0.0311)	(0.0215)	(0.0248)	(0.0325)
ln TEC	0.0525*	0.0549**	0.0515**	0.0522*
	(0.0232)	(0.0215)	(0.0124)	(0.0216)
ln FDI	−0.2125	−0.2354	−0.2256	−0.2146
	(0.2005)	(0.2178)	(0.2123)	(0.2112)

变量	被解释变量为生产性服务业集聚指数对数		被解释变量为制造业碳排放效率对数	
	固定效应	两步 GMM	固定效应	两步 GMM
ln REI	0.0211*	0.0215*	0.0182**	0.0202*
	(0.0101)	(0.0102)	(0.0039)	(0.0062)
L.ln MCE		0.0236**		0.0195**
		(0.0031)		(0.0052)
常数	0.1256**	0.1498**	0.1522**	0.2543**
	(0.0518)	(0.0433)	(0.0719)	(0.1022)
AR (1) Test		0.6522		0.6489
AR (2) Test		0.6147		0.6259
Sargen Test		48.2525		49.3257

注：（1） *、** 分别表示在 10%、5% 水平上通过显著性检验，括号里面为标准误。

（2） L.ln MCE 为被解释变量滞后一期。

在被解释变量制造业碳排放效率测算中，我们假设每个城市的能源强度等于该城市所属省（市）的能源强度，这意味着每个城市具有相同水平的减排技术。但是，直辖市和省会城市的经济发展和技术水平要比一般地级城市高。为了检验结论的稳健性，将直辖市和省会城市的样本排除在外并进行重新估计。从生产性服务集聚系数来看，结果与总体样本没有显著差异，并且通过了显著性检验（见表5.7）。稳健性检验的结果基本支持本研究得出的结论。

表 5.7 稳健性检验二：剔除直辖市和省会城市样本

变量	排除直辖市和省会城市样本	
	固定效应	两步 GMM
ln CLU	0.1011**	0.1025**
	(0.0423)	(0.0355)
ln PDP	0.1623*	0.1956**
	(0.0625)	(0.0635)
ln HUL	0.0963**	0.0989*
	(0.0245)	(0.0315)
ln TEC	0.0512**	0.0611**
	(0.0133)	(0.0211)

续表

变量	排除直辖市和省会城市样本	
	固定效应	两步 GMM
ln FDI	-0.2958	-0.3522
	(0.2025)	(0.2155)
ln REI	0.0136	0.0233*
	(0.0139)	(0.0102)
L. ln MCE	0.0125**	0.0233*
	(0.0033)	(0.0101)
常数	0.1056**	0.1233**
	(0.0403)	(0.0502)
AR（1）Test		0.6356
AR（2）Test		0.6125
Sargen Test		40.1589

注：（1） *、**分别表示在10%、5%水平上通过显著性检验，括号里面为标准误。

（2） *L*. ln MCE 为被解释变量滞后一期。

已有的研究认为，根据外部性理论，生产性服务业集聚有地理上的绝对集中、专业化分工和产业间的密切往来三个显著特征。为了体现上述特征，本书重新构建了生产性服务业集聚指数进行稳健性检验，分别用劳动和资本两种形式来具体反映，则有

$$\text{Cluster} - \text{labor}_{hr} = \sum \omega_{h\mu} \times \text{LZ}_{hr} \times \text{LD}_{hr} \qquad (5.8)$$

$$\text{Cluster} - \text{capital}_{hr} = \sum \omega_{h\mu} \times \text{CZ}_{hr} \times \text{CD}_{hr} \qquad (5.9)$$

式中，r 为地区，h 为产业，Cluster-labor$_{hr}$ 和 Cluster-capital$_{hr}$ 分别为劳动集聚指数和资本集聚指数；LZ$_{hr}$ 和 CZ$_{hr}$ 为劳动人员专业化水平和资本专业化水平；LD$_{hr}$ 和 CD$_{hr}$ 为劳动密度和资本密度；$\sum \omega_{h\mu}$ 为产业 h 与其他作为中间投入产业 μ 之间的技术经济联系。采用单位面积上的就业和资本数量衡量生产性服务业在地理上的绝对密度，借鉴熵指数衡量专业化水平，产业之间的联系 $\omega_{h\mu}$ 运用直接消耗系数矩阵中的向量余弦值衡量两个产业经济技术上往来的密切程度。采用上述测算方法，替换原来的生产性服务业集聚指数，稳健性检验结果见表5.8。采用劳动和资本两种形式测算的生产性服

务业集聚指数 ln Cluster-labor$_{hr}$ 和 ln Cluster-capital$_{hr}$ 的系数均为正，而且至少在 10% 的统计水平上显著，表明生产性服务业集聚能够提高制造业碳排放效率水平。稳健性检验的结果基本支持研究得出的结论。

表 5.8　稳健性检验三：变换解释变量的测算方法

变量	模型			
	固定效应	两步 GMM	固定效应	两步 GMM
ln Cluster-labor$_{hr}$	0.0788**	0.0922**		
	(0.0221)	(0.0302)		
ln Cluster-capital$_{hr}$			0.0825*	0.1021**
			(0.0411)	(0.0328)
ln PDP	0.1511*	0.1821**	0.1365	0.1411**
	(0.0611)	(0.0525)	(0.0825)	(0.0514)
ln HUL	0.0922**	0.0815*	0.0954*	0.0738*
	(0.0301)	(0.0255)	(0.0212)	(0.0345)
ln TEC	0.0533**	0.0588**	0.0547**	0.0605***
	(0.0245)	(0.0201)	(0.0202)	(0.0158)
ln FDI	−0.2689	−0.3011	−0.2998	−0.3215
	(0.1358)	(0.2254	(0.2125)	(0.1855)
ln REI	0.0138	0.0252*	0.0169	0.0235
	(0.0139)	(0.0105)	(0.0132)	(0.0128)
L. ln MCE	—	0.0122**	—	0.0138**
		(0.0035)		(0.0054)
常数	0.1011*	0.0852**	0.1145**	0.1245
	(0.0501)	(0.0333)	(0.0506)	(0.1033)
AR（1）Test		0.6365		0.6482
AR（2）Test		0.6233		0.6179
Sargen Test		45.3252		43.3125

注：（1）*、**和***分别表示在 10%、5% 和 1% 水平上通过显著性检验，括号里面为标准误。

（2）L. ln MCE 为被解释变量滞后一期。

5.6　结论与政策建议

本章以我国 2003—2018 年 285 个地级及以上城市面板数据为样本，采用面板数据模型探讨了生产性服务业集聚对制造业碳排放效率的影响。从总体样本来看，生产性服务业集聚直接效应系数显著为正，说明生产性服务业集聚能够显著提升城市制造业碳排放效率水平。制造业碳排放效率的滞后一期系数显著为正，表明中国城市制造业碳排放效率存在明显的时期滞后性，往期制造业碳排放效率的提高会对当期制造业碳排放效率产生促进作用。分样本估计来看，特大及超大城市生产性服务业集聚均有利于提高制造业碳排放效率。大城市生产性服务业集聚对本城市制造业碳排放效率产生了显著的负向影响。中等城市和小城市生产性服务业集聚均未对城市制造业碳排放效率产生明显影响。对于东部地区而言，生产性服务业集聚对制造业碳排放效率的提升效应不明显。相反，在其他三大地区，生产性服务业集聚能明显提高制造业碳排放效率水平。生产性服务业集聚的碳减排效应还与生产性服务业内部细分行业性质有关。高端生产性服务业集聚有助于产生预期的较大碳减排效应。低端生产性服务业集聚对制造业碳排放效率的效应发挥将受到一定限制，碳减排效应较小。

本章的政策建议如下：第一，合理引导生产性服务业在空间上的有序集聚。通过政策引导加强生产性服务业在城市的空间集聚，通过规模经济效应、技术外溢效应、竞争效应提高制造业碳排放效率。第二，调整生产性服务业的内部结构，使之与制造业技术水平和城市规模等级相匹配。特大和超大城市的生产性服务业集聚应同时满足产业结构优化升级对生产性服务的高端化需求。大城市应在保证生产性服务业专业化发展的同时不断扩展生产性服务的种类和服务外延，以适应制造业发展和制造业结构调整对生产性服务的需求。对我国中小城市而言，应避免生产性服务业发展中形成低质量、外延式的集聚扩张模式，以特色生产性服务业集聚推进制造业碳排放效率的提升。第三，根据不同地区集聚程度和工业发展阶段特征，采取差异化的发展策略，在产业集聚水平较高的东部地区，通过制定更加严格的减排政策倒逼集聚企业的研发活动和技术升级，从而激发"创新补偿"效应，在提高企业生产效率和竞争力的同时促进制造业碳排放效率的提升。中西部地区可利用政策和资源优势吸引投资和产业转移，促进区域的生产性服务业集聚与制造业协调发展。

5.7 本章小结

　　本章主要采用面板数据模型实证研究了生产性服务业集聚对制造业碳排放效率的影响。总体来看，生产性服务业集聚能够显著提升城市制造业碳排放效率。中国城市制造业碳排放效率存在明显的时期滞后性。特大及超大城市生产性服务业集聚均有利于提高碳排放效率，大城市生产性服务业集聚对本城市制造业碳排放效率产生显著的降低作用，中等城市和小城市生产性服务业集聚均未对城市制造业碳排放效率产生明显影响。对于东部地区而言，生产性服务业集聚对制造业碳排放效率的提升效应并未得到明显的支持；相反，在中部地区、西部地区和东北部地区，生产性服务业集聚能明显地提升制造业碳排放效率水平。专业化生产性服务业集聚和多样化生产性服务业集聚对制造业碳排放效率的影响为正，且至少在10%的水平上显著，表明两种生产性服务业集聚模式均有利于制造业碳排放效率水平的提升。相比于多样化生产性服务业集聚，专业化生产性服务业集聚对提高制造业碳排放效率的作用更大。根据研究结论提出如下政策建议：第一，合理引导生产性服务业在空间上的有序集聚。通过政策引导加强生产性服务业在城市的空间集聚，通过规模经济效应、技术外溢效应、竞争效应提高制造业碳排放效率。第二，调整生产性服务业的内部结构，使之与制造业技术水平和城市规模等级相匹配。第三，根据不同地区集聚程度、模式和工业发展阶段特征，采取差异化的发展策略。

第6章

生产性服务业集聚对
制造业碳排放效率影响的门限效应

从第 5 章的研究结论可以看出，生产性服务业集聚能够显著提升城市制造业碳排放效率。但是，不同规模城市和不同地域空间，生产性服务业集聚对制造业碳排放效率具有显著的异质性，这种异质性可能与不同的约束条件有关。因此，接下来本章将运用门限回归模型重点探讨我国生产性服务业集聚与制造业碳排放效率可能存在的非线性关系，旨在深刻揭示其规律及门限特征。

6.1.1　基本模型方程

门限回归模型的基本思想是通过门限变量的控制作用，当给出预报因子后，首先根据门限变量的门限阈值的判别控制作用，决定不同情况下使用不同的预报方程，从而试图解释各种类似于跳跃和突变的现象。本章分析生产性服务业集聚对制造业碳排放效率的非线性影响关系。汉森（Hansen）将门限回归模型的基本形式定义为

$$y_i = \theta_1' x_i + e_i, q_i \leq \gamma \tag{6.1}$$

$$y_i = \theta_2' x_i + e_i, q_i > \gamma \tag{6.2}$$

式中，作为解释变量的 x_i 是一个 m 维的列向量。q_i 被称为门限变量。汉森认为门限变量既可以是解释变量 x_i 中的一个回归元，也可以作为一个

独立的门限变量。根据其相应的门限值 γ，可将样本分成两类。

将式（6.1）、式（6.2）改写成单一方程形式时，首先需要定义一个虚拟变量 $d_i(\gamma) = \{q_i \leq \gamma\}$，令集合 $\boldsymbol{x}_i(\gamma) = \boldsymbol{x}_i d_i(\gamma)$。因此，式（6.1）、式（6.2）可写为

$$y_i = \theta'\boldsymbol{x}_i + \delta_n'\boldsymbol{x}_i(\gamma) + e_i \qquad (6.3)$$

通过这种添加虚拟变量的方式，可知 $\theta = \theta_2$，$\delta_n = \theta_1 + \theta_2$。将式（6.3）进一步改写成矩阵形式，则

$$\boldsymbol{Y} = \boldsymbol{X}\theta + \boldsymbol{X}_\gamma \delta_n + e \qquad (6.4)$$

此时模型中的回归参数为 $(\theta, \delta_n, \gamma)$。在 γ 给定的前提下，式（6.4）中的 θ 和 δ_n 是线性关系。因此，根据条件最小二乘估计方法，用 $\boldsymbol{X}_\gamma^* = [\boldsymbol{X}, \boldsymbol{X}_\gamma]$ 对 $\boldsymbol{Y}$ 回归，得到相应的残差平方和函数如下

$$S_n(\gamma) = S_n(\theta(\gamma), \delta(\gamma), \gamma) = \boldsymbol{Y}'\boldsymbol{Y} - \boldsymbol{Y}'\boldsymbol{X}_\gamma^*(\boldsymbol{X}_\gamma^{*'}\boldsymbol{X}_\gamma^*)^{-1}\boldsymbol{X}_\gamma^{*'}\boldsymbol{Y} \quad (6.5)$$

估计得到的门限值就是使 $S_n(\gamma)$ 最小的 $\hat{\gamma}$。被定义为

$$\hat{\gamma} = \arg \min S_n(\gamma) \quad (\gamma \in \Gamma_n) \qquad (6.6)$$

式中，$\Gamma_n = \Gamma \cap \{q_1, \cdots, q_n\}$。汉森将门限变量中的每一观测值均作为了可能的门限值，将满足式（6.6）的观测值确定为门限值。当门限估计值确定之后，那么其他参数值也就能够相应地确定。

6.1.2 显著性检验

门限回归模型显著性检验的目的是，检验以门限值划分的两组样本其模型估计参数是否显著不同。因此，不存在门限值的零假设为：$H_0: \theta_1 = \theta_2$。同时构造 LM 统计量为

$$L = n \frac{S_0 - S_n(\hat{\gamma})}{S_n(\hat{\gamma})} \qquad (6.7)$$

式中，S_0 是在零假设下的残差平方和。由于 LM 统计量并不服从标准的分布。因此，汉森提出了通过"自举法"（bootstrap）来获得渐进分布的想法，进而得出相应的概率 P 值，也称为 bootstrap P 值。这种方法的基本思想是：在解释变量和门限值给定的前提下，模拟产生一组因变量序列，并使其满足 $N(0, \hat{e}^2)$，其中 $\hat{e}$ 是式（6.4）的残差项。每得到一个自抽样样本，

就可以计算出一个模拟的 LM 统计量。将这一过程重复 1000 次，汉森认为模拟产生的 LM 统计量大于式（6.7）的次数占总模拟次数的百分比就是"自举法"估计得到的 P 值。这里的 bootstrap P 值类似于普通计量方法得出的相伴概率 P 值。例如，当 bootstrap P 值小于 0.01 时，表示在 1% 的显著性水平下通过了 LM 检验，以此类推。

6.1.3　置信区间

当确定某一变量存在门限效应时，还需要进一步确定其门限值的置信区间。即对零假设 $H_0: \hat{\gamma} = \gamma$ 进行检验，似然比统计量（likelihood ratio statistic）可表示为

$$LR_n(\gamma) = n\,\frac{S_n(\gamma) - S_n(\hat{\gamma})}{S_n(\hat{\gamma})} \tag{6.8}$$

汉森认为，当 $LR_n(\gamma) \leqslant c(\alpha) = -2\ln(1-\alpha)$ 时，不能拒绝零假设（α 表示显著性水平）。当 $\alpha = 95\%$ 时，临界值 $c(\alpha)$ 等于 7.35。

以上的检验过程为只有一个门限值的检验过程，为了能确定是否存在两个门限值或者是更多的门限值，应当检验是否存在两个门限值，拒绝 L 意味着至少存在一个门限值。可以假设已经估计 $\hat{\gamma}_1$，然后开始寻找第二个门限值 $\hat{\gamma}_2$。在确定有两个门限值后，再寻找第三个门限值，方法都和前面的一样，直至不能拒绝零假设。

6.2　理论分析

6.2.1　生产性服务业集聚门限特征

基于产业集聚生命周期理论，生产性服务业空间集聚在向心力与离心力的综合作用下，表现出明显的阶段性差异，一般会经历起步期、成熟期和衰退期三个阶段。[1] 显然，生产性服务业集聚这种阶段性变化可能会对制

---

[1]　POTTER A, WATTS H D. Evolutionary agglomeration theory: increasing returns, diminishing returns, and the industry life cycle[J]. Journal of economic geography, 2011(11): 417-455.

造业碳排放效率产生非均衡性冲击。随着集聚区的形成以及集聚强度的进一步加深，集聚产生的马歇尔外部性和雅各布斯外部性会引发资本、人员、信息和产品等要素的流动和交换，从而为集聚区内的制造业企业带来规模经济效益和外溢效应❶，降低制造业包括能源消耗的生产成本，提高制造业碳排放效率。但是，随着生产性服务业空间集聚程度的提高和规模不断扩大，过度集聚引发的极化效应会造成土地、环境及交通等一系列成本的上升❷，由此引发的离心力不断削减集聚经济的正外部性❸，从而对制造业碳排放效率产生负向冲击。

根据理论分析，提出研究假说一：生产性服务业空间集聚对制造业碳排放效率产生推动作用，但呈现倒 U 形的影响，当生产性服务业集聚度跨过门限值后，生产性服务业过度集聚产生的集聚效应会大大弱化其对制造业碳排放效率的推动作用。

6.2.2　城市规模门限特征

由于生产性服务业集聚对城市具有较强的依赖性，一个城市的发展潜力和市场规模就成为影响生产性服务业集聚的关键。一方面，物流运输、普通商务、日常金融等生产性服务业大都在中小城市集聚，并具有服务半径小、知识密度低、交易频率大等特征，主要为下游的制造业提供"本地化"服务；另一方面，研发、会计、律师、咨询等生产性服务业适合在区域性中心城市或国际大都市集聚，而且具有服务半径大、知识密度高、交易频率小等特征，从而可以为下游企业提供"跨区域"服务。❹ 生产性服务业集聚对制造业碳排放效率的影响也与城市规模有关。规模较小的城市，

❶　季书涵，朱英明，张鑫. 产业集聚对资源错配的改善效果研究 [J]. 中国工业经济，2016（6）：73-90.

❷　高康，原毅军. 生产性服务业空间集聚如何推动制造业升级？ [J]. 经济评论，2020（4）：20-36.

❸　原毅军，郭然. 生产性服务业集聚、制造业集聚与技术创新——基于省级面板数据的实证研究 [J]. 经济学家，2018（5）：23-31.

❹　于斌斌. 生产性服务业集聚如何促进产业结构升级？——基于集聚外部性与城市规模约束的实证分析 [J]. 经济社会体制比较，2019（2）：30-43.

制造业结构较为初级和简单，对生产性服务业的需求也较为单一，生产性服务业集聚的外溢效应非常有限，对制造业碳排放效率的提升效果也会受阻。而规模较大的城市，由于制造业规模较大、产业链较为完善，生产性服务业集聚使得知识、技能和技术的相互影响更为广泛和深入❶，生产性服务业集聚可以借助共享基础设施平台来降低交易成本，利用技术知识溢出不断降低生产性服务业的供给成本，并通过深化分工来增加生产性服务业种类和提高服务效率❷，从而有效提高制造业碳排放效率水平。生产性服务业集聚模式与城市规模的良性互动和有效匹配有助于提升制造业碳排放效率。❸

　　根据理论分析，提出研究假说二：城市规模与生产性服务业集聚存在着良性互动，适度的城市规模能激发生产性服务业集聚对制造业碳排放效率的促进作用，城市规模过大或过小都不利于生产性服务业集聚作用的最大发挥。

6.3　模型设定与变量选取

6.3.1　模型设计

　　为进一步考察生产性服务业集聚是否对制造业碳排放效率具有非线性影响，这里引入汉森的面板门限模型。❹ 另外，考虑到制造业碳排放效率的变化是一个动态且持续的过程，而且生产性服务业集聚与其他解释变量间可能互为因果导致内生性问题，鉴于此，本章引入被解释变量滞后期构建

---

❶　席强敏，陈曦，李国平. 中国城市生产性服务业模式选择研究——以工业效率提升为导向 [J]. 中国工业经济，2015（2）：18-30.

❷　WINTERS M S, KARIM A G, MARTAWARDYA B. Public service provision under conditions of insufficient citizen demand: insights from the urban sanitation sector in Indonesia[J]. World development, 2014(60): 31-42.

❸　刘城宇，韩峰. 生产性服务业集聚有助于降低碳排放吗 [J]. 南京财经大学学报，2017（1）：91-101.

❹　HANSEN B E. Threshold effects in non-dynamic panels: estimation, testing, and inference[J]. Journal of Econometrics, 1999(93): 345-368.

动态面板门限模型。❶ 根据 6.2 的理论分析，门限变量包括生产性服务业集聚和城市规模，首先假设存在"单一门限效应"而建立单一门限模型，具体模型设定如下

$$\text{MCE}_{it} = \varphi_0 + \varphi_1 \text{MCE}_{i(t-1)} + \varphi_2 \text{CLU}_{it} I(q_{it} \leqslant \gamma) +$$

$$\varphi_3 \text{CLU}_{it} I(q_{it} > \gamma) + \varphi_4 \sum X_{it} + u_i + \varepsilon_{it} \qquad (6.9)$$

式中，$\text{MCE}_{i(t-1)}$ 为制造业碳排放效率的滞后一期，$I(\cdot)$ 为指标函数，q_{it} 为门限变量，分别为生产性服务业集聚（用 CLU 表示）和城市规模（用 URS 表示）。γ 代表要估算的门限值。X 代表影响制造业碳排放效率的一组控制变量，主要包括：经济发展水平（用 PDP 表示）、人力资本水平（用 HUL 表示）、科技投入强度（用 TEC 表示）、外资利用规模（用 FDI 表示）和环境规制强度（用 REI 表示）。u_i 表示城市固定效应，ε_{it} 为随机扰动项。φ_0 为截距项，φ_2、φ_3、φ_4 为待估系数。

考虑到生产性服务业空间集聚对制造业碳排放效率的多阶段非线性影响，将上面的单门限（single-threshold）面板回归模型拓展到多门限（multiple-thresholds）面板回归模型，具体设定如下

$$\text{MCE}_{it} = \varphi_0 + \varphi_1 \text{MCE}_{i(t-1)} + \varphi_2 \text{CLU}_{it} I(q_{it} \leqslant \gamma_1) + \varphi_3 \text{CLU}_{it} I(\gamma_1 < q_{it} \leqslant \gamma_2) +$$

$$\varphi_4 \text{CLU}_{it} I(q_{it} > \gamma_2) + \varphi_5 \sum X_{it} + u_i + \varepsilon_{it} \qquad (6.10)$$

式中，φ_5 为待估系数。

6.3.2 数据来源及变量说明

数据主要来源于 2003—2018 年的《中国城市统计年鉴》《中国统计年鉴》和《中国能源统计年鉴》以及各城市统计年鉴、统计公报等资料。选取的是 2003—2018 年 285 个地级及以上城市面板数据进行检验。

（1）被解释变量 MCE 表示制造业碳排放效率。本章构造基于松弛变量的 DEA-SBM 效率测算模型，相关的测算方法及数据处理参见第 4 章。

（2）门限变量：生产性服务业集聚（CLU_{it}）和城市规模（URS_{it}）。生

---

❶ CANER M，HANSEN B E. Instrumental variable estimation of a threshold model[J]. Econometric theory，2004，20(5)：813-843.

产性服务业集聚指数测算如下：$Cluster - labor_{hr} = \sum \omega_{h\mu} \times LZ_{hr} \times LD_{hr}$ 为生产性服务业集聚指数。式中，r 为地区，h 为产业，LZ_{hr} 为劳动专业化水平；LD_{hr} 为劳动密度；$\sum \omega_{h\mu}$ 为产业 h 与其他作为中间投入产业 μ 之间的技术经济联系。采用单位面积上的就业人员数量衡量工业在地理上绝对密度，借鉴熵指数衡量专业化水平，产业之间的联系 $\omega_{h\mu}$ 采用直接消耗系数矩阵中的向量余弦值。然后将数据代入到构建的生产性服务业集聚指数进行测算。城市规模采用市辖区年末总人口来衡量城市规模。

（3）控制变量。①经济发展水平 PDP，采用人均 GDP 来反映一个城市的经济发展水平。②人力资本水平 HUL，采用平均受教育年限作为人力资本的代理变量。③科技投入强度 TEC，用公共财政中的科学技术支出占 GDP 的比重表示。④外资利用规模 FDI，用当年实际利用外资额来表示（折算为人民币），单位为亿元。⑤环境规制强度 REI，和第 5 章一样，用废水、废尘与二氧化硫的污染排放量来度量。

<h2>6.4　实证结果与分析</h2>

为克服模型存在的内生性问题，这里借鉴高康、原毅军的做法❶，通过引入变量滞后一期作为各变量的工具变量，利用两阶段最小二乘法对各变量进行回归，并运用 F 检验和豪斯曼卡方检验对各变量的内生性进行识别检验（见表 6.1）。结果显示，除经济发展水平和外资利用规模两个变量外，其余变量与制造业碳排放效率之间均存在内生性。首先，利用残差项的前向正交离差变换消除动态面板门限模型中的固定效应，以此来解决误差项存在的序列相关问题；其次，利用消除固定效应后的因变量 MCE^* 的滞后一期 $L.MCE^*$ 对工具变量进行回归，得到 MCE^* 的拟合值 $\hat{MCE}^*$，将拟合值 $\hat{MCE}^*$ 作为工具变量代入面板门限回归模型中，基于残差和 $S_n(\gamma)$ 最小的原则，用面板最小二乘法估计出门限值 $\hat{\gamma} = \arg \min S_n(\gamma)$，以门限值 $\hat{\gamma}$ 为依据划分子样本，最后运用差分 GMM 估计出子样本的斜率系数。

---

❶ 高康，原毅军. 生产性服务业空间集聚如何推动制造业升级？[J]. 经济评论，2020（4）：20-36.

表 6.1　变量内生性检验

原假设	H0：解释变量为外生						
变量	CLU	URS	PDP	HUL	TEC	FDI	REI
工具变量	L.CLU	L.URS	L.PDP	L.HUL	L.TEC	L.FDI	L.REI
F (1.2523)	0.0012	0.0025	0.1655	0.0038	0.0211	0.1422	0.0329
Chi-sq (1)	0.0011	0.0021	0.1321	0.0025	0.0213	0.1366	0.0311

注：表中给出的是各统计量的 P 值，选用各变量的滞后一期作为工具变量。

为了检验生产性服务业集聚对制造业碳排放效率的多重门限约束，本章采用面板门限回归模型，检验生产性服务业集聚对制造业碳排放效率的影响是否分别受到生产性服务业本身的集聚水平、城市规模的约束。具体步骤如下：第一，通过门限检验确定门限个数，以便确定模型形式，文中 P 值是通过 bootstrap 方法反复抽样 1000 次估计得到。第二，分别估计两种约束机制下的门限值。观察表 6.2 可知，就生产性服务业集聚门限而言，生产性服务业集聚对制造业碳排放效率呈现单一门限，门限估计值为 4.2532。就城市规模门限而言，生产性服务业集聚对制造业碳排放效率呈现双重门限，门限估计值分别为 105.3296 万人和 1123.6275 万人。

表 6.2　多重门限效应检验

检验	类型	生产性服务业集聚门限	城市规模门限
门限值	门限值 1	4.2532	105.3296
	门限值 2	—	1123.6275
F 值	单一门限	9.5325***	25.3658**
	双重门限	—	12.4937**
P 值	单一门限	0.0052	0.0254
	双重门限	—	0.0392
临界值	1% 置信区间	8.3536	11.3856
	5% 置信区间	5.2654	6.3592
	10% 置信区间	3.9723	3.8563
结论		单一门限	双重门限

注：**和***分别表示在 5% 和 1% 水平上通过显著性检验，括号里面为标准误。

多重门限检验结果表明，生产性服务业集聚对制造业碳排放效率的影响受到多重门限约束。为此，本章基于门限检验结果，同时为减轻异方差问题对估计结果的影响，最终采用可行广义最小二乘法（feasible generalized least square，FGLS）估计不同门限约束下，生产性服务业集聚对制造业碳排放效率的影响，回归结果分析如表 6.3 所示。

表 6.3 面板门限模型估计结果

变量	生产性服务业集聚门限	城市规模门限
CLU≤4.2532	0.1211* (0.0423)	
CLU>4.2532	0.0536** (0.0125)	
URS≤105.3296		0.0835** (0.0255)
105.3296 <URS≤1123.6275		0.1522*** (0.0311)
URS>1123.6275		0.1023** (0.0335)
$L.$ MCE	0.0169* (0.0052)	0.0245* (0.0112)
PDP	0.0331** (0.0125)	0.2021* (0.0836)
HUL	0.0877** (0.0174)	0.0922** (0.0223)
TEC	0.0522* (0.0211)	0.0339** (0.0112)
FDI	0.1033 (0.0875)	−0.3011 (0.2563)
REI	0.0249* (0.0101)	0.0225* (0.0111)
F	35.2235	28.9679
观测值	4560	4560

注：*、**和***分别表示在 10%、5% 和 1% 水平上通过显著性检验，括号里面为标准误。

以生产性服务业集聚为门限变量的估计结果可知，在各门限区间内，生产性服务业空间集聚对制造业碳排放效率产生推动作用，但却呈现倒 U 形的关系，当生产性服务业集聚度跨过门限值后，生产性服务业过度集聚产生的集聚效应会大大弱化生产性服务业空间集聚对制造业碳排放效率的推动作用。随着生产性服务业集聚水平的提高，专业化的劳动分工和"学习效应"会提升制造业企业的生产效率从而带来节能减排效应，集聚外部性通过厂商之间的相互作用开始获得收益，有利于节能环保技术的扩散，提升单位能源的经济产出从而降低碳排放，提高制造业碳排放效率。当生产性服务业过度集聚时，拥挤效应会带来能源消耗量增加，生产性服务业集聚对制造业的节能减排边际效应开始递减。截至 2018 年，仅有北京、上海、广州几个城市的生产性服务业空间集聚度跨越门限值，但绝大多数城市仍处于生产性服务业空间集聚与制造业升级良好互动的"边际效应"递增阶段。

城市规模对制造业碳排放效率表现为双门限特征，当城市规模小于 105.3296 万人时，城市规模对制造业碳排放效率水平有促进作用，系数为 0.0835 且在 5% 的置信水平下显著；当城市规模介于门限值 105.3296 万人和 1123.6275 万人之间时，对制造业碳排放效率的影响达到最高，系数为 0.1522 且在 1% 的置信水平下显著；然而，当城市规模迈过第二个门限值 1123.6275 万人时，对制造业碳排放效率促进作用却降至 0.1023。这意味着适度的城市规模才能激发生产性服务业集聚对制造业碳排放效率的促进作用，城市规模过大或过小都不利于生产性服务业集聚作用的最大发挥。

研究启示：第一，各城市应加快推进"双轮驱动"的产业发展战略，努力打造与制造业发展相适应的支持性生产服务体系，加强生产性服务业与制造业的空间协同集聚与产业互动。通过制造业与生产性服务业之间的横向关联和纵向关联，在区域内构造相对完整的产业价值链。在此基础上形成与区域创新系统的对接与融合，并通过生产性服务业集聚的空间知识溢出效应与节能减排效应将高级生产要素与"绿色基因"导入本地及周边地区的制造业企业，从而促进制造业碳排放效率的提升。第二，实施差异化的生产性服务业集聚政策。对于生产性服务业集聚程度很高且产生明显的"拥挤效应"的城市和已跨越或临近门限值的城市，应适度控制地区内的生产性服务业发展，全面把握城市内部生产性服务业集聚的空间形态，引导其在空间上有序集聚，并通过"优胜劣汰"的方式推动低端生产性服务业"腾笼换鸟"。

6.5	**本章小结**

　　生产性服务业集聚对制造业碳排放效率的影响受生产性服务业集聚本身和城市规模这两个门限变量的约束而呈现非线性特征。具体表现在：生产性服务业集聚对制造业碳排放效率产生正向推动作用，但却呈现倒 U 形的特征，当生产性服务业集聚度小于 4.2532 时，生产性服务业集聚对制造业碳排放效率的影响较大。当生产性服务业集聚度跨过 4.2532 门限值后，生产性服务业集聚对制造业碳排放效率的推动作用变小。城市规模对制造业碳排放效率表现为双门限特征，当城市规模小于 105.3296 万人时，城市规模对制造业碳排放效率水平有促进作用；当城市规模介于门限值 105.3296 万人和 1123.6275 万人之间时，对制造业碳排放效率的影响达到最高；然而，当城市规模迈过第二个门限值 1123.6275 万人时，对制造业碳排放效率促进作用下降。这意味着适度生产性服务业集聚程度的城市规模才能激发生产性服务业集聚对制造业碳排放效率的有效促进作用。因此，各城市应加快推进"双轮驱动"的产业发展战略，努力打造与制造业发展相适应的支持性生产服务体系，加强生产性服务业与制造业的空间协同集聚与产业互动。实施差异化的生产性服务业集聚政策。对于生产性服务业集聚程度很高且产生明显的"拥挤效应"的城市和已跨越或临近门限值的城市，应适度控制地区内的生产性服务业发展。

生产性服务业集聚对制造业
碳排放效率影响的空间溢出效应

根据前面的理论分析，生产性服务业集聚对制造业碳排放效率的影响存在空间溢出效应，本章考虑空间相关性，利用空间面板模型实证研究在不同异质性条件下，生产性服务业集聚对制造业碳排放效率的直接效应和空间溢出效应。

7. 1　空间相关性分析和检验

7.1.1　空间相关性理论

为了判断城市之间制造业碳排放效率是否存在空间相关性，本章将采用由莫兰（Moran）提出的空间自相关指数 I 来进行检验，计算公式为

$$I = \frac{\sum_{i=1}^{n} \sum_{f=1}^{n} W_{if}(Y_i - \overline{Y})(Y_f - \overline{Y})}{S^2 \sum_{i=1}^{n} \sum_{f=1}^{n} W_{if}} \tag{7.1}$$

式中，$S^2 = \frac{1}{n} \sum_{i=1}^{n} (Y_i - \overline{Y})^2$，$\overline{Y} = \frac{1}{n} \sum_{i=1}^{n} Y_i$，$Y_i$、$Y_f$ 分别为第 i、f 个城市的制造业碳排放效率，n 为城市数量，W_{if} 为空间权重矩阵。I 的取值范围为 $[-1, 1]$。当该指数大于 0 时，城市之间存在空间正相关性，说明制造业碳排放效率相似的城市集聚在一起；当该指数小于 0 时，城市之间具有空间负相关性，表明制造业碳排放效率相异的城市集聚在一起；当该指数等于 0

118

时，城市之间空间不相关。此外，本章利用标准统计量 Z 来检验 I 指数的显著性水平，计算公式为

$$Z(I) = \frac{I - E(I)}{\sqrt{\mathrm{VAR}(I)}} \qquad (7.2)$$

式中，$E(I)$ 为 I 指数的期望值，$\mathrm{VAR}(I)$ 为 I 指数的方差。

准确度量制造业碳排放效率的空间相关关系，还需构造适当的空间权重矩阵。目前常用的空间矩阵有相邻矩阵、地理距离矩阵和经济距离矩阵等。相邻矩阵由于仅基于空间个体间是否相邻（是否有共同的顶点或边）来表征不同区域观测数据集的相互关系，因而无法反映地理上相互接近但并非相连的个体间的空间影响，更不能体现个体间经济上的相互关联性。地理距离矩阵和经济距离矩阵尽管分别从地理空间和经济行为模式上反映了个体间的联系程度，但现实中地区间的空间关联可能并非单纯来自地理或经济的某一方面，而是来自二者的双重影响。因而，综合不同空间个体在地理区位与经济特征等方面的因素来构建的空间权重矩阵，对于表征观测数据集在空间上的分布格局、特征及其相互联系可能更具优势。本章借鉴侯新烁等[1]和韩峰、谢锐[2]的方法，基于引力模型构建了地理区位与经济联系综合权重矩阵。

$$W_{if} = (\overline{Q}_i \times \overline{Q}_f)/d_{if}^2, \ i \neq f; \ W_{if} = 0, \ i = f \qquad (7.3)$$

式中，$\overline{Q}_i$ 和 $\overline{Q}_f$ 分别表示两个城市实际人均 GDP。该权重矩阵认为不同空间单元间的联系不仅和二者的地理距离有关，而且还受区域经济活跃程度的影响。经测算，基于该矩阵的面板 I 指数值为 0.6236，伴随概率为 0.0000，因而在控制解释变量后碳排放表现出显著为正的空间关联性，即制造业碳排放效率较高城市周边集聚着大量拥有较高碳排放效率的城市。

考虑到结果的稳健性，本章也报告了使用吉尔里指数（Geary's C）的检验结果。

---

❶ 侯新烁，张宗益，周靖祥. 中国经济结构的增长效应及作用路径研究 [J]. 世界经济，2013 (5)：88-111.

❷ 韩峰，谢锐. 生产性服务业集聚降低碳排放了吗？——对我国地级及以上城市面板数据的空间计量分析 [J]. 数量经济技术经济研究，2017 (3)：40-58.

吉尔里指数 C 测量空间自相关的方法与莫兰指数 I 相似，其分子的交叉乘积项不同，即测量邻近空间位置观察值近似程度的方法不同，其计算公式为

$$C = \frac{(n-1)\sum\limits_{i=1}^{n}\sum\limits_{f=1}^{n}W_{if}(x_i - x_f)^2}{2\sum\limits_{i=1}^{n}\sum\limits_{f=1}^{n}W_{if}\sum\limits_{i=1}^{n}(x_i - \bar{x})^2} \qquad (7.4)$$

莫兰指数 I 的交叉乘积项比较的是邻近空间位置的观察值与均值偏差的乘积，而吉尔里指数 C 比较的是邻近空间位置的观察值之差，由于并不关心 x_i 是否大于 x_f，只关心 x_i 和 x_j 之间差异的程度，因此对其取平方值。吉尔里指数 C 的取值范围为 $[0, 2]$，数学期望恒为 1。当吉尔里指数 C 的观察值<1，并且有统计学意义时，存在正空间自相关；当吉尔里指数 C 的观察值>1 时，存在负空间自相关；吉尔里指数 C 的观察值 = 1 时，无空间自相关。其假设检验的方法同莫兰指数 I。

7.1.2 空间相关性检验

表 7.1 给出了 2003—2018 年中国城市制造业碳排放效率的莫兰指数 I 和吉尔里指数 C 检验结果。数据显示，莫兰指数 I 在 2003—2018 年间均通过了 10% 的显著性检验，且城市制造业碳排放效率莫兰指数 I 都为正值。而且吉尔里指数 C 均在 10% 显著性水平下小于 1，这说明中国各城市制造业碳排放效率具有明显的空间相关性，即制造业碳排放效率相似的城市存在明显的空间集聚效应。

表 7.1 我国城市制造业碳排放效率空间相关性检验

年份	I	$Z(I)$	C	年份	I	$Z(I)$	C
2003	0.6671***	2.3266	0.7825**	2007	0.6205**	2.6985	0.8566**
2004	0.6531***	1.6985	0.7423**	2008	0.6326***	2.7011	0.9258**
2005	0.6422**	2.6985	0.8256**	2009	0.6452***	2.7255	0.9369***
2006	0.6312***	1.9588	0.9325**	2010	0.6498***	2.8922	0.9012***

续表

年份	I	$Z(I)$	C	年份	I	$Z(I)$	C
2011	0.6244 ***	2.8856	0.9564 ***	2015	0.6246 ***	2.8947	0.9733 **
2012	0.6215 **	2.8968	0.9756 **	2016	0.6102 ***	2.7625	0.9689 ***
2013	0.6455 ***	2.2894	0.9322 **	2017	0.6251 ***	2.5546	0.9852 ***
2014	0.6301 **	2.9652	0.9588 ***	2018	0.6158 ***	2.5233	0.9536 ***

注：** 和 *** 分别表示在 5% 和 1% 水平上显著。

图 7.1 是 2003 年和 2018 年制造业碳排放效率莫兰散点图，该指数的波动和下降趋势表明制造业碳排放效率的空间集聚效应有所减弱。

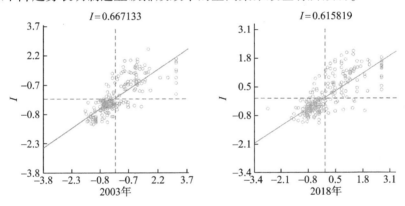

图 7.1 2003 年和 2018 年制造业碳排放效率莫兰散点图

7.2 空间模型设定

伴随城际交通基础设施（高铁、轻轨等）和通信技术的发展、要素流动和产业转移等方式在空间上传播，制造业碳排放效率在空间上可能存在较为明显的关联效应。另外，地区间的增长竞争也会间接导致制造业碳排放效率的空间关联性。一方面，在增长竞争和政治晋升压力下，某一地区通过降低环境标准和能源利用强度标准而吸引企业投资、获得增长优势的做法可能诱发其他地区地方政府的类似行为。另一方面，某一地区通过加强环境规制降低碳排放的努力可能导致邻近地区环境治理中的"搭便车"行为，进而导致周边地区碳排放水平提高。因而某一城市 i 的生产性服务业集聚也可能对另一城市 j 的制造业碳排放效率产生影响。任何忽略空间相关性的计量检验都将无法得到一致性的参数估计。[●] 采用空间面板计量方法，实证研究生产性服务业集聚对制造业碳排放效率的直接效应和空间溢出效应。考虑空间相关性，某城市 i 的生产性服务业集聚除了对该城市制造业碳排放效率产生影响外，还可能对邻近城市 j 的制造业碳排放效率产生影响，构建空间计量模型为

$$Y_{it} = \alpha + \rho \sum_{j=1,\, j \neq i}^{N} W_{ij} Y_{jt} + X_{it}\beta + \sum_{j=1}^{N} W_{ij} X_{ijt}\theta + \mu_i + v_t + \varepsilon_{it}$$

$$(7.4)$$

$$\varepsilon_{it} = \varphi \sum_{j=1,\, j \neq i}^{N} W_{ij} \varepsilon_{jt} + \mu_{it}$$

式中，Y 为因变量向量，为测算的制造业碳排放效率；X 为生产性服务业集聚变量；α 为常数项；β 为生产性服务业集聚对制造业碳排放效率的直接效应；W 为空间权重矩阵；ρ 和 φ 分别为空间自回归系数和空间自相关系数；μ_i 和 v_t 分别为地区效应、时间效应；ε_{it} 为残差。式（7.4）包含了所有空间效应的一般嵌套模型。经过模型检验，通过 ρ 和 φ 值的大小可推导出生产性服务业集聚对制造业碳排放效率的空间溢出效应。空间计量模型常见的有空间误差模型（spatial error model，SEM）、空间自回归模型（spatial autoregressive models，SAR）以及空间杜宾模型（spatial Durbin model，SDM）。在实际计量检验中，若 $\rho \neq 0$、$\theta = 0$、$\varepsilon = 0$，则式（7.4）为空间自回归（滞后）模型，该模型测度了由内生空间交互作用产生的空间外溢效应；若 $\rho = 0$、$\theta = 0$、$\varepsilon \neq 0$，则式（7.4）为空间误差模型，该模型考察了随机干扰过程的空间依赖性；若 $\rho \neq 0$、$\theta \neq 0$、$\varepsilon = 0$，则式（7.4）为空间杜宾模型，该模型同时包含了内生和外生的空间交互效应。

　● 韩峰，谢锐. 生产性服务业集聚降低碳排放了吗？——对我国地级及以上城市面板数据的空间计量分析 [J]. 数量经济技术经济研究，2017（3）：40-58.

7.3　变量与数据说明

7.3.1　变量说明

（1）被解释变量。

被解释变量为制造业碳排放效率。本章构造基于松弛变量的 DEA-SBM 效率测算模型来测度制造业碳排放效率，具体测算方法参见第 4 章制造业碳排放效率测度。

（2）解释变量。

本部分的生产性服务业集聚指数用区位熵来表示。[1][2][3]

$$\mathrm{LQ}_{ih}(t) = \Big[\big(x_{ih}(t)\big/\sum_h x_{ih}(t)\big)\Big]\Big/\Big[\sum_i X_{ih}(t)\big/\sum_i\sum_h X_{ih}(t)\Big] \quad (7.5)$$

式中，$\mathrm{LQ}_{ih}(t)$ 指 t 时期 i 城市 h 产业的区位熵指数；$x_{ih}(t)$ 为 t 时期 i 城市产业 h 的就业人数；$\sum_h x_{ih}(t)$ 为 t 时期 i 城市所有产业的就业人数。$\sum_i X_{ih}(t)$ 为 t 时期全部城市产业 h 的就业人数，$\sum_i\sum_h X_{ih}(t)$ 为 t 时期全部城市所有产业的就业人数。生产性服务业的区位熵指数越大，说明该城市生产性服务业的集聚程度越高，反之越低。用区位熵指数代表生产性服务业集聚水平，在模型中用 CLU 表示。

（3）控制变量。

经济发展水平用 PDP 表示。城市经济越发达，制造业碳排放效率可能越高。人力资本水平用 HUL 表示。人力资本水平一方面影响生产性服务业集聚的程度，另一方面还可以通过提升管理和创新水平来提高制造业碳排放效率。科技投入强度用 TEC 表示。一般来说，科技投入有利于制造业碳

[1]　FAN C C,SCOTT A J. Industrial agglomeration and development：a survey of spatial economic issues in East Asia and a statistical analysis of Chinese regions[J]. Economic geography,2003(3)：295-319.

[2]　刘习平,盛三化. 产业集聚对城市生态环境的影响和演变规律——基于 2003—2013 年数据的实证研究 [J]. 贵州财经大学学报, 2016 (5)：90-100.

[3]　纪玉俊,刘金梦. 产业集聚的增长与环境双重效应：分离和混合下的测度 [J]. 人文杂志, 2018 (4)：49-59.

排放效率的提升。外资利用规模用 FDI 表示。外资对制造业碳排放效率的影响具有不确定性。环境规制强度用 REI 表示。关于环境规制对制造业碳排放效率的影响存在两种不同的观点，一种观点认为环境规制强度的增加不利于制造业碳排放效率的提高，另一种观点认为合理的环境规制有利于提高制造业碳排放效率。

7.3.2 数据来源及处理

数据主要来源于 2003—2018 年的《中国城市统计年鉴》《中国统计年鉴》和《中国能源统计年鉴》以及各城市统计年鉴、统计公报等资料。选取 2003—2018 年 285 个地级及以上城市面板数据进行检验。

（1）制造业碳排放效率。

用 MCE 表示制造业碳排放效率，有关制造业碳排放效率的测算需要用到三个方面的数据，包括生产投入要素（劳动、资本和能源）、期望产出（制造业行业的增加值）和非期望产出（二氧化碳排放量）。数据的来源及处理方法参见第 4 章。

（2）生产性服务业集聚指数。

采用区位熵指数来测度生产性服务业集聚水平，具体方法是采用某个城市某种生产性服务业的就业人数或产值占该城市所有产业总就业人数或产值的比重，与全国该生产性服务业就业人数或产值占全国所有产业就业人数或产值的比重的比值来衡量。

（3）其他控制变量。

本章采用人均 GDP 来反映一个城市的经济发展水平。采用平均受教育年限作为人力资本的代理变量。科技投入强度用公共财政中的科学技术支出占 GDP 的比重表示。外资利用规模用当年实际利用外资额来表示（折算为人民币，单位为亿元）。环境规制强度指标选用相对指标来度量。❶

---

❶ 具体测算方法见第 5 章。

7.4　结果分析

7.4.1　总体样本回归结果

比较常见的空间计量模型有空间误差模型、空间自回归（滞后）模型以及空间杜宾模型。其中，空间杜宾模型同时兼顾了自变量和因变量的空间相关性，具有最为优良的计量技术表现。总体回归结果（见表7.3）的拟合优度也证实了空间杜宾模型是最优的。各方程中空间自回归系数 ρ 和空间自相关系数 φ 均显著，说明各城市制造业碳排放效率存在明显的空间依赖关系。

表 7.3　生产性服务业集聚对制造业碳排放效率影响的空间面板计量估计结果

变量	普通最小二乘法模型	空间自回归模型	空间误差模型	空间杜宾误差模型	空间杜宾模型
ln CLU	0.1021** (0.0402)	0.0952** (0.0339)	0.0928** (0.0318)	0.0901** (0.0322)	0.1015** (0.0415)
ln PDP	0.1852* (0.0755)	0.1869 (0.1124)	0.1928* (0.0965)	0.1639* (0.0728)	0.1921** (0.0425)
ln HUL	0.1085** (0.0301)	0.1052* (0.0225)	0.0979** (0.0211)	0.0925** (0.0252)	0.0982* (0.0433)
ln TEC	0.0659* (0.0232)	0.0568** (0.0211)	0.0633** (0.0125)	0.0513** (0.0154)	0.0581** (0.0111)
ln FDI	−0.2258 (0.2121)	−0.3022 (0.2234)	−0.2855 (0.2155)	−0.3033 (0.2028)	−0.3525 (0.2152)
ln REI	0.0285* (0.0101)	0.0219* (0.0102)	0.0201 (0.0158)	0.0136* (0.0039)	0.0255* (0.0102)
ρ		0.2102** (0.0536)			0.1025*** (0.0122)
φ			0.2258*** (0.0205)	0.1011*** (0.0168)	

续表

变量	普通最小二乘法模型	空间自回归模型	空间误差模型	空间杜宾误差模型	空间杜宾模型
$W×\ln CLU$				0.0712** (0.0215)	0.0625** (0.0224)
$W×\ln PDP$				0.1033 (0.0625)	0.1029 (0.0728)
$W×\ln HUL$				0.0121* (0.0041)	0.0128* (0.0031)
$W×\ln TEC$				0.0233** (0.0055)	0.0265** (0.0061)
$W×\ln FDI$				0.0013 (0.0015)	0.0016 (0.0013)
$W×\ln REI$				-0.0225* (0.0101)	-0.0231* (0.0102)
R^2	0.7011	0.7125	0.7035	0.7456	0.7583
N	4560	4560	4560	4560	4560

注：＊、＊＊和＊＊＊分别表示在10%、5%和1%水平上显著，括号里面为标准误。

为准确判定各变量对制造业碳排放效率的空间外溢效应，本章根据表7.3的参数估计结果进一步估算各类空间模型中解释变量的直接效应和间接效应（见表7.4）。其中，直接效应反映了本地区生产性服务业集聚对制造业碳排放效率的影响；间接效应则表示邻近地区生产性服务业集聚对本地区制造业碳排放效率的影响，反映了空间溢出效应。在空间杜宾误差模型中，由于不存在被解释变量空间滞后项，因而空间溢出效应便是其解释变量空间滞后项的参数估计。因此，除空间杜宾模型外，表7.4中空间杜宾误差模型的直接效应与间接效应估计结果与表7.3一致。

表 7.4　生产性服务业集聚对制造业碳排放效率影响的空间面板计量估计结果

效应类型	变量	普通最小二乘法模型	空间自回归模型	空间误差模型	空间杜宾误差模型	空间杜宾模型
直接效应	ln CLU	0.1021** (0.0402)	0.0952** (0.0258)	0.0928** (0.0318)	0.0901** (0.0322)	0.0852** (0.0215)
	ln PDP	0.1852* (0.0755)	0.1933 (0.1212)	0.1928* (0.0965)	0.1639* (0.0728)	0.1545** (0.0546)
	ln HUL	0.1085** (0.0301)	0.1055* (0.0325)	0.0979** (0.0211)	0.0925** (0.0252)	0.1025* (0.0322)
	ln TEC	0.0659* (0.0232)	0.0569** (0.0121)	0.0633** (0.0125)	0.0513** (0.0154)	0.0535** (0.0211)
	ln FDI	−0.2258 (0.2121)	−0.2654 (0.2011)	−0.2855 (0.2155)	−0.3033 (0.2028)	−0.2258 (0.2125)
	ln REI	0.0285* (0.0101)	0.0202 (0.0101)	0.0201 (0.0158)	0.0136* (0.0039)	0.0245** (0.0112)
间接效应	ln CLU		0.0522* (0.0212)		0.0712** (0.0215)	0.0657** (0.0215)
	ln PDP		0.1022 (0.0585)		0.1033 (0.0625)	0.1120 (0.0812)
	ln HUL		0.0129* (0.0041)		0.0121* (0.0041)	0.0138* (0.0036)
	ln TEC		0.0309* (0.0105)		0.0233** (0.0055)	0.0252** (0.0101)
	ln FDI		−0.0098 (0.0058)		0.0013 (0.0015)	0.0016 (0.0021)
	ln REI		−0.0245* (0.0112)		−0.0225* (0.0101)	−0.0285* (0.0113)

注：*、**分别表示在10%、5%水平上通过显著性检验，括号里面为标准误。

　　生产性服务业集聚直接效应系数在5%的统计水平上显著为正，表明生产性服务业集聚能够提升本城市制造业碳排放效率水平；生产性服务业集聚间接效应系数也显著为正，说明邻近城市的生产性服务业集聚会对本城市制造业碳排放效率产生影响，即存在正向的空间溢出效应。

从控制变量参数来看，经济发展水平和人力资本水平均显著提升了本城市的制造业碳排放效率。同时，人力资本水平的间接效应系数显著为正，意味着邻近城市人力资本水平的提升会产生正向的知识溢出效应，有利于提升本城市的制造业碳排放效率。经济发展水平的间接效应系数不显著，说明经济发展水平不具有明显的空间外溢效应。科技投入强度直接效应和间接效应系数均显著为正，说明科技投入强度的提升提高了本城市制造业碳排放效率水平，而且邻近城市技术溢出也有利于本城市制造业碳排放效率水平的提高。外资利用规模参数估计均未通过显著性检验，说明外资对制造业碳排放效率并未产生明显影响。环境规制强度的直接效应系数显著为正，间接效应系数显著为负，说明环境规制强度提升有利于提高本城市制造业碳排放效率❶，而相邻城市的政府重视节能减排时，本城市的制造业碳排放效率会相应下降，即相邻城市环境规制的加强会导致碳排放从相邻城市转移到本城市。

7.4.2 异质性分析

7.4.2.1 外溢效应的空间边界分析

从空间溢出层面来看，由于空间传递中的衰减性，生产性服务业集聚对制造业碳排放效率的影响存在一定的区域界限，具体表现为随距离衰减的变化特征。因此，本章基于引力模型空间权重矩阵，每隔50千米进行一次外溢效应检验，直到1000千米空间范围，从而得到不同空间距离范围内生产性服务业集聚对制造业碳排放效率的外溢效应，如表7.5所示。

表7.5　生产性服务业集聚对制造业碳排放效率影响的空间面板计量估计结果

空间距离/千米	外溢效应	空间距离/千米	外溢效应
0~50	0.3255*** (0.0744)	101~150	0.2256* (0.0548)
51~100	0.2254** (0.0269)	151~200	0.1132** (0.0412)

---

❶ 吕康娟，何云雪. 长三角城市群的经济集聚、技术进步与碳排放强度——基于空间计量和中介效应的实证研究 [J]. 生态经济，2021，37（1）：13-20.

空间距离/千米	外溢效应	空间距离/千米	外溢效应
201~250	0.0988 *** (0.0311)	601~650	0.0855 (0.0532)
251~300	0.0911 ** (0.0255)	651~700	0.0722 (0.0512)
301~350	0.0854 ** (0.0348)	701~750	0.0501 (0.0433)
351~400	0.0832 (0.0511)	751~800	0.0425 (0.0318)
401~450	0.1011 (0.0678)	801~850	0.0488 (0.0312)
451~500	0.0758 (0.0522)	851~900	0.0412 (0.0401)
501~550	0.0712 (0.0412)	901~950	0.0389 (0.0255)
551~600	0.0564 (0.0455)	951~1000	0.0215 (0.0205)

注：＊、＊＊和＊＊＊分别表示在 10%、5% 和 1% 水平上通过显著性检验，括号里面为标准误。

表 7.5 表明，在 0~350 千米范围内，生产性服务业集聚外溢效应系数均为正且至少在 10% 水平上通过了显著性检验，而当空间距离范围超过 350 千米后，外溢效应系数均没有通过显著性检验，这说明生产性服务业集聚对制造业碳排放效率的空间溢出效应有效边界为 350 千米。此外，通过间接效应系数变化规律来看，生产性服务业集聚对制造业碳排放效率的外溢效应具有明显的空间衰减特征。

7.4.2.2　有效范围内异质性检验

由于生产性服务业集聚对制造业碳排放效率的外溢效应具有明显的空间衰减特征，为了揭示有效空间外溢范围内不同行业以及不同城市规模的生产性服务业集聚对制造业碳排放效率影响的异质性，本章在生产性服务业集聚指数基础上引入空间权重矩阵，构建地理距离外溢衰减指数，计算

公式如下

$$CLU_c = \left[(x_{ih}(t) / \sum_h x_{ih}(t)) \right] / \left[\sum_i X_{ih}(t) / \sum_i \sum_h X_{ih}(t) \right] \cdot W_{cd} \quad (7.6)$$

W_{cd} 为 350 千米范围内的空间权重矩阵，其他指标含义和前面一致。CLU_c 衡量了生产性服务业集聚对 350 千米范围内带来的影响。

（1）不同规模城市。

按照《国务院关于调整城市规模划分标准的通知》（国发〔2014〕51号），城市按规模划分为小城市、中等城市、大城市和特大及超大城市四类。不同规模城市的生产性服务业集聚对制造业碳排放效率的空间影响异质性检验结果见表 7.6。

表 7.6　不同规模城市的空间回归结果

变量	特大及超大城市	大城市	中等城市	小城市
ln CLU	0.2358**	−0.2136**	0.3254	−0.2256
	(0.0038)	(0.0037)	(0.2025)	(0.2225)
ln CLU$_{350}$	0.0325**	0.0236*	−0.0135	0.0128
	(0.0122)	(0.0121)	(0.0054)	(0.0102)
ln PDP	0.1655*	0.2015*	0.2095*	0.2025**
	(0.0635)	(0.0589)	(0.0489)	(0.0396)
ln HUL	0.0935*	0.0848**	0.1015*	0.0916**
	(0.0325)	(0.0316)	(0.0312)	(0.0305)
ln TEC	0.0295**	0.0311***	0.0315**	0.0289**
	(0.0058)	(0.0021)	(0.0031)	(0.0108)
ln FDI	−0.2119	0.2545	−0.2611	−0.2258
	(0.1149)	(0.1455)	(0.2125)	(0.2224)
ln REI	0.0313**	0.0333*	0.0289**	0.0345*
	(0.0101)	(0.0123)	(0.0103)	(0.0158)
Sargen Test	36.0516	39.5245	42.3255	46.6335
AR（1）Test	0.7365	0.7155	0.6689	0.7528
AR（2）Test	0.6075	0.6011	0.6255	0.6835
N	368	1040	1408	1744

注：①*、**和***分别表示在10%、5%和1%水平上通过显著性检验，括号里面为标准误。
②CLU$_{350}$ 表示 350 千米范围内的 CLU。

特大及超大城市生产性服务业集聚有利于提高本城市制造业碳排放效率，且在350千米范围内，邻近城市生产性服务业集聚对本城市的制造业碳排放效率也产生了积极影响。这意味着特大及超大城市的生产性服务业集聚使得知识和技术的相互影响更为广泛，从而有效提高制造业碳排放效率水平。同时，由于超大和特大城市市场规模庞大，产业间和产业内分工精细，产业链完善，生产性服务业需求量大而多样化，因而邻近城市生产性服务业集聚对本城市产生了明显的碳减排效应。大城市生产性服务业集聚对本城市制造业碳排放效率产生了不利影响，而邻近城市生产性服务业集聚对本城市制造业碳排放效率产生了显著的提升作用。这意味着我国大城市生产性服务业集聚与城市规模并未实现有效匹配，非但没有对本城市制造业碳排放效率产生正向效应，反而降低了制造业碳排放效率水平。另外，由于大城市制造业规模较大，其制造业发展需要大量生产性服务业作为支撑，当邻近城市生产性服务业集聚模式无法满足工业发展需求时，会服务于本城市的制造业，提高本城市制造业碳排放效率水平。中等城市和小城市生产性服务业集聚均未对本城市制造业碳排放效率产生明显影响，而且邻近城市生产性服务业集聚也未对本城市制造业碳排放效率产生显著影响。

（2）不同区域空间。

从地理空间上将总样本划分为东部、中部、西部和东北部四组，以350千米范围为界构建引力模型空间权重矩阵，采用时空双重固定效应的空间杜宾模型，检验有效距离范围内不同区域空间生产性服务业集聚对制造业碳排放效率的空间影响，检验结果如表7.7所示。

表 7.7　不同地域的空间回归结果

变量	东部地区	中部地区	西部地区	东北部地区
ln CLU	0.1158 （01041）	0.1001 [**] （0.0048）	0.1122 [*] （0.0522）	0.1233 [*] （0.0635）
ln CLU$_{350}$	0.0322 [**] （0.0124）	0.0131 [**] （0.0101）	0.0152 （0.0071）	0.0203 （0.0103）
ln PDP	0.1694 [*] （0.0712）	0.2016 （0.1035）	0.1898 （0.1521）	0.1928 [*] （0.0644）

变量	东部地区	中部地区	西部地区	东北部地区
ln HUL	0.1011*	0.0945*	0.1015*	0.0992**
	(0.0313)	(0.0256)	(0.0339)	(0.0201)
ln TEC	0.0295**	0.0323**	0.0318**	0.0299**
	(0.0102)	(0.0105)	(0.0123)	(0.0105)
ln FDI	−0.2123	0.2025	0.2302	−0.2659
	(0.1552)	(0.1659)	(0.2015)	(0.2028)
ln REI	0.0258*	0.0316*	0.0329**	0.0383*
	(0.0102)	(0.0101)	(0.0125)	(0.0113)
Sargen Test	35.1321	37.2235	38.3244	41.6382
AR (1) Test	0.7233	0.7163	0.6635	0.7528
AR (2) Test	0.5833	0.5289	0.6152	0.5846

注：①*、**分别表示在10%、5%水平上通过显著性检验，括号里面为标准误。

②CLU_{350}表示350千米范围内的CLU。

东部地区生产性服务业集聚对提高本城市制造业碳排放效率不显著，在350千米范围内，邻近城市的生产性服务业集聚对本城市制造业碳排放效率产生了积极影响。这意味着东部地区市场规模庞大，上下游产业链完善，生产性服务业对邻近城市产生了明显的碳减排效应。中部地区生产性服务业集聚对本城市制造业碳排放效率产生了显著的提升作用，邻近城市生产性服务业集聚对本城市制造业碳排放效率也产生了显著的提升作用。西部和东北部地区生产性服务业集聚均对本城市制造业碳排放效率产生明显正向影响，但邻近城市生产性服务业集聚均未对本城市制造业碳排放效率产生显著影响。

（3）不同层次生产性服务业集聚。

由于生产性服务业集聚对制造业碳排放效率的有效空间作用范围为350千米，且其空间溢出效应可能受到生产性服务业行业层次的异质性影响❶，

---

❶ 黄繁华，郭卫军. 空间溢出视角下的生产性服务业集聚与长三角城市群经济增长效率 [J]. 统计研究，2020（7）：66-79.

根据研发强度、人均产值等指标把生产性服务业划分为低端生产性服务业和高端生产性服务业两类，其中低端生产性服务业包括"交通运输、仓储和邮政业""批发和零售业""租赁和商业服务业"三个行业，高端生产性服务业包括"信息传输、计算机服务业和软件业""金融业""科学研究、技术服务业和地质勘查业"三个行业。然后以350千米范围为界构建了引力模型空间权重矩阵，采用时空双重固定效应的空间杜宾模型，检验有效距离范围内不同层次生产性服务业集聚对制造业碳排放效率的空间影响，结果如表7.8所示。

表7.8　不同层次生产性服务业集聚对制造业碳排放效率的空间影响

变量	低端生产性服务业	高端生产性服务业
$\ln CLU$	0.0258 (0.0215)	0.0458** (0.0105)
$\ln CLU_{350}$	−0.0115** (0.0016)	0.0156** (0.0032)
$\ln PDP$	0.1132* (0.0405)	0.1081* (0.0315)
$\ln HUL$	0.0986* (0.0253)	0.1062* (0.0218)
$\ln TEC$	0.0301* (0.0105)	0.0359** (0.0101)
$\ln FDI$	−0.1032 (0.1033)	−0.1145 (0.1025)
$\ln REI$	0.0226* (0.0101)	0.0214** (0.0033)
Sargen Test	12.3622	14.2586
AR（1）Test	0.8536	0.8222
AR（2）Test	0.6635	0.6529
N	4560	4560

注：①*、**分别表示在10%、5%水平上通过显著性检验，括号里面为标准误。
②CLU_{350}表示350千米范围内的CLU。

交通运输仓储和邮政业、批发零售业以及租赁和商务服务业等低端生产性服务业集聚未对本城市制造业碳排放效率产生明显的影响，但邻近城市低端生产性服务业集聚显著降低了本城市制造业碳排放效率水平。可能是我国生产性服务业集聚中的低端化特征较为明显，过度竞争带来了资源消耗和浪费，无法提升本城市制造业碳排放效率，邻近城市低端生产性服务业集聚占用了有限资源，反而降低了本城市制造业碳排放效率水平。金融业、科学研究和技术服务业以及信息传输、计算机服务业和软件业等高端生产性服务业集聚对本城市制造业碳排放效率产生了明显的提升作用，邻近城市的高端生产性服务业集聚也对本城市制造业碳排放效率产生了促进作用。

（4）不同生产性服务业集聚模式。

将生产性服务业集聚分为专业化生产性服务业集聚和多样化生产性服务业集聚两种模式，以350千米范围为界构建引力模型空间权重矩阵，采用时空双重固定效应的空间杜宾模型，检验有效距离范围内不同生产性服务业集聚模式对制造业碳排放效率的空间影响，结果如表7.9所示。

表7.9　不同生产性服务业集聚模式对制造业碳排放效率的空间影响

变量	专业化生产性服务业集聚	多样化生产性服务业集聚
ln SPM	0.0853** (0.0125)	
ln DVM		0.0656** (0.0422)
ln SPM_{350}	0.0101** (0.0018)	
ln DVM_{350}		0.0252** (0.0035)
ln PDP	0.1031* (0.0403)	0.1082* (0.0418)
ln HUL	0.1012* (0.0369)	0.1135* (0.0413)
ln TEC	0.0301* (0.0102)	0.0312* (0.0105)

续表

变量	专业化生产性服务业集聚	多样化生产性服务业集聚
ln FDI	−0.0835 （0.0552）	0.0543 （0.0325）
ln REI	0.0236* （0.0112）	0.0252* （0.0108）
Sargen Test	11.7921	12.1302
AR（1）Test	0.8512	0.8321
AR（2）Test	0.6233	0.5811

注：①*、**分别表示在 10%、5% 水平上通过显著性检验，括号里面为标准误。

②SPM_{350}、DVM_{350} 分别表示 350 千米范围内的 SPM、DVM 值。

专业化生产性服务业集聚以及多样化生产性服务业集聚对本城市制造业碳排放效率产生明显的正向影响，同时在 350 千米范围内，邻近城市专业化和多样化生产性服务业集聚也提高了本城市制造业碳排放效率水平。相比多样化生产性服务业集聚，专业化生产性服务业集聚对本城市制造业碳排放效率的正向影响较大；相比专业化生产性服务业集聚，多样化生产性服务业集聚在 350 千米范围内，邻近城市对本城市制造业碳排放效率的正向影响较大。

7.4.3　稳健性检验

为了消除可能存在的内生性问题，接下来的稳健性分析通过选择合适的工具变量进行两阶段回归。通过借鉴相关文献和对中国城市生产性服务业发展规律的分析，参照第 5 章将城市所在地区海拔 HIH 作为工具变量。城市海拔是一个地理因素，不受其他经济因素干扰，较好地满足外生性要求。同时，一个城市的海拔越高，发展生产性服务业的成本和限制越大，城市生产性服务业空间集聚水平有可能越低，城市海拔和城市生产性服务业集聚满足一定的相关性要求。因此，城市海拔是一个较好的工具变量。从生产性服务业集聚指标系数来看，与不采用工具变量的结果差别不大，也通过了显著性检验。这在一定程度上说明，即使考虑一定内生问题的工具变量回归结果也没有发生太大变化。以上稳健性检验的实证结果基本支持了本研究所得出的结论（见表 7.10）。

表7.10　稳健性检验：工具变量法

变量	被解释变量为生产性服务业集聚指数对数		被解释变量为制造业碳排放效率对数	
	空间杜宾误差模型	空间杜宾模型	空间杜宾误差模型	空间杜宾模型
ln HIH	−0.0325 **	−0.0311 **		
	(0.0121)	(0.0105)		
ln CLU			0.1011 **	0.1025 **
			(0.0423)	(0.0355)
ln PDP	0.1836 *	0.1855	0.1623 *	0.1956 **
	(0.0721)	(0.1021)	(0.0625)	(0.0635)
ln HUL	0.1022 **	0.1033 *	0.0963 **	0.0989 *
	(0.0322)	(0.0223)	(0.0245)	(0.0315)
ln TEC	0.0658 *	0.0568 **	0.0512 **	0.0611 **
	(0.0233)	(0.0205)	(0.0133)	(0.0211)
ln FDI	−0.2239	−0.2899	−0.2958	−0.3522
	(0.2021)	(0.2456)	(0.2025)	(0.2155)
ln REI	0.0256 *	0.0212 *	0.0136	0.0233 *
	(0.0101)	(0.0101)	(0.0139)	(0.0102)
ρ		0.1258 **		0.1324 ***
		(0.0236)		(0.0322)
φ	0.1123 ***		0.1121 ***	
	(0.0268)		(0.0225)	
$W \times$ ln CLU	0.0715 **	0.0652 **	0.0736 **	0.0692 **
	(0.0212)	(0.0225)	(0.0231)	(0.0218)
$W \times$ ln PDP	0.1105	0.1123	0.1122	0.1025
	(0.0701)	(0.0725)	(0.0635)	(0.0725)
$W \times$ ln HUL	0.0125 *	0.0138 *	0.0127 *	0.0139 *
	(0.0042)	(0.0035)	(0.0046)	(0.0034)
$W \times$ ln TEC	0.0228 **	0.0289 **	0.0239 **	0.0288 **
	(0.0102)	(0.0111)	(0.0103)	(0.0112)
$W \times$ ln FDI	0.0013	0.0016	0.0015	0.0016
	(0.0021)	(0.0031)	(0.0024)	(0.0021)

续表

变量	被解释变量为生产性服务业集聚指数对数		被解释变量为制造业碳排放效率对数	
	空间杜宾误差模型	空间杜宾模型	空间杜宾误差模型	空间杜宾模型
$W \times \ln$ REI	-0.0225^{*} (0.0102)	-0.0218^{*} (0.0113)	-0.0224^{*} (0.0102)	-0.0219^{*} (0.0113)
R^2	0.7055	0.7126	0.7503	0.7599

注：*、**和***分别表示在 10%、5%和 1%水平上通过显著性检验，括号里面为标准误。

前面在计算生产性服务业集聚指数时，使用的是就业量。接下来用产出值来度量生产服务集聚水平，以进行稳健性检验。估计结果仍支持主要结论（见表 7.11 中的稳健性检验 1），生产性服务集聚的直接影响系数和间接影响系数在 5%的统计水平上均显著为正。

表 7.11　其他稳健性检验

变量	稳健性检验 1：指标替换		稳健性检验 2：剔除省会城市和直辖市		稳健性检验 3：加入解释变量滞后一期	
	空间杜宾误差模型	空间杜宾模型	空间杜宾误差模型	空间杜宾模型	空间杜宾误差模型	空间杜宾模型
$L. \ln$ CLU					0.0496^{**} (0.0131)	0.0435^{*} (0.0233)
$\ln$ CLU	0.0863^{**} (0.0331)	0.0935^{***} (0.0265)	0.1015^{**} (0.0415)	0.1002^{**} (0.0358)	0.0858^{*} (0.0325)	0.0929^{**} (0.0254)
$\ln$ PDP	0.1836 (0.1031)	0.1568^{*} (0.0565)	0.1645^{*} (0.0605)	0.1836^{**} (0.0611)	0.1231^{*} (0.0452)	0.1152 (0.0686)
$\ln$ HUL	0.0628^{*} (0.0221)	0.0935^{**} (0.0223)	0.0853^{**} (0.0218)	0.0889^{*} (0.0316)	0.0792^{**} (0.0185)	0.1025^{**} (0.0325)
$\ln$ TEC	0.0526^{**} (0.0132)	0.0518^{**} (0.0101)	0.0519^{**} (0.0131)	0.0625^{**} (0.0202)	0.0562^{*} (0.0235)	0.0698^{**} (0.0126)
$\ln$ FDI	-0.1154 (0.0858)	-0.2455 (0.1585)	-0.2968 (0.2023)	-0.4222 (0.2152)	-0.2416 (0.2101)	0.0133 (0.0112)
$\ln$ REI	0.0125^{*} (0.0031)	0.0153^{**} (0.0042)	0.0125 (0.0108)	0.0231^{*} (0.0102)	0.0264^{*} (0.0101)	0.0128 (0.0103)

续表

变量	稳健性检验1：指标替换		稳健性检验2：剔除省会城市和直辖市		稳健性检验3：加入解释变量滞后一期	
	空间杜宾误差模型	空间杜宾模型	空间杜宾误差模型	空间杜宾模型	空间杜宾误差模型	空间杜宾模型
ρ		0.1365**		0.1245***		0.1311**
		(0.0411)		(0.0322)		(0.0568)
φ	0.1011**		0.1125***		0.0946**	
	(0.0372)		(0.0221)		(0.0353)	
$W \times \ln CLU$	0.0532**	0.0859**	0.0735**	0.0693**	0.0836**	0.0735**
	(0.0212)	(0.0302)	(0.0235)	(0.0208)	(0.0213)	(0.0212)
$W \times \ln PDP$	0.0868*	0.1055	0.1123	0.1058	0.0918	0.0847*
	(0.0341)	(0.0669)	(0.0638)	(0.0711)	(0.0652)	(0.0233)
$W \times \ln HUL$	0.0132	0.0192	0.0136*	0.0135*	0.0128*	0.0126**
	(0.0051)	(0.0064)	(0.0042)	(0.0035)	(0.0041)	(0.0013)
$W \times \ln TEC$	0.0368**	0.0157	0.0239**	0.0288**	0.0235*	0.0156*
	(0.0131)	(0.0086)	(0.0103)	(0.0112)	(0.0101)	(0.0045)
$W \times \ln FDI$	0.0045	0.0048	0.0015	0.0016	0.0026	0.0014
	(0.0041)	(0.0033)	(0.0014)	(0.0021)	(0.0025)	(0.0011)
$W \times \ln REI$	−0.0136*	−0.0252	−0.0313*	−0.0216*	−0.0148	0.0251*
	(0.0028)	(0.0232)	(0.0112)	(0.0105)	(0.0124)	(0.0102)
R^2	0.6148	0.6558	0.7521	0.7539	0.6856	0.7293
N	4560	4560	4560	4560	4275	4275

注：（1）*、**和***分别表示在10%、5%和1%水平上通过显著性检验，括号里面为标准误。

（2）$L. \ln CLU$ 为解释变量生产性服务业集聚滞后一期。

在前文的计算中，本书假设每个城市的能源强度等于该城市所属省（市）的能源强度，这意味着每个城市具有相同水平的减排技术。但是，直辖市和省会城市的经济和技术水平要比一般地级城市高。为了检验结论的稳健性，本书将直辖市和省会城市的样本剔除后进行重新估计。从生产服务集聚系数的角度来看，结果与总体样本没有显著差异，并且还通过了显著性检验（见表7.11中的稳健性检验2）。上述稳健性检验的结果基本支持了本研究得出的结论。

本书认为生产性服务集聚与制造业碳排放效率之间存在双向因果关系。因此，本章选择生产性服务业集聚的滞后期作为工具变量进行重新估计。回归结果表明，生产性服务业集聚系数的符号和显著性水平与基准回归（见表 7.11 中的稳健性检验 3）一致，这进一步证明了本章实证结果的稳健性。

7.5 ## 本章小结

本章在梳理生产性服务业集聚影响制造业碳排放效率的内在机制基础上，以我国 2003—2018 年 285 个地级及以上城市面板数据为样本，采用空间计量模型探讨了生产性服务业集聚对制造业碳排放效率的影响及作用机制。结果显示，生产性服务业集聚系数直接效应显著为正，说明生产性服务业集聚能够显著提升本城市制造业碳排放效率水平；生产性服务业集聚系数间接效应系数也显著为正，说明邻近城市生产性服务业集聚会对本城市制造业碳排放效率产生正向的空间溢出效应。生产性服务业集聚对制造业碳排放效率的外溢效应具有明显的空间衰减特征，空间溢出效应的有效边界为 350 千米。

特大及超大城市生产性服务业集聚均有利于提高本城市制造业碳排放效率，且在 350 千米范围内，邻近城市生产性服务业集聚对本城市的制造业碳排放效率也产生了积极影响。大城市生产性服务业集聚对本城市制造业碳排放效率产生了不利影响，而邻近城市生产性服务业集聚对本城市制造业碳排放效率产生了显著的提升作用。中等城市和小城市生产性服务业集聚均未对本城市制造业碳排放效率产生明显影响，而且邻近城市生产性服务业集聚也未对本城市制造业碳排放效率产生显著影响。东部地区生产性服务业集聚对提高本城市制造业碳排放效率不显著，在 350 千米范围内，邻近城市的生产性服务业集聚对本城市制造业碳排放效率产生了积极影响。中部地区生产性服务业集聚对本城市制造业碳排放效率产生了显著的提升作用，邻近城市生产性服务业集聚对本城市制造业碳排放效率也产生了显著的提升作用。西部和东北地区生产性服务业集聚均对本城市制造业碳排放效率产生明显正向影响，但邻近城市生产性服务业集聚均未对本城市制造业碳排放效率产生显著影响。低端生产性服务业的集聚未对本城市制造业碳排放效率产生明显的影响，但邻近城市低端生产性服务业集聚显著降低了本城市制造业碳排放效率水平。高端生产性服务业的集聚对本城市制造业碳排放效率产生了明显的提升作用，邻近城市的高端生产性服务业的集聚也对本城市制造业碳排放效率产生了促进作用。专业化生产性服务业集聚以及多样化生产性服务业集聚对本城市制造业碳排放效率产生明显的正向影响，同时在 350 千米范围内，邻近城市专业化和多样化生产性服务业集聚也提高了本城市制造业碳排放效率水平。相比多样化生产性服务业集聚，专业化生产性服务业集聚对本城市制造业碳排放效率的正向影响较大；相比专业化生产性服务业集聚，多样化生产性服务业集聚在 350 千米范围内，邻近城市对本城市制造业碳排放效率的正向影响较大。生产性服务业集聚对制造业碳排放效率的空间外溢效应有效边界分别为 350 千米，这与一小时经济群或城市群的空间范围基本一致。因此要有效发挥生产性服务业集聚对制造业碳排放效率的提升作用，必须以城市群为载体统筹发展和规划。最后，发挥生产性服务业的空间集聚的外溢效应，加强区域间生产性服务业的合作和互补，形成有序的分工合作格局，提升整体制造业碳排放效率水平。

生产性服务业集聚对制造业碳排放效率影响机制的实证检验

在第 3 章的理论分析中，生产性服务业集聚主要通过规模效应、技术的外部溢出效应和竞争效应对制造业碳排放效率产生影响，但是这三大效应的发挥除了有正向效应外，还存在负向效应，决定了其对制造业碳排放效率的影响也具有不确定性和复杂性。因此，本章运用中介效应模型来验证生产性服务业集聚是否通过上述机制影响制造业碳排放效率以及三种中介效应的大小与异质性。

8.1 研究方法

考虑自变量 X 对因变量 Y 的影响，如果 X 通过影响 M 变量来影响 Y，则称 M 为中介变量。假设所有变量都已经中心化（即均值为零），则变量之间的关系为

$$Y = cX + e_1 \qquad (8.1)$$

$$M = aX + e_2 \qquad (8.2)$$

$$Y = c'X + bM + e_3 \qquad (8.3)$$

式中，X 和 Y 分别为解释变量和被解释变量；M 就是所谓的中介变量，从等式中可以清晰看出 X 可以通过 M 来间接影响 Y。在上述检验模型中，c 为解释变量 X 对被解释变量 Y 影响的总效应，c' 为解释变量对被解释变量 Y 影响的直接效应，a、b 为解释变量 X 通过中介变量对被解释变量 Y 间接影响的影响效应，e_1、e_2、e_3 为随机误差项。在相对不复杂的模型中，中介效

应就可以用 ab 来表示,中介效应与总效应、直接效应的关系可用等式 $c=c'+ab$ 来表示,或用 $ab=c-c'$ 表示,则 ab/c 就是中介效应占总效应的比例。在检验过程中,不仅检验中介效应和完全中介效应,而且还需要进行 Sobel 检验,这样可以大大降低错误率。

其检验步骤如图 8.1 所示:第一步,检验式(8.1)的回归系数 c,如果 c 显著,则存在中介效应,但无论 c 是否显著,都要进行后续检验;第二步,依次检验式(8.2)的回归系数 a 和式(8.3)的回归系数 b,如果二者都显著,则表明间接效应显著;第三步,检验式(8.3)的系数 c' 是否显著,如果不显著,则直接效应不显著,表明只存在中介效应,此时称为完全中介效应;如果显著,则表明直接效应也显著,此时称为部分中介效应。

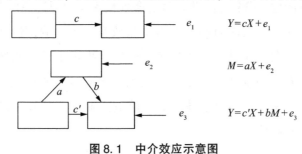

$$Y=cX+e_1$$

$$M=aX+e_2$$

$$Y=c'X+bM+e_3$$

图 8.1　中介效应示意图

8.2　模型设定、变量与数据说明

通过实证研究可知,生产性服务业集聚能够提高制造业碳排放效率。那么,生产性服务业集聚是通过何种机制和渠道影响制造业碳排放效率呢?根据前面的理论分析,生产性服务业集聚主要通过规模经济效应、技术外溢效应和竞争效应影响制造业碳排放效率。规模经济效应通过降低制造业包括能源消耗的生产成本而提高制造业碳排放效率。竞争效应会提高生产性服务业为制造业服务的水平和降低服务的成本来提高制造业碳排放效率,而技术溢出效应是生产性服务业通过提高技术溢出提高制造业技术水平来提高制造业碳排放效率。因此,在考虑空间相关性的基础上,通过中介效应检验方程来刻画传导机制,中介效应模型的构造分三步进行:①将因变量对自变量进行回归;②将中介变量对自变量进行回归;③将因变量同时对自变量和中介变量进行回归。具体检验步骤如下。

第一步，验证生产性服务业集聚处理变量对制造业碳排放效率的影响：

$$\ln \text{MEC}_{it} = \alpha_0 + \beta_0 \ln \text{CLU}_{it} + \theta_0 \sum_{f=1}^{N} W_{if} \ln \text{CLU}_{ift} + \varphi_0 \sum_{i=1}^{k} \ln X_{it} +$$

$$\phi_0 \sum_{i=1}^{k} W_{if} \ln X_{it} + \mu_i + \zeta_t + \varepsilon_{it} \qquad (8.4)$$

第二步，验证生产性服务业集聚处理变量对中介变量 mediation 的影响：

$$\ln \text{mediation}_{it} = \alpha_1 + \beta_1 \ln \text{CLU}_{it} + \theta_1 \sum_{f=1}^{N} W_{if} \ln \text{CLU}_{ift} + \varphi_1 \sum_{i=1}^{k} \ln X_{it} +$$

$$\phi_1 \sum_{i=1}^{k} W_{if} \ln X_{it} + \sigma_i + v_t + \xi_{it} \qquad (8.5)$$

第三步，将生产性服务业集聚处理变量和中介变量一起作为解释变量放入回归方程中，被解释变量 MEC 为制造业碳排放效率：

$$\ln \text{MEC}_{it} = \alpha_2 + \beta_2 \ln \text{CLU}_{it} + \theta_2 \sum_{f=1}^{N} W_{if} \ln \text{CLU}_{ift} + \kappa_2 \ln \text{mediation}_{it} +$$

$$\varphi_2 \sum_{i=1}^{k} \ln X_{it} + \phi_2 \sum_{i=1}^{k} W_{if} \ln X_{it} + \psi_i + \tau_t + \overline{\omega}_{it} \qquad (8.6)$$

mediation_{it} 代表 A_{scait}、A_{tecit} 和 A_{copit} 三个中介变量，分别为 i 地区 t 时间的制造业规模、制造业技术水平和生产性服务业为制造业服务的成本，作为生产性服务业集聚 CLU_{it} 的结构变量；MEC_{it} 为制造业碳排放效率，作为由生产性服务业集聚效应所决定的结果变量；W_{if} 为空间权重矩阵。X_{it} 为控制变量，a_0、a_1、a_2 为常数项，β_0、β_1、β_2、θ_0、θ_1、θ_2、φ_0、φ_1、φ_2、ϕ_0、ϕ_1、ϕ_2、κ_2 均为待估系数。μ_i、σ_i 和 ψ_i 为地区个体效应，ζ_t、v_t 和 τ_t 为地区时间效应，ε_{it}、ξ_{it} 和 $\overline{\omega}_{it}$ 为随机误差扰动项。

解释变量、被解释变量以及控制变量与前面章节中一致。制造业规模则采用企业平均从业人员数指标代替，制造业技术水平采用制造业专利数据来替代，制造业成本用制造业各行业的产值成本费用率代替，选取的是 2003—2018 年 285 个地级及以上城市面板数据进行检验。数据主要来源于 2013—2018 年《中国城市统计年鉴》《中国统计年鉴》《中国工业经济统计年鉴》《中国第三产业统计年鉴》以及专利数据库。

8.3.1   总体样本中介效应结果

首先，检验规模效应。检验结果如表 8.1 所示，规模效应第（1）列的检验结果表明，生产性服务业集聚变量系数为正，并在 5% 的水平上显著，这意味着生产性服务业集聚对制造业碳排放效率的影响存在中介效应。第（2）列的结果表明生产性服务业集聚可以发挥中间服务品生产的规模经济效应，降低制造业包括能源消耗的生产成本，进而提高制造业碳排放效率。第（3）列显示，规模效应系数显著为正，表明中介变量的间接效应显著。同时生产性服务业集聚系数也显著为正，表明规模效应对提高制造业碳排放效率具有部分中介效应。还可以进一步计算出由生产性服务业集聚引致的规模经济中介效应占总效应的比例为 11.04%（0.1052×0.1061/0.1011）。

表 8.1   机制分析：以规模效应作为中介变量

变量	规模效应		
	（1）被解释变量 ln MEC	（2）被解释变量 ln A_{scait}	（3）被解释变量 ln MEC
ln CLU	0.1011**	0.1052*	0.0911**
	(0.0332)	(0.0323)	(0.0435)
ln A_{sca}			0.1061*
			(0.0365)
$W \cdot$ ln CLU	0.0235**	0.0254*	0.0263*
	(0.0051)	(0.0124)	(0.0113)
$W \cdot$ ln A_{sca}	0.0152	0.0125	0.0136
	(0.0111)	(0.0125)	(0.0124)
ln PDP	0.1311*	0.1221*	0.1121**
	(0.0368)	(0.0425)	(0.0362)
ln HUL	0.0833*	0.0963**	0.0789*
	(0.0352)	(0.0268)	(0.0215)
ln TEC	0.0369**	0.0458**	0.0423**
	(0.0112)	(0.0135)	(0.0128)

续表

变量	规模效应		
	（1）被解释变量 ln MEC	（2）被解释变量 ln A_{scait}	（3）被解释变量 ln MEC
ln PDI	-0.4536	0.0258	-0.3699
	（0.1536）	（0.0325）	（0.1955）
ln REI	0.0158	0.0139	0.0135*
	（0.0141）	（0.0135）	（0.0052）
Adj-R^2	0.3667	0.3899	0.3826
中介效应	中介效应显著；中介效应/总效应=0.1104		

注：*、**分别表示在10%、5%水平上通过显著性检验，括号里面为标准误；第（1）（2）（3）列分别对应中介效应检验的三个方程。

其次，检验技术效应。检验结果如表8.2所示，第（4）列的结果表明，生产性服务业集聚变量系数为正，并在5%的水平上显著，这意味着生产性服务业集聚对制造业碳排放效率的影响存在中介效应。第（5）列的结果表明生产性服务业集聚作为一种典型的知识密集型和技术密集型行业，较易形成学习效应，其空间集聚会深化与制造业之间的知识和技术的转移和传播，提高制造业技术进步水平和劳动生产率，从而提高制造业碳排放效率。第（6）列显示，技术效应系数显著为正，表明中介变量的间接效应显著。同时生产性服务业集聚系数也显著为正，表明技术效应对提高制造业碳排放效率具有部分中介效应。由生产性服务业集聚引致的技术溢出中介效应占总效应的比例为23.33%（0.1511×0.1561/0.1011）。

表8.2　机制分析：以技术效应作为中介变量

变量	技术效应		
	（4）被解释变量 ln MEC	（5）被解释变量 ln A_{tecit}	（6）被解释变量 ln MEC
ln CLU	0.1011**	0.1511*	0.0988*
	（0.0332）	（0.0315）	（0.036）
ln A_{tec}			0.1561**
			（0.0314）
$W \cdot$ ln CLU	0.0235**	0.0158*	0.0234*
	（0.0051）	（0.006）	（0.011）

变量	技术效应		
	（4）被解释变量 ln MEC	（5）被解释变量 ln A_{tecit}	（6）被解释变量 ln MEC
$W \cdot \ln A_{tec}$	0.0152 （0.0111）	0.0126 （0.0117）	0.0138 （0.0125）
ln PDP	0.1311* （0.0368）	0.1125* （0.0369）	0.1038* （0.0425）
ln HUL	0.0833* （0.0352）	0.0663** （0.0264）	0.0685* （0.0236）
ln TEC	0.0369** （0.0112）	0.0425** （0.0132）	0.0416** （0.0123）
ln FDI	−0.4536 （0.1536）	0.0258 （0.0212）	−0.0899 （0.0655）
ln REI	0.0158 （0.0141）	0.0139* （0.0065）	0.0135 （0.0112）
Adj-R^2	0.3667	0.3982	0.3712
中介效应	中介效应显著；中介效应/总效应＝0.2333		

注：*、**分别表示在10%、5%水平上通过显著性检验，括号里面为标准误；第（4）（5）（6）列分别对应中介效应检验的三个方程式。

最后，检验竞争效应。检验结果如表8.3所示，第（7）列的结果表明，生产性服务业集聚程度系数为正，并在5%的水平上显著，这意味着生产性服务业集聚对制造业碳排放效率的影响存在中介效应。第（8）列的结果表明，生产性服务业集聚会形成相互竞争的态势，这客观上会提高生产性服务业为制造业服务的水平和降低服务的成本，达到提高制造业碳排放效率的目的。第（9）列显示，竞争效应系数显著为正，表明中介变量的间接效应显著。同时生产性服务业集聚系数也显著为正，表明竞争效应对提高制造业碳排放效率也具有部分中介效应。由生产性服务业集聚引致的竞争效应占总效应的比例为14.31%（0.1231×0.1175/0.1011）。

表8.3　机制分析：以竞争效应作为中介变量

变量	竞争效应		
	(7) 被解释变量 ln MEC	(8) 被解释变量 ln A_{copit}	(9) 被解释变量 ln MEC
ln CLU	0.1011**	0.1231**	0.1005*
	(0.0332)	(0.0352)	(0.0342)
ln A_{cop}			0.1175**
			(0.0151)
$W \cdot$ ln CLU	0.0235**	0.0231**	0.0151*
	(0.0051)	(0.005)	(0.006)
$W \cdot$ ln A_{cop}	0.0152	0.0233	0.0142
	(0.0111)	(0.0223)	(0.0134)
ln PDP	0.1311*	0.0865*	0.0822**
	(0.0368)	(0.0225)	(0.0263)
ln HUL	0.0833*	0.0865**	0.0785*
	(0.0352)	(0.0268)	(0.0215)
ln TEC	0.0369**	0.0252**	0.0189
	(0.0112)	(0.0115)	(0.0128)
ln FDI	−0.4536	0.0258	0.1225*
	(0.1536)	(0.0125)	(0.0555)
ln REI	0.0158	0.0213	0.0208
	(0.0141)	(0.0128)	(0.0105)
Adj-R^2	0.3667	0.3753	0.3523
中介效应	中介效应显著；中介效应/总效应=0.1431		

注：*、**分别表示在10%、5%水平上通过显著性检验，括号里面为标准误；第（7）（8）（9）列分别对应中介效应检验的三个方程式。

8.3.2　分样本中介检验结果

8.3.2.1　不同地区中介效应检验

我国东部地区、中部地区、西部地区和东北部地区，由于地区经济发展水平、工业化和城镇化水平具有明显的差异，生产性服务业集聚的中介效应可能也存在异质性。

表8.4是东部地区中介效应检验结果，可以看出，规模效应、技术效应和竞争效应对提高制造业碳排放效率具有中介效应。进一步计算可得到由生产性服务业集聚引致的规模效应、技术效应和竞争效应占总效应的比例分别为11.50%、23.24%和11.10%。这说明东部地区生产性服务业集聚主要通过技术效应对制造业碳排放效率产生影响，主要原因在于，东部地区经济发展水平较高、技术创新能力强，生产性服务业集聚会深化与制造业之间的知识和技术的转移和传播，更易形成学习效应和技术溢出效应，从而对提高制造业碳排放效率作用最大。

表8.4　东部地区中介效应检验

变量	东部地区								
	规模效应			技术效应			竞争效应		
	(1)	(2)	(3)	(4)	(5)	(6)	(7)	(8)	(9)
ln CLU	0.115** (0.025)	0.114* (0.042)	0.103* (0.043)	0.115** (0.025)	0.161* (0.061)	0.108* (0.032)	0.115** (0.025)	0.114* (0.055)	0.105* (0.049)
ln A_{sca}			0.116* (0.031)						
ln A_{tec}						0.166* (0.064)			
ln A_{cop}									0.112** (0.022)
控制变量	Y	Y	Y	Y	Y	Y	Y	Y	Y
Adj-R^2	0.4522	0.4335	0.3856	0.4522	0.5214	04125	0.4522	0.3991	0.4012
中介效应	中介效应显著 中介效应/总效应=0.1150			中介效应显著 中介效应/总效应=0.2324			中介效应显著 中介效应/总效应=0.1110		

　　注：＊、＊＊分别表示在10%、5%水平上通过显著性检验，括号里面为标准误。限于篇幅，未列示控制变量结果。

　　表8.5是中部地区中介效应检验结果，可以看出，规模效应、技术效应和竞争效应对提高制造业碳排放效率具有中介效应。进一步计算可得到由生产性服务业集聚引致的规模效应、技术效应和竞争效应占总效应的比例分别为12.73%、11.99%和13.36%。这说明中部地区生产性服务业集聚主

要通过规模效应、技术效应和竞争效应共同作用对制造业碳排放效率产生影响，三种中介效应的大小排序为竞争效应>规模效应>技术效应。

表8.5　中部地区中介效应检验

变量	中部地区								
	规模效应			技术效应			竞争效应		
	(1)	(2)	(3)	(4)	(5)	(6)	(7)	(8)	(9)
ln CLU	0.114** (0.034)	0.123* (0.052)	0.101** (0.041)	0.114** (0.032)	0.121* (0.025)	0.102* (0.048)	0.114* (0.034)	0.136** (0.042)	0.103* (0.061)
ln A_{sca}			0.118* (0.035)						
ln A_{tec}						0.113** (0.032)			
ln A_{cop}									0.112** (0.014)
控制变量	Y	Y	Y	Y	Y	Y	Y	Y	Y
Adj-R^2	0.4336	0.4059	0.3362	0.4336	0.4825	0.4112	0.4336	0.4092	0.4016
中介效应	中介效应显著 中介效应/总效应=0.1273			中介效应显著 中介效应/总效应=0.1199			中介效应显著 中介效应/总效应=0.1336		

注：*、**分别表示在10%、5%水平上通过显著性检验，括号里面为标准误。限于篇幅，未列示控制变量结果。

表8.6是西部地区中介效应检验结果，可以看出，规模效应、技术效应对提高制造业碳排放效率具有中介效应。但竞争效应没有通过显著性检验，可能的原因在于西部地区经济发展水平较落后，产业集聚水平相对也比较低，生产性服务业集聚为制造业服务的成本没有绝对优势。进一步计算可得到由生产性服务业集聚引致的规模效应和技术效应占总效应的比例分别为11.01%和12.13%。这说明中部地区生产性服务业集聚主要通过规模效应、技术效应共同作用对制造业碳排放效率产生影响。

表 8.6　西部地区中介效应检验

变量	西部地区								
	规模效应			技术效应			竞争效应		
	(1)	(2)	(3)	(4)	(5)	(6)	(7)	(8)	(9)
ln CLU	0.135**	0.118*	0.111*	0.135**	0.131*	0.112*	0.135**	0.122	0.109*
	(0.052)	(0.048)	(0.01)	(0.052)	(0.043)	(0.048)	(0.052)	(0.112)	(0.034)
ln A_{sca}			0.126*						
			(0.046)						
ln A_{tec}						0.125**			
						(0.053)			
ln A_{cop}									0.125
									(0.083)
控制变量	Y	Y	Y	Y	Y	Y	Y	Y	Y
Adj-R^2	0.3668	0.3892	0.3825	0.3668	0.3981	0.3715	0.3668	0.3756	0.3525
中介效应	中介效应显著 中介效应/总效应=0.1101			中介效应显著 中介效应/总效应=0.1213			中介效应不显著		

注：*、**分别表示在10%、5%水平上通过显著性检验，括号里面为标准误。限于篇幅，未列示控制变量结果。

表 8.7 是东北部地区中介效应检验结果，可以看出，规模效应、技术效应和竞争效应对提高制造业碳排放效率具有中介效应。进一步计算可得到由生产性服务业集聚引致的规模效应、技术效应和竞争效应占总效应的比例分别为 6.97%、6.95% 和 7.13%。可以看出，东北部地区生产性服务业集聚的中介效应较小，说明东北部地区生产性服务业集聚对制造业碳排放效率的中介作用未得到有效发挥。

表 8.7　东北部地区中介效应检验

变量	东北部地区								
	规模效应			技术效应			竞争效应		
	(1)	(2)	(3)	(4)	(5)	(6)	(7)	(8)	(9)
ln CLU	0.099**	0.075*	0.085*	0.099**	0.085*	0.091*	0.099**	0.083*	0.088*
	(0.033)	(0.032)	(0.043)	(0.033)	(0.031)	(0.031)	(0.033)	(0.038)	(0.034)

续表

变量	东北部地区								
	规模效应			技术效应			竞争效应		
	（1）	（2）	（3）	（4）	（5）	（6）	（7）	（8）	（9）
$\ln A_{sca}$			0.092* (0.042)						
$\ln A_{tec}$						0.081** (0.035)			
$\ln A_{cop}$									0.085** (0.022)
控制变量	Y	Y	Y	Y	Y	Y	Y	Y	Y
Adj-R^2	0.4013	0.3954	0.3863	0.4013	0.3781	0.4125	0.4013	0.3792	0.3864
中介效应	中介效应显著 中介效应/总效应=0.0697			中介效应显著 中介效应/总效应=0.0695			中介效应显著 中介效应/总效应=0.0713		

注：＊、＊＊分别表示在10%、5%水平上通过显著性检验，括号里面为标准误。限于篇幅，未列示控制变量结果。

8.3.2.2 不同规模城市中介效应检验

由于不同规模城市的生产性服务业的构成以及集聚模式存在差异，中介效应作用的发挥可能也存在异质性。为了分析不同规模城市的生产性服务业集聚对制造业碳排放效率中介效应的异质性，按照《国务院关于调整城市规模划分标准的通知》（国发〔2014〕51号），将城市规模划分为特大及超大城市、大城市、中等城市和小城市四类样本。

表8.8是特大及超大城市中介效应检验结果，可以看出，规模效应、技术效应和竞争效应对提高制造业碳排放效率具有中介效应。进一步计算可得到由生产性服务业集聚引致的规模效应、技术效应和竞争效应占总效应的比例分别为7.52%、7.11%和7.99%。相比于整体样本中中介效应占总效应的比例，特大及超大城市三种中介效应普遍偏小，可能的原因在于特大及超大城市生产性服务业过度集聚，拥挤效应带来能源消耗量增加，生产性服务业集聚对制造业的节能减排边际效应开始递减。

表8.8 特大及超大城市中介效应检验

变量	东北部地区								
	规模效应			技术效应			竞争效应		
	(1)	(2)	(3)	(4)	(5)	(6)	(7)	(8)	(9)
ln CLU	0.098**	0.081*	0.085*	0.098*	0.082*	0.078*	0.098**	0.086*	0.081*
	(0.025)	(0.022)	(0.041)	(0.032)	(0.041)	(0.035)	(0.036)	(0.034)	(0.048)
ln A_{sca}			0.091*						
			(0.042)						
ln A_{tec}						0.085**			
						(0.035)			
ln A_{cop}									0.091*
									(0.022)
控制变量	Y	Y	Y	Y	Y	Y	Y	Y	Y
Adj-R^2	0.3662	0.3891	0.3825	0.3662	0.3983	0.3715	0.3662	0.3752	0.3526
中介效应	中介效应显著 中介效应/总效应=0.0752			中介效应显著 中介效应/总效应=0.0711			中介效应显著 中介效应/总效应=0.0799		

注：＊、＊＊分别表示在10%、5%水平上通过显著性检验，括号里面为标准误。限于篇幅，未列示控制变量结果。

表8.9是大城市中介效应检验结果，可以看出，规模效应、技术效应和竞争效应对提高制造业碳排放效率具有中介效应。进一步计算可得到由生产性服务业集聚引致的规模效应、技术效应和竞争效应占总效应的比例，分别为13.96%、26.04%和15.93%。相比整体样本中中介效应占总效应的比例，大城市三种中介效应较大，说明大城市生产性服务业集聚有利于通过规模效应、技术效应和竞争效应提高制造业碳排放效率，集聚的正外部溢出效应得到了较大发挥。

表8.9 大城市中介效应检验

变量	大城市								
	规模效应			技术效应			竞争效应		
	(1)	(2)	(3)	(4)	(5)	(6)	(7)	(8)	(9)
ln CLU	0.111**	0.125*	0.101*	0.111**	0.171*	0.102*	0.111*	0.135**	0.106*
	(0.045)	(0.052)	(0.048)	(0.045)	(0.046)	(0.053)	(0.045)	(0.035)	(0.032)

续表

变量	大城市								
	规模效应			技术效应			竞争效应		
	（1）	（2）	（3）	（4）	（5）	（6）	（7）	（8）	（9）
$\ln A_{sca}$			0.124* (0.036)						
$\ln A_{tec}$						0.169** (0.031)			
$\ln A_{cop}$									0.131** (0.045)
控制变量	Y	Y	Y	Y	Y	Y	Y	Y	Y
Adj-R^2	0.3983	0.4113	0.5214	0.3983	0.4525	0.3995	0.3983	0.3865	0.4112
中介效应	中介效应显著 中介效应/总效应=0.1396			中介效应显著 中介效应/总效应=0.2604			中介效应显著 中介效应/总效应=0.1593		

注：＊、＊＊分别表示在10%、5%水平上通过显著性检验，括号里面为标准误。限于篇幅，未列示控制变量结果。

表8.10是中等城市中介效应检验结果，可以看出，规模效应、技术效应对提高制造业碳排放效率具有中介效应。进一步计算可得到由生产性服务业集聚引致的规模效应、技术效应占总效应的比例分别为10.72%和21.60%。竞争效应的中介效应不显著，可能的原因在于中等城市规模较小，生产性服务业集聚带来的制造业服务成本规模集聚优势不明显。

表 8.10　中等城市中介效应检验

变量	中等城市								
	规模效应			技术效应			竞争效应		
	（1）	（2）	（3）	（4）	（5）	（6）	（7）	（8）	（9）
$\ln$ CLU	0.098** (0.033)	0.102* (0.032)	0.087** (0.043)	0.098* (0.041)	0.146* (0.051)	0.082* (0.036)	0.098** (0.033)	0.123 (0.065)	0.083* (0.034)
$\ln A_{sca}$			0.103* (0.036)						
$\ln A_{tec}$						0.145** (0.031)			

变量	中等城市								
	规模效应			技术效应			竞争效应		
	(1)	(2)	(3)	(4)	(5)	(6)	(7)	(8)	(9)
$\ln A_{\text{cop}}$									0.118
									(0.115)
控制变量	Y	Y	Y	Y	Y	Y	Y	Y	Y
Adj R^2	0.4052	0.3582	0.3823	0.4052	0.3982	0.3914	0.4052	0.3853	0.3556
中介效应	中介效应显著 中介效应/总效应=0.1072			中介效应显著 中介效应/总效应=0.2160			中介效应不显著		

注：＊、＊＊分别表示在10%、5%水平上通过显著性检验，括号里面为标准误。限于篇幅，未列示控制变量结果。

表 8.11 是小城市中介效应检验结果，可以看出，规模效应对提高制造业碳排放效率具有中介效应。进一步计算可得到由生产性服务业集聚引致的规模效应占总效应的比例为 9.55%。技术效应和竞争效应的中介效应没有通过显著性检验，可能的原因在于小城市生产性服务业集聚水平不高，而且主要以低端生产性服务业集聚为主，对提高制造业碳排放效率的作用非常有限。

表 8.11 小城市中介效应检验

变量	小城市								
	规模效应			技术效应			竞争效应		
	(1)	(2)	(3)	(4)	(5)	(6)	(7)	(8)	(9)
$\ln \text{CLU}$	0.091＊＊	0.101＊	0.085＊＊	0.091＊＊	0.162	0.088＊	0.091＊＊	0.113	0.085＊
	(0.041)	(0.035)	(0.028)	(0.045)	(0.098)	(0.036)	(0.029)	(0.105)	(0.034)
$\ln A_{\text{sca}}$			0.086＊						
			(0.036)						
$\ln A_{\text{tec}}$						0.125			
						(0.066)			
$\ln A_{\text{cop}}$									0.118
									(0.101)
控制变量	Y	Y	Y	Y	Y	Y	Y	Y	Y
Adj-R^2	0.4125	0.3854	0.3981	0.4125	0.3956	0.3765	0.4125	0.3522	0.3933

续表

变量	小城市								
	规模效应			技术效应			竞争效应		
	(1)	(2)	(3)	(4)	(5)	(6)	(7)	(8)	(9)
中介效应	中介效应显著 中介效应/总效应=0.0955			中介效应不显著			中介效应不显著		

注：＊、＊＊分别表示在10%、5%水平上通过显著性检验，括号里面为标准误。限于篇幅，未列示控制变量结果。

8.3.2.3　不同层次生产性服务业集聚中介效应检验

生产性服务业集聚对制造业碳排放效率的影响可能受行业层次的异质性影响，根据研发强度、人均产值等指标把生产性服务业划分为低端生产性服务业和高端生产性服务业两类。❶

表8.12是高端生产性服务业集聚中介效应检验结果，可以看出，规模效应、技术效应和竞争效应对提高制造业碳排放效率具有中介效应。进一步计算可得到由高端生产性服务业集聚引致的规模效应、技术效应和竞争效应占总效应的比例分别为14.35%、28.05%和14.36%。高端生产性服务业集聚会深化与制造业之间外溢效应，规模效应、技术效应和竞争效应均显著为正。

表8.12　高端生产性服务业集聚中介效应检验

变量	高端生产性服务业集聚								
	规模效应			技术效应			竞争效应		
	(1)	(2)	(3)	(4)	(5)	(6)	(7)	(8)	(9)
$\ln CLU$	0.115＊＊ (0.038)	0.125＊ (0.053)	0.101＊ (0.043)	0.115＊＊ (0.038)	0.168＊ (0.063)	0.102＊ (0.036)	0.115＊＊ (0.038)	0.128＊＊ (0.055)	0.108＊ (0.041)
$\ln A_{sca}$			0.132＊ (0.035)						

---

❶　其中，低端生产性服务业包括"交通运输、仓储和邮政业""批发和零售业""租赁和商业服务业"行业，高端生产性服务业包括"信息传输、计算机服务业和软件业""金融业""科学研究、技术服务业和地质勘查业"行业。

变量	高端生产性服务业集聚								
	规模效应			技术效应			竞争效应		
	(1)	(2)	(3)	(4)	(5)	(6)	(7)	(8)	(9)
$\ln A_{tec}$						0.192* (0.061)			
$\ln A_{cop}$									0.129** (0.022)
控制变量	Y	Y	Y	Y	Y	Y	Y	Y	Y
Adj-R^2	0.4234	0.3853	0.3893	0.4234	0.4633	0.4823	0.4235	0.3967	0.3828
中介效应	中介效应显著 中介效应/总效应=0.1435			中介效应显著 中介效应/总效应=0.2805			中介效应显著 中介效应/总效应=0.1436		

注：*、**别表示在10%、5%水平上通过显著性检验，括号里面为标准误。限于篇幅，未列示控制变量结果。

表8.13是低端生产性服务业集聚中介效应检验结果，可以看出，规模效应对提高制造业碳排放效率具有中介效应。进一步计算可得到由生产性服务业集聚引致的规模效应占总效应的比例为9.31%。技术效应和竞争效应不显著，说明低端生产性服务业集聚技术效应和竞争效应没有得到有效发挥。

表8.13 低端生产性服务业集聚中介效应检验

变量	低端生产性服务业集聚								
	规模效应			技术效应			竞争效应		
	(1)	(2)	(3)	(4)	(5)	(6)	(7)	(8)	(9)
$\ln CLU$	0.085** (0.025)	0.086* (0.032)	0.081* (0.043)	0.085** (0.025)	0.133 (0.081)	0.075* (0.032)	0.085** (0.025)	0.101 (0.055)	0.074* (0.034)
$\ln A_{sca}$			0.092* (0.035)						
$\ln A_{tec}$						0.162 (0.092)			
$\ln A_{cop}$									0.102 (0.072)

续表

变量	低端生产性服务业集聚								
	规模效应			技术效应			竞争效应		
	(1)	(2)	(3)	(4)	(5)	(6)	(7)	(8)	(9)
控制变量	Y	Y	Y	Y	Y	Y	Y	Y	Y
Adj-R^2	0.3998	0.4023	0.3854	0.3998	0.4052	0.3964	0.3998	0.4112	0.3963
中介效应	中介效应显著 中介效应/总效应=0.0931			中介效应不显著			中介效应不显著		

注：＊、＊＊分别表示在10%、5%水平上通过显著性检验，括号里面为标准误。限于篇幅，未列示控制变量结果。

8.3.2.4 不同生产性服务业集聚模式中介效应检验

不同生产性服务业集聚模式对制造业碳排放效率的影响作用不同，其中介效应可能存在异质性，本书把生产性服务业集聚分为专业化和多样化两种集聚模式进行中介效应检验。

表8.14是专业化生产性服务业集聚中介效应检验结果。可以看出，规模效应、技术效应和竞争效应对提高制造业碳排放效率具有中介效应。进一步计算可得到由生产性服务业集聚引致的规模效应、技术效应和竞争效应占总效应的比例分别为9.52%、24.77%和21.28%。这说明在专业化的生产性服务业集聚模式中，技术效应和竞争效应更能有效提高制造业碳排放效率。

表8.14 专业化生产性服务业集聚中介效应检验

变量	低端生产性服务业集聚								
	规模效应			技术效应			竞争效应		
	(1)	(2)	(3)	(4)	(5)	(6)	(7)	(8)	(9)
ln SPM	0.087＊＊ (0.036)	0.082＊ (0.031)	0.075＊ (0.025)	0.087＊＊ (0.036)	0.133＊＊ (0.032)	0.078＊ (0.062)	0.087＊＊ (0.036)	0.121＊ (0.055)	0.081＊ (0.034)
ln A_{sca}			0.101＊ (0.042)						
ln A_{tec}						0.162＊ (0.041)			

变量	低端生产性服务业集聚								
	规模效应			技术效应			竞争效应		
	(1)	(2)	(3)	(4)	(5)	(6)	(7)	(8)	(9)
$\ln A_{\mathrm{cop}}$									0.153*
									(0.072)
控制变量	Y	Y	Y	Y	Y	Y	Y	Y	Y
Adj-R^2	0.3998	0.4163	0.3899	0.3998	0.4233	0.3965	0.3998	0.4192	0.5031
中介效应	中介效应/总效应=0.0952			中介效应/总效应=0.2477			中介效应/总效应=0.2128		

注: * 、**分别表示在10%、5%水平上通过显著性检验,括号里面为标准误。限于篇幅,未列示控制变量结果。

表 8.15 是多样化生产性服务业集聚中介效应检验结果。可以看出,规模效应、技术效应对提高制造业碳排放效率具有中介效应。进一步计算可得到由生产性服务业集聚引致的规模效应、技术效应占总效应的比例分别为 17.72%、12.10%。这说明在多样化的生产性服务业集聚模式中,规模效应比技术效应更能有效提高制造业碳排放效率。竞争效应在多样化的生产性服务业集聚模式中并不显著。

表 8.15   多样化生产性服务业集聚中介效应检验

变量	低端生产性服务业集聚								
	规模效应			技术效应			竞争效应		
	(1)	(2)	(3)	(4)	(5)	(6)	(7)	(8)	(9)
$\ln \mathrm{SPM}$	0.096**	0.126*	0.082*	0.096**	0.101*	0.081*	0.096**	0.112	0.079*
	(0.028)	(0.032)	(0.043)	(0.028)	(0.081)	(0.052)	(0.028)	(0.074)	(0.054)
$\ln A_{\mathrm{sca}}$			0.135*						
			(0.053)						
$\ln A_{\mathrm{tec}}$						0.115*			
						(0.092)			
$\ln A_{\mathrm{cop}}$									0.125
									(0.098)
控制变量	Y	Y	Y	Y	Y	Y	Y	Y	Y

续表

变量	低端生产性服务业集聚								
	规模效应			技术效应			竞争效应		
	(1)	(2)	(3)	(4)	(5)	(6)	(7)	(8)	(9)
Adj-R^2	0.4322	0.4023	0.3854	0.4322	0.4052	0.3964	0.4322	0.4112	0.3963
中介效应	中介效应/总效应=0.1772			中介效应/总效应=0.1210			中介效应不显著		

注：* 、**分别表示在10%、5%水平上通过显著性检验，括号里面为标准误。限于篇幅，未列示控制变量结果。

　　通过中介效应的异质性分析得出：东部和中部地区，高端生产性服务业集聚、专业化生产性服务业集聚要发挥生产性服务业集聚的技术外溢效应对制造业碳排放效率的提升作用。西部和东北部地区，低端生产性服务业集聚需要充分挖掘生产性服务业集聚对制造业碳排放效率的中介作用。大城市要合理引导生产性服务业有序集聚，充分发挥规模效应、技术效应和竞争效应对制造业碳排放效率的提升作用。特大及超大城市的生产性服务业要避免过度集聚不利于中介效应的发挥。

8.4　本章小结

　　本章在梳理生产性服务业集聚影响制造业碳排放效率的内在机制基础上，以我国2003—2018年285个地级及以上城市面板数据为样本，采用空间中介效应模型探讨了生产性服务业集聚对制造业碳排放效率的中介效应。研究结果表明：总体来看，生产性服务业集聚通过规模经济效应、技术溢出效应和竞争效应提高制造业碳排放效率，这三种中介效应可以分别解释生产性服务业集聚提升制造业碳排放效率总效应的 11.04%、23.33% 和 14.31%。

　　东部地区，生产性服务业集聚引致的规模效应、技术效应和竞争效应占总效应的比例分别为 11.5%、23.24% 和 11.1%。东部地区生产性服务业集聚主要通过技术效应对制造业碳排放效率产生影响。中部地区，生产性服务业集聚引致的规模效应、技术效应和竞争效应占总效应的比例分别为 12.73%、11.99% 和 13.36%，三种中介效应的大小排序为：竞争效应>规模效应>技术效应。西部地区，规模效应、技术效应对提高制造业碳排放效率具有中介效应，但竞争效应没有通过显著性检验。东北部地区，生产性服务业集聚引致的规模效应、技术效应和竞争效应占总效应的比例分别为6.97%、6.95%和7.13%，东北部地区生产性服务业集聚的中介效应占比较小，说明东北部地区生产性服务业集聚对制造业碳排放效率的中介作用未得到有效发挥。

特大及超大城市生产性服务业集聚引致的规模效应、技术效应和竞争效应占总效应的比例分别为7.52%、7.11%和7.99%。相比整体样本中中介效应占总效应的比例，特大及超大城市三种中介效应普遍偏小。大城市生产性服务业集聚引致的规模效应、技术效应和竞争效应占总效应的比例分别为13.96%、26.04%和15.93%，相比整体样本中中介效应占总效应的比例，大城市三种中介效应较大。中等城市由生产性服务业集聚引致的规模效应、技术效应占总效应的比例分别为10.72%和21.60%，竞争效应的中介效应不显著。小城市生产性服务业集聚引致的规模效应占总效应的比例为9.55%，技术效应和竞争效应的中介效应没有通过显著性检验。

高端生产性服务业集聚引致的规模效应、技术效应和竞争效应占总效应的比例分别为14.35%、28.05%和14.36%，说明高端生产性服务业集聚会深化与制造业之间的外溢效应，规模效应、技术效应和竞争效应显著。低端生产性服务业集聚引致的规模效应占总效应的比例为9.31%。技术效应和竞争效应不显著，说明低端生产性服务业集聚技术效应和竞争效应没有得到有效发挥。

在专业化生产性服务业集聚模式中，由生产性服务业集聚引致的规模效应、技术效应和竞争效应占总效应的比例分别为9.52%、24.77%和21.28%。这说明在专业化的生产性服务业集聚模式中，技术效应和竞争效应更能有效提高制造业碳排放效率。在多样化生产性服务业集聚模式中，由生产性服务业集聚引致的规模效应、技术效应占总效应的比例分别为17.72%、12.10%。这说明在多样化的生产性服务业集聚模式中，规模效应比技术效应更能有效提高制造业碳排放效率。竞争效应在多样化的生产性服务业集聚模式中并不显著。

因此，东部和中部地区，高端生产性服务业集聚、专业化生产性服务业集聚要发挥生产性服务业集聚的技术外溢效应对制造业碳排放效率的提升作用。西部和东北部地区，低端生产性服务业集聚需要充分挖掘生产性服务业集聚对制造业碳排放效率的中介作用。大城市要合理引导生产性服务业有序集聚，充分发挥规模效应、技术效应和竞争效应对制造业碳排放效率的提升作用。特大及超大城市的生产性服务业要防止过度集聚，阻碍中介效应的发挥。

第9章

政策建议

本章主要在理论和实证分析的基础上，总结规律，从优化生产性服务业空间集聚形态的角度，充分发挥不同类别和层次的生产性服务业集聚的减排效应，提出促进制造业碳排放效率提高的政策措施，为国家细分产业政策的制定提供支撑和参考。

9.1　营造生产性服务业集聚发展有利环境

良好的外部环境是生产性服务业发展壮大的前提，也是充分释放生产性服务业集聚正外部性效应的基础。相关管理部门应健全政策体系，着力改善生产性服务业发展的外部环境，充分发挥市场机制在生产性服务业资源配置中的基础性作用，形成科学的制度安排，吸引资源要素向生产性服务业领域合理集聚。

9.1.1　健全生产性服务业发展的政策体系

首先，将生产性服务业纳入产业扶持范畴，对生产性服务业的行业准入政策进行清理，破除行业垄断、进入门槛等隐形限制，并从财税、金融、土地等方面给予支持。❶在财税方面，要根据生产性服务业产业融合度高的特点，完善生产性服务业的税收政策，废除不合理的收费项目，研究适时

---

❶　夏农. 将从财税、金融、土地、知识产权等方面提供支持 [EB/OL]. （2014-08-26）［2021-08-06］. http://www.gov.cn/2014-08/26/content_2739342.htm.

扩大生产性服务业服务产品出口退税政策范围。在金融方面，鼓励商业银行按照风险可控、商业可持续原则开发适合生产性服务业特点的各类金融产品和服务，尽快研究制定利用知识产权质押、信用保险保单质押、股权质押等多种方式融资的可行措施；促进生产性服务业投资主体多元化，并通过设立创业基金、简化贷款手续方便企业融资。在土地方面，要合理安排生产性服务业用地。充分考虑生产性服务业的用地需求，优先安排用地项目；对提高自有工业用地容积率用于自营生产性服务业的企业，可按新用途办理相关手续；选择具备条件的城市开展国家服务业综合改革试点；鼓励对城镇低效用地改造发展生产性服务业；加快落实生产性服务业用电、用水、用气与工业同价。

其次，建立公开透明、高效规范的市场监管机制，发挥好政府和行业协会的作用。❶ 一方面，在避免政府垄断经营的前提下，加强市场监管，严厉打击违法、违规和失信行为，营造诚实守信的市场环境。另一方面，积极引导生产性服务业协会发展，充分发挥行业协会对市场主体的监督、管理和服务职能，保障行业内市场主体的合法权益。

最后，加大知识产权保护力度，鼓励企业自主创新。完善法律法规，健全知识产权保护的法律依据；加快制度创新，释放企业自主创新的动力❷；鼓励生产性服务业企业创造自主知识产权，加强对服务模式、服务内容等创新的保护，加大对侵犯知识产权和制售假冒伪劣产品的打击力度，研究促进设计、创意人才队伍建设的措施办法，加强知识产权保护、人才队伍建设和统计制度方面建设，支持创新型服务业团队培养。

9.1.2 突破生产性服务业发展的瓶颈

我国不同区域生产性服务业发展均面临着一定的瓶颈。东部地区应重点消除集聚阴影效应并降低产业结构趋同度。集聚区内的城市应积极改善承接产业转移的经济技术环境，构建吸引外来资本的政策环境，将与中心

❶ 杨芳. 生产性服务业集聚的经济增长效应研究 [D]. 兰州：兰州大学，2017：122.

❷ 张斌. 我国知识产权保护的发展历程及展望 [J]. 财经研究，2012 (4)：61-64.

城市邻近的区位优势转化为发展的竞争优势。产业结构趋同问题应主要通过实施创新驱动战略予以解决。应加大高层次人才的培养和引进力度，加快科技创新和组织创新，促进生产性服务业向高端化、多样化发展❶，培育各具特色的生产性服务业格局。中部地区应重点加快承接产业转移和促进服务外包。中部地区未来应重点提升承接产业转移的层次，促进工业体系优化升级，从而增加对高端生产性服务业的需求。与此同时，中部地区还应加快制造业服务外包进程，形成生产性服务业的需求增长点。西部地区则应重点推进基础设施建设和城市联动发展。一方面，应积极加快以等级公路、高速铁路为主的交通网络建设和通信设施建设，努力提高城市的空间可达性和信息化水平，克服自然地理障碍，扩大生产性服务业集聚的溢出范围。另一方面，应着力打破地方保护主义，建设开放型区域市场，扩大城市交流与合作，构建城市间协同发展机制。消除生产性服务业要素流动的体制性障碍，通过要素的流动，引领经济资源在不同所有制企业间流转。尤其是金融等生产性服务业的发展要更多地惠及非国有企业和民营企业，让市场在资源配置中起主导作用，促进区域间要素在空间上合规有序地流通、分布。❷

9.2　优化调整生产性服务业空间布局结构

9.2.1　合理引导生产性服务业在空间上有序集聚

通过政策引导加强生产性服务业在城市的空间集聚水平，发挥好集聚的正外部性作用❸，通过规模经济效应、技术外溢效应和竞争效应提高制造业碳排放效率。适度生产性服务业集聚的城市才能激发生产性服务业集聚

❶ 李晓阳，代柳阳，牟士群，等. 生产性服务业集聚与制造业绿色转型升级——信息通信技术的调节作用 [J]. 西南大学学报（社会科学版），2022，48（1）：83-96.

❷ 谢果，赵晓琴，王悠悠，等. 政府竞争、产业集聚与地方绿色发展 [J]. 华东经济管理，2021，35（3）：74-85.

❸ 丁斐，庄贵阳，刘东. 环境规制、工业集聚与城市碳排放强度——基于全国282个地级市面板数据的实证分析 [J]. 中国地质大学学报（社会科学版），2020，20（3）：90-104.

对制造业碳排放效率的有效促进作用。因此，各城市应加快推进"双轮驱动"的产业发展战略，努力打造与制造业发展相适应的支持性生产服务体系，加强生产性服务业与制造业的空间协同集聚与产业互动。调整生产性服务业的内部结构，使之与制造业技术水平和城市规模等级相匹配。对于生产性服务业集聚程度很高且产生明显的"拥挤效应"的城市和已跨越或临近门限值的城市，应适度控制地区内的生产性服务业发展。在不同等级的城市强调生产性服务业的层级分工，对于发达的大中城市更应该加强生产性服务业的多样化集聚功能，而在中小城市则需要根据自身的要素禀赋优势发展相对专业化的生产性服务业集聚，避免过于分散地、无规模效应地发展各类生产性服务业。在充分发挥东部地区的"领头羊"作用的基础上，在政策上应适当向西部地区倾斜，提升西部地区生产性服务业集聚发展水平。同时各地区应结合自身资源禀赋、产业结构与发展定位，努力提升高端生产性服务业的集聚水平，并强化其与制造业的关联。❶

9.2.2 推行适宜的生产性服务业集聚模式

不同等级城市应因地制宜地选择发展与当地制造业发展需求、规模特征相吻合的生产性服务业，推行适宜的生产性服务业集聚模式，充分发挥生产性服务业集聚的制造业碳减排效应。大城市应进一步强化生产性服务业专业化和多样化集聚效应，提供更多高质量、多样化的生产性服务产品❷，瞄准国际技术前沿努力推进制造业转型升级和碳排放效率的提高。中小城市生产性服务业集聚发展应以适应主导制造业发展需求为目标，通过特色生产性服务业专业化集聚提升制造业碳排放效率。❸

---

❶ 李晓阳，代柳阳，牟士群，等. 生产性服务业集聚与制造业绿色转型升级——信息通信技术的调节作用 [J]. 西南大学学报（社会科学版），2022，48（1）：83-96.

❷ 陆凤芝，王群勇. 相向而行还是背道而驰——生产性服务业集聚与污染减排 [J]. 华中科技大学学报（社会科学版），2021，35（2）：41-53.

❸ 韩峰，严伟涛，王业强. 生产性服务业集聚与城市环境质量升级——基于土地市场调节效应的研究 [J]. 统计研究，2021，38（5）：42-54.

9.3　实施差异化的生产性服务业集聚政策

9.3.1　不同规模城市生产性服务业集聚政策

特大和超大城市的生产性服务业集聚应满足产业结构优化升级对生产性服务的高端化需求，在调结构、转方式中进一步提高高端生产性服务业发展规模和速度，促使生产性服务在制造业价值链中有效嵌入，推进制造业生产环节由高排放、低附加值向低排放、高附加值的延伸。大城市应在保证生产性服务业专业化发展的同时不断扩展生产性服务的种类和服务外延，以适应制造业发展和制造业结构调整对生产性服务的需求。对我国中小城市而言，要以特色生产性服务业集聚推进制造业碳排放效率的提升。

9.3.2　不同区域生产性服务业集聚政策

根据不同地区生产性服务业集聚程度和制造业发展阶段特征，采取差异化的发展策略，在生产性服务业集聚水平较高的东部地区，通过制定更加严格的减排政策倒逼集聚企业的研发提升和技术升级，从而激发"创新补偿"效应，在提高企业生产效率和竞争力的同时促进制造业碳排放效率的提升。中西部地区可利用政策和资源优势吸引投资和产业转移，促进该区域的生产性服务业集聚与制造业协调发展。具体来看，东部地区，应借助服务业发展的良好基础，充分利用资金优势和人才优势，学习先进技术与理念，提高科技创新效率和市场转化率，引导制造业向高端价值链延伸，通过集约化、规模化的生产模式，打造丰富多样、融合程度高的生产性服务功能聚集区，加强产业间互补化、协同化、多元化发展；中部地区，应迅速搭建促进技术创新空间溢出和加快知识扩散的沟通桥梁，努力破除地方保护主义和生产性服务业发展限制，合理利用有效集聚，进一步降低碳排放和提高制造业碳排放效率；西部地区，应充分发挥其在政策、资源、劳动力等方面的比较优势，培育专业性更强、与当地制造业融合程度更高的生产性服务企业，通过加快基础设施建设、增大道路网络覆盖面积、加强职业教育和专业技能培训、参与东中部地区技术交流与合作互动、提高研发投入并增强人才储备，满足生产性服务业集聚发展对专业化劳动力和中间服务产品的市场需求，发挥生产性服务业集聚外部效应实现制造业碳排放效率的提升。

9.4　促进生产性服务业与制造业互动融合❶

9.4.1　从生产性服务业的供求两端强化产业互动融合

从需求方面看，制造业的"自我服务功能"是抑制生产性服务业市场需求扩大的重要因素，因而制造业应加快产业链延伸并推进服务外包进程。为改变制造业企业效率偏低、资源配置不当的现状，应鼓励制造业企业利用核心优势整合企业资源，逐步将核心竞争力从价值链中游向上游和下游转移，重点在研发设计、品牌运作、市场营销、售后服务等环节探寻利润空间，并将非核心的服务环节让渡给市场化的生产性服务业企业，促进生产性服务业形成规模经济效应。从供给方面看，生产性服务业供给不能有效满足制造业需求是二者缺乏有效互动的重要原因，因而生产性服务业应围绕制造业低碳发展的需要不断优化供给结构。科技进步和管理创新是引领制造业向现代化发展的重要力量，而高端生产性服务业是制造业转型升级的有力支撑。❷ 因此，具备高端生产性服务业竞争优势的城市应重点提升科技创新水平，发挥高端生产性服务业对制造业发展的引领作用；不具备高端生产性服务业竞争优势的城市则应积极调整行业结构，使生产性服务业结构与制造业规模与技术相匹配。此外，还应优化产业空间布局，引导生产性服务业进一步向中心城市集中，鼓励制造业向中小城市转移，建立中心城市与中小城市的"服务—生产"分工体系。加强企业间的联系形成良性发展环境，实现生产性服务业与制造业互动融合，并促进制造业碳排

---

❶　杨芳. 生产性服务业集聚的经济增长效应研究 [D]. 兰州：兰州大学，2017：52.

❷　孙作人，刘毅，田培培. 产业集聚、市场化程度与城市碳效率 [J]. 工业技术经济，2021，40（4）：46-57.

放效率的提升。❶

9.4.2 努力实现生产性服务业与制造业动态契合

一方面，根据区域要素比较优势，因地制宜地发展与当地经济状况相符的生产性服务业，加强与互补性、关联性强的制造企业沟通协作，加强产业间协调创新；另一方面，要全面考虑当地制造企业的发展需求、潜在实力、技术能力和转型升级情况，推动形成优势互补、合理比例、上下游紧密合作的良性产业链条。对于生产性服务业集聚程度高的东部地区，应统筹规划、合理布局，适当分流过剩产业，避免出现重构现象；对于发展相对落后的西部地区，应加大政策对生产性服务业的扶持力度，吸引行业龙头企业与专业人才汇集，科学规划集聚区发展、全面完善产业园建设。❷

9.4.3 搭建生产性服务业与制造业融合发展的互动平台

生产性服务业与制造业协同发展离不开互通的信息，所以在两个产业之间搭建信息交流平台十分关键。❸此时政府应发挥主导作用，通过对两个产业的监控，完成信息的收集、分析归类和发布等工作。信息平台应包含生产性服务业和制造业各细分行业的具体信息，包括供给和需求信息，相关政策信息等。政府完成信息收集后，应对信息的真伪及质量进行分析、归类，确保信息的真实性和高效性；最终完成信息的发布，实现信息在各行业中的共享和交流。信息平台是一种公共资源，构建及维护过程需要一定的行政权力，所以必须由政府牵头并主导平台的建设，平台建设牵扯多

---

❶ 肖爽爽，董会忠，赵艳敏. 产业集聚对碳排放强度的驱动因素及空间关联性：以中国制造业为例 [J]. 资源开发与市场，2020，36（8）：837-843.

❷ 刘城宇，韩峰. 生产性服务业集聚有助于降低碳排放吗 [J]. 南京财经大学学报，2017（1）：91-101.

❸ 罗超平，朱培伟，张璨璨，等. 生产性服务业集聚促进了城市绿色创新吗——基于"本地—邻地"效应的视角 [J]. 西南大学学报（社会科学版），2022，48（1）：97-112.

方利益，且耗费较大，政府部门应提前做好有效规划，避免能源资源浪费。❶

以城市群为载体构建分工与合作格局

9.5.1 推进城市制造业碳排放的联防联控和协同治理

生产性服务业集聚对制造业碳排放效率的空间外溢效应的有效边界为350千米，这与一小时经济群或城市群的空间范围基本一致。因此要有效发挥生产性服务业集聚对制造业碳排放效率的提升作用，必须以城市群为载体统筹发展和规划。兼顾城市群内各等级城市发展阶段、生产性服务业行业性质、集聚方式以及制造业结构特征，科学规划生产性服务业在城市间的分工，促进生产性服务业集聚、生产性服务业内部结构升级以及制造业结构优化在城市群空间的良性互动和有效融合，以期实现生产性服务业集聚效应在空间上的有效发挥，推进城市制造业碳排放的联防联控和协同治理机制的完善。❷

9.5.2 激发生产性服务业集群的综合优势

充分发挥生产性服务业的集群外溢效应以提高制造业碳排放效率，加强区域间生产性服务业的合作和互补，形成有序的分工合作格局，提升整体制造业碳排放效率水平。具体来看：一是在北京、上海、广州、天津等全球职能城市建设具有国际影响力的生产性服务业综合改革试验区，支持它们发展成为世界性的服务业集聚中心，重点促进高端生产性服务业发展，并适度分散不能带来集聚规模效应的低端行业。二是以京津冀、长江三角洲、珠江三角洲等大都市连绵区和省会城市为核心阵地，布局一批发展潜力充沛、配套设施完善的生产性服务业园区和基地。实施产业优化升级战

---

❶ 朱彦. 生产性服务业集聚对中国制造业升级的影响研究［D］. 西安：西北大学，2019：128–129.

❷ 宋成镇，陈延斌，侯毅鸣，等. 中国城市工业集聚与污染排放空间关联性及其影响因素［J］. 济南大学学报（自然科学版），2021（5）：452–461.

略，推动产业结构向高级化、高新化发展，发挥生产性服务业集聚对本地及周边区域经济增长的促进作用。三是在"一带六轴"上具有较高经济发展水平的非省会城市重点建设一批低端生产性服务业集聚区，在少数具有良好产业基础和充裕人力资源的非省会城市建设高端生产性服务业集聚区。四是在处于工业化初期或中期的中小城市，以服务工业发展为导向，重点发展少数几种生产性服务行业。

9.6 畅通生产性服务业集聚外部溢出渠道

9.6.1 畅通发挥生产性服务业集聚的正外部效应

充分发挥产业集聚的正外部性，合理控制生产性服务业的集聚规模，避免产生"拥挤效应"等负外部性。应基于本身的优势资源、行业分布、技术水平与区位条件，致力于推动生产性服务领域的建设，重视这一领域的多样化与优质集聚，加快生产性服务业产业结构优化，充分发挥集聚规模经济效应、集聚溢出效应、集聚竞争效应、集聚规制效应等正外部性效应的作用。[1] 合理设置各城市的经济集聚规模，优化城市功能布局，有效发挥经济集聚的规模经济、知识溢出以及共享设施等效应[2]，加快突破经济集聚发挥环境正外部性的临界值，实现节能减排。提高生产性服务业企业和制造业企业技术创新的资金支持[3]，为企业研发实践活动提供良好的外部条件，以提升企业技术创新的积极性，进而促进节能环保技术的进步。同时利用经济集聚的共享、学习与匹配机制，通过技术的扩散与溢出效应，实现技术进步与碳减排的双赢。

---

[1] 周波波. 生产性服务业集聚对绿色经济效率的影响研究 [D]. 信阳：信阳师范学院，2020：43.

[2] 聂晓培. 生产性服务业与制造业绿色协同发展研究 [D]. 徐州：中国矿业大学，2021：1-36.

[3] 纪玉俊，丁科华. 生产性服务业集聚与地区制造业升级——基于门槛回归模型的实证检验 [J]. 山东工商学院学报，2015，29（2）：58-64.

9.6.2 畅通生产性服务业空间集聚的外溢效应

发挥生产性服务业空间集聚的外溢效应，加强区域间生产性服务业的合作和互补，形成有序的分工合作格局。要打破市场封锁和地方保护主义，消除由于行政区划导致的要素流动的体制性障碍，加快形成区域生产性服务业经济一体化市场。政府应该在信息共享、公共服务平台等方面加强投入，减少生产性服务业企业和工业企业的信息不对称，通过信息化提升生产性服务业的服务效率，尽量提高空间外溢衰减的地理距离，让生产性服务业集聚对制造业碳排放效率的提升作用更加显著。❶

| 9.7 | 本章小结 |

本章从优化生产性服务业要素空间集聚形态的角度，充分发挥不同类别生产性服务业集聚的减排效应，提出促进制造业碳排放效率提高的政策措施。

第一，营造生产性服务业集聚发展的有利环境。健全生产性服务业发展的政策体系，将生产性服务业纳入产业扶持范畴，对生产性服务业的行业准入政策进行清理，破除行业垄断、进入门槛等隐形限制。建立公开透明、高效规范的市场监管机制，发挥好政府和行业协会的作用，吸引资源要素向生产性服务业合理集聚。加大知识产权保护力度，鼓励企业自主创新，支持创新型服务业团队培养。

第二，优化调整生产性服务业空间布局结构。合理引导生产性服务业在空间上有序集聚，调整生产性服务业的内部结构，使之与制造业技术水平和城市规模等级相匹配。发挥好集聚的正外部性作用。推行适宜的生产性服务业集聚模式，大城市应进一步同时强化生产性服务业专业化和多样化集聚效应，瞄准国际技术前沿，努力推进制造业转型升级和碳排放效率的提高。中小城市生产性服务业集聚发展应以适应主导制造业发展需求为

---

❶ 宣烨，余泳泽. 生产性服务业集聚对制造业企业全要素生产率提升研究——来自230个城市微观企业的证据 [J]. 数量经济技术经济研究，2017，34（2）：89-104.

目标，通过特色生产性服务业专业化集聚提升制造业碳排放效率。

第三，实施差异化的生产性服务业集聚政策。对不同规模城市采取不同的生产性服务业集聚政策，特大和超大城市的生产性服务业集聚应同时满足产业结构优化升级对生产性服务的高端化需求。大城市应在保证生产性服务业专业化发展的同时不断扩展生产性服务的种类和服务外延，以适应制造业发展和制造业结构调整对生产性服务的需求。对我国中小城市而言，应避免在生产性服务业发展中形成低质量、外延式的集聚模式，要以特色生产性服务业集聚推进制造业碳排放效率的提升。根据不同地区集聚程度和工业发展阶段特征，采取差异化的发展策略，在生产性服务业集聚水平较高的东部地区，通过制定更加严格的减排政策倒逼集聚企业的研发活动和技术升级，在提高企业生产效率和竞争力的同时，促进制造业碳排放效率的提升。中西部地区，可利用政策和资源优势，吸引投资和产业转移，促进生产性服务业集聚与制造业协调发展。

第四，促进生产性服务业与制造业互动融合。从生产性服务业的供求两端强化产业互动融合，从需求方面看，制造业应加快产业链延伸并推进服务外包进程；从供给方面看，生产性服务业应围绕制造业转型升级的需要不断优化供给结构，努力实现生产性服务业与制造业动态契合。一方面，根据区域要素比较优势，因地制宜地发展与当地经济状况相符的生产性服务业，加强与互补性、关联性强的制造企业沟通协作。另一方面，要全面考虑当地制造企业的发展需求、潜在实力、技术能力和转型升级情况，推动形成优势互补、合理比例、上下游紧密合作的良性产业链条。搭建生产性服务业与制造业融合发展的互动平台，政府应发挥主导作用，通过对两个产业的监控，完成信息的收集、分析归类和发布等工作。

第五，以城市群为载体构建分工与合作格局。推进城市制造业碳排放的联防联控和协同治理，以城市群为载体统筹发展和规划，实现生产性服务业集聚效应在空间上的有效发挥。激发生产性服务业集聚的综合优势，加强区域间生产性服务业的合作和互补，提升整体制造业碳排放效率水平。

第六，畅通生产性服务业集聚外部溢出渠道。充分发挥生产性服务业集聚的正外部性，合理控制生产性服务业的集聚规模，避免拥挤效应等负外部性的产生。畅通生产性服务业空间集聚的外溢效应，加强区域间生产性服务业的合作和互补，形成有序的分工合作格局，通过信息化提升生产性服务业的服务效率，尽量提高空间外溢衰减的地理距离，让生产性服务业集聚对制造业碳排放效率的提升作用更加显著。

第 10 章

研究总结与研究展望

10.1　研究总结

　　制造业是中国实体经济增长的主要来源，也是中国能耗与碳排放的主体，提高制造业碳排放效率，不仅对于制造业本身的转型升级具有战略指导作用，而且也成为中国实现双碳目标的重要保障。生产性服务业作为制造业的中间投入品，依托生产性服务业集聚促进制造业碳排放效率的提高，有助于破解"稳增长、促减排"两难困境，具有极其重要的理论和政策含义。本书在梳理生产性服务业集聚对制造业碳排放效率影响的理论机制基础上，采用 2003—2018 年地级及以上城市的面板数据，运用统计核算方法测算生产性服务业集聚指数，基于 DEA-SBM 方法测算城市制造业碳排放效率，并深入分析生产性服务业集聚与制造业碳排放效率的时空演变特征，在考虑空间相关性、门限特征的基础上，实证研究不同异质性条件下生产服务业集聚对城市制造业碳排放效率的影响及作用，为依托生产性服务业集聚提高制造业碳排放效率提供参考和研究支撑。研究的主要结论如下。

　　第一，生产性服务业集聚属于产业集聚的一种形式，而制造业碳排放效率与气候变化问题紧密相关，也属于环境经济学的范畴。生产性服务业集聚对制造业碳排放效率的影响本质上与产业分工、产业协同演化相关。相关研究尚存在如下问题，有待进一步探讨。

①现有文献大多从能源价格、环境规制、产业结构、技术进步、FDI 和国际贸易等角度研究提高碳排放效率的途径，直接从生产性服务业集聚的视角研究对制造业碳排放效率影响的文献很少。

②虽然现有研究考虑了制造业碳排放效率存在空间相关性，但是忽略了空间溢出效应的有限边界。本书在揭示生产性服务业集聚对制造业碳排放效率溢出效应有效边界的基础上，区分了不同行业和不同规模城市等异质性条件下，生产性服务业集聚对制造业碳排放效率的直接效应和溢出效应。

③采用中介效应模型就生产性服务业集聚对制造业碳排放效率的影响机制进行系统研究。

第二，生产性服务业是为制造业提供保障服务的支撑行业。生产性服务业集聚是指与制造业直接相关的配套服务业在地理上的绝对集中以及衍生出来的专业化分工和产业间的密切往来。制造业碳排放效率定义为单位排放的实际产出与最优产出（生产前沿边界）之间的比重。

①生产性服务业作为知识密集型和技术密集型的中间品，随着生产性服务业规模的扩大和专业化分工的深入，生产性服务业行业越加细分，集聚越呈现出多样化，如此不仅可以促进自身产出效率，而且会降低制造业包括能源在内的生产成本，提升制造业的生产效率和碳排放效率。从理论上来看，生产性服务业集聚主要通过规模效应、技术的外部溢出效应和竞争效应对制造业碳排放效率产生影响，但是这三大效应的发挥有正向效应和负向效应，因此其对制造业碳排放效率的影响具有不确定性和复杂性。

②生产性服务业集聚的碳减排效应还与生产性服务业内部细分行业性质有关。中低端生产性服务业的主要服务对象为劳动和资本密集型制造业，而高端生产性服务业则主要为技术密集型或高端制造业提供服务。不同层次的生产性服务业集聚和不同规模城市的生产性服务业集聚模式，对制造业碳排放效率的影响存在差异。

③生产性服务业集聚会对本城市的制造业碳排放效率产生影响，而且邻近地区的生产性服务业集聚还会对本城市的制造业碳排放效率产生影响，即可能存在空间溢出效应。空间溢出效应呈现出随距离而衰减的特征，即

生产性服务业集聚对制造业碳排放效率的影响存在空间溢出效应，但存在有效边界。

第三，采用区位熵指数测算 2003—2018 年城市生产性服务业集聚指数，整体呈现出上升趋势，从 2003 年的 1.1032 上升到 2018 年的 1.2025。这说明生产性服务业在城市集聚的趋势越来越明显。

①生产性服务业集聚与城市规模、行政等级等存在密切关联。2003 年，省会城市不同层次生产性服务业集聚水平均明显高于非省会城市，反映了省会城市在高端和低端生产性服务业发展上均具有明显集聚特征。2018 年，低端生产性服务业集聚的非省会城市数量比 2003 年有所减少。高端和低端生产性服务业集聚的非省会城市数量明显减少，不同层次生产性服务业向省会城市集聚的趋势更加突出。不同层次生产性服务业集聚水平在东部、中部、西部和东北部地区有显著差异。2003 年，东部地区高端生产性服务业集聚城市的数量和比例均明显高于中部、西部和东北部地区。与此同时，东部地区低端生产性服务业集聚城市的数量和比例最大，其次是中部地区、西部地区和东北部地区。2018 年，高端和低端生产性服务业具有突出集聚优势的城市均明显增多。不同层次生产性服务业集聚城市的数量在不同区域存在差异。东部地区，高端生产性服务业集聚的城市明显减少，低端生产性服务业集聚的城市明显增加；中部地区，高端生产性服务业集聚城市的数量有所增加，低端生产性服务业集聚城市的数量变化不大；西部地区，不同层次生产性服务业集聚城市的数量均未发生明显变化；东北部地区，不同层次生产性服务业集聚城市的数量均略有增加。

②2003—2018 年制造业碳排放效率平均值在 0.4355~0.5058 之间，制造业碳排放效率水平整体较低，说明中国地级及以上城市制造业生产中投入与产出配置不合理，能源利用度较低，生产技术水平较不高，制造业碳排放效率还有较大的提升空间。从动态来看，2003—2018 年制造业碳排放效率平均值各年有波动，但总体呈现上升趋势，东部、中部、西部和东北部地区的制造业碳排放效率均值存在较大差异，东部地区制造业碳排放效率均值相对较高，其次为中部地区，东北部和西部地区制造业碳排放效率相对较低。效率最高的地区主要位于北京、天津、河北、山东与长江三角

洲、珠江三角洲和其他东部沿海地区。效率较低的地区主要分布在山西、陕西、甘肃、宁夏、吉林、内蒙古和中部一些地区。生产性服务业集聚度高的城市主要集中于东部一些规模较大的城市，而生产性服务业集聚度比较低的城市主要集中于中西部一些规模较小的城市。制造业碳排放效率更高的地区主要位于东部沿海地区。制造业碳排放效率较低的地区主要分布在中西部一些城市。通过初步分析可知，生产性服务业集聚水平与制造业碳排放效率水平具有高度的契合性和相关性。

第四，通过构建面板计量回归模型，采用2003—2018年285个地级及以上城市面板数据，实证研究城市生产性服务业集聚对制造业碳排放效率的影响以及作用大小，结论如下。

①总体来看，生产性服务业集聚能够显著提升城市制造业碳排放效率水平。中国城市制造业碳排放效率存在明显的时期滞后性。特大及超大城市生产性服务业集聚均有利于提高制造业碳排放效率。大城市生产性服务业集聚对本城市制造业碳排放效率产生了显著的降低作用。中等城市和小城市生产性服务业集聚均未对城市制造业碳排放效率产生明显影响。对于东部地区而言，生产性服务业集聚对制造业碳排放效率的提升效应并未得到明显的支持。相反，在中部地区、西部地区和东北部地区，生产性服务业集聚能明显地提升制造业碳排放效率水平。专业化生产性服务业集聚和多样化生产性服务业集聚对制造业碳排放效率的影响为正，且至少在10%的水平上显著，表明两种生产性服务业集聚模式均有利于制造业碳排放效率水平的提升。相比多样化生产性服务业集聚，专业化生产性服务业集聚对提高制造业碳排放效率的作用更大。

②根据研究结论提出如下政策建议：合理引导生产性服务业在空间上的有序集聚。通过政策引导加强生产性服务业在城市的空间集聚，通过规模经济效应、技术外溢效应、竞争效应提高制造业碳排放效率。调整生产性服务业的内部结构，使之与制造业技术水平和城市规模等级相匹配。从城市功能、发展定位、产业结构和资源禀赋出发，适当控制低端生产性服务业的过度扩张，大力提升高端生产性服务业的发展水平。特大和超大城市的生产性服务业集聚应同时满足产业结构优化升级对生产性服务的高端

化需求。大城市应在保证生产性服务业专业化发展的同时不断扩展生产性服务的种类和服务外延，以适应制造业发展和制造业结构调整对生产性服务的需求。对我国中小城市而言，应避免生产性服务业发展中形成"低质量、高水平"的集聚模式，以特色生产性服务业集聚推进制造业碳排放效率的提升。根据不同地区集聚程度、模式和工业发展阶段特征，采取差异化的发展策略。

第五，采用门限回归模型实证分析了我国生产性服务业集聚对制造业碳排放效率的门限特征，主要结论如下。

①生产性服务业集聚对制造业碳排放效率的影响受生产性服务业集聚本身和城市规模这两个门限变量的约束而呈现出非线性特征。具体表现在：生产性服务业空间集聚对制造业碳排放效率产生推动作用，但却呈现倒 U 形的影响，当生产性服务业集聚度小于 4.2532 时，生产性服务业集聚对制造业碳排放效率的影响较大；当生产性服务业集聚系数跨过 4.2532 门限值后，生产性服务业集聚对制造业碳排放效率的推动作用变小。城市规模对制造业碳排放效率表现为双门限特征：当城市规模小于 105.3296 万人时，城市规模对制造业碳排放效率水平有促进作用；当城市规模介于门限值 105.3296 万人和 1123.6275 万人之间时，对制造业碳排放效率的影响达到最高；然而，当城市规模迈过第二个门限值 1123.6275 万人时，对制造业碳排放效率促进作用下降。这意味着适度的生产性服务业集聚程度的城市规模才能激发生产性服务业集聚对制造业碳排放效率的有效促进作用。

②各城市应加快推进"双轮驱动"的产业发展战略，努力打造与制造业发展相适应的支持性生产服务体系，加强生产性服务业与制造业的空间协同集聚与产业互动。实施差异化的生产性服务业集聚政策。对于生产性服务业集聚程度很高且产生明显的"拥挤效应"的城市和已跨越或临近门限值的城市，应适度控制地区内的生产性服务业发展。

第六，生产性服务业集聚对制造业碳排放效率的影响存在空间溢出效应，利用空间面板模型实证研究不同行业和不同规模城市的生产性服务业集聚对制造业碳排放效率的直接效应和空间溢出效应，主要结论如下。

①生产性服务业集聚系数直接效应显著为正，说明生产性服务业集聚

能够显著提升本城市制造业碳排放效率水平；生产性服务业集聚系数间接效应系数也显著为正，说明邻近城市生产性服务业集聚会对本城市制造业碳排放效率产生正向的空间溢出效应。生产性服务业集聚对制造业碳排放效率的外溢效应具有明显的空间衰减特征，空间溢出效应的有效边界为350千米。

②特大及超大城市生产性服务业集聚均有利于提高本城市制造业碳排放效率，且在350千米范围内，邻近城市生产性服务业集聚对本城市的制造业碳排放效率也产生了积极影响。大城市生产性服务业集聚对本城市制造业碳排放效率产生了不利影响，而邻近城市生产性服务业集聚对本城市制造业碳排放效率产生了显著的提升作用。中等城市和小城市生产性服务业集聚均未对本城市制造业碳排放效率产生明显影响，而且邻近城市生产性服务业集聚也未对本城市制造业碳排放效率产生显著影响。

③东部地区，生产性服务业集聚对提高本城市制造业碳排放效率不显著，在350千米范围内，邻近城市的生产性服务业集聚对本城市制造业碳排放效率产生了积极影响。中部地区，生产性服务业集聚对本城市制造业碳排放效率产生了显著的提升作用，邻近城市生产性服务业集聚对本城市制造业碳排放效率也产生了显著的提升作用。西部和东北部地区，生产性服务业集聚均对本城市制造业碳排放效率产生明显正向影响，但邻近城市生产性服务业集聚均未对本城市制造业碳排放效率产生显著影响。

④低端生产性服务业的集聚未对本城市制造业碳排放效率产生明显的影响，但邻近城市低端生产性服务业集聚显著降低了本城市制造业碳排放效率水平。高端生产性服务业的集聚对本城市制造业碳排放效率产生了明显的提升作用，邻近城市的高端生产性服务业的集聚也对本城市制造业碳排放效率产生了促进作用。

⑤专业化生产性服务业集聚以及多样化生产性服务业集聚对本城市制造业碳排放效率产生明显的正向影响，同时在350千米范围内，邻近城市专业化和多样化生产性服务业集聚也提高了本城市制造业碳排放效率水平。相比多样化生产性服务业集聚，专业化生产性服务业集聚对本城市制造业碳排放效率的正向影响较大；相比专业化生产性服务业集聚，多样化生产

性服务业集聚在 350 千米范围内，邻近城市对本城市制造业碳排放效率的正向影响较大。

⑥生产性服务业集聚对制造业碳排放效率的空间外溢效应有效边界分别为 350 千米，这与一小时经济群或城市群的空间范围基本一致。因此要有效发挥生产性服务业集聚对制造业碳排放效率的提升作用，必须以城市群为载体统筹发展和规划。发挥生产性服务业的空间集聚的外溢效应，就要加强区域间生产性服务业的合作和互补，形成有序的分工合作格局，提升整体制造业碳排放效率水平。

第七，生产性服务业集聚通过规模经济效应、技术溢出效应和竞争效应提高制造业碳排放效率，这三种中介效应可以分别解释生产性服务业集聚提升制造业碳排放效率总效应的 11.04%、23.33% 和 14.31%。

①东部地区，生产性服务业集聚引致的规模效应、技术效应和竞争效应占总效应的比例分别为 11.50%、23.24% 和 11.10%。东部地区生产性服务业集聚主要通过技术效应对制造业碳排放效率产生影响。中部地区，生产性服务业集聚引致的规模效应、技术效应和竞争效应占总效应的比例分别为 12.73%、11.99% 和 13.36%，三种中介效应的大小排序为：竞争效应>规模效应>技术效应。西部地区，规模效应、技术效应对提高制造业碳排放效率具有中介效应，但竞争效应没有通过显著性检验。东北部地区，生产性服务业集聚引致的规模效应、技术效应和竞争效应占总效应的比例分别为 6.97%、6.95% 和 7.13%。东北部地区，生产性服务业集聚的中介效应占比较小，说明东北部地区生产性服务业集聚对制造业碳排放效率的中介作用未得到有效发挥。

②特大及超大城市，生产性服务业集聚引致的规模效应、技术效应和竞争效应占总效应的比例分别为 7.52%、7.11% 和 7.99%。相比于整体样本中中介效应占总效应的比例，特大及超大城市三种中介效应普遍偏小。大城市生产性服务业集聚引致的规模效应、技术效应和竞争效应占总效应的比例分别为 13.96%、26.04% 和 15.93%，相比于整体样本中中介效应占总效应的比例，大城市的三种中介效应较大。中等城市，由生产性服务业集聚引致的规模效应、技术效应占总效应的比例分别为 10.72% 和 21.60%，

竞争效应的中介效应不显著。小城市，生产性服务业集聚引致的规模效应占总效应的比例为 9.55%，技术效应和竞争效应的中介效应没有通过显著性检验。

③高端生产性服务业集聚引致的规模效应、技术效应和竞争效应占总效应的比例分别为 14.35%、28.05% 和 14.36%，说明高端生产性服务业集聚会深化与制造业之间外溢效应，规模效应、技术效应和竞争效应显著。低端生产性服务业集聚引致的规模效应占总效应的比例为 9.31%。技术效应和竞争效应不显著，说明低端生产性服务业集聚技术效应和竞争效应没有得到有效发挥。

④在专业化生产性服务业集聚模式中，由生产性服务业集聚引致的规模效应、技术效应和竞争效应占总效应的比例分别为 9.52%、24.77% 和 21.28%。这说明在专业化的生产性服务业集聚模式中，技术效应和竞争效应更能有效提高制造业碳排放效率。在多样化生产性服务业集聚模式中，由生产性服务业集聚引致的规模效应、技术效应占总效应的比例分别为 17.72%、12.10%。这说明在多样化的生产性服务业集聚模式中，规模效应比技术效应更能有效提高制造业碳排放效率。竞争效应在多样化的生产性服务业集聚模式中并不显著。

⑤东部和中部地区，高端生产性服务业集聚、专业化生产性服务业集聚要发挥生产性服务业集聚的技术外溢效应对制造业碳排放效率的提升作用。西部和东北部地区，低端生产性服务业集聚需要充分挖掘生产性服务业集聚对制造业碳排放效率的中介作用。大城市要合理引导生产性服务业有序集聚，充分发挥规模效应、技术效应和竞争效应对制造业碳排放效率的提升作用。特大及超大城市的生产性服务业要避免过度集聚阻碍中介效应的发挥。

第八，从优化生产性服务业要素空间集聚形态的角度，提出促进制造业碳排放效率提高的政策措施。

①营造生产性服务业集聚发展的有利环境。健全生产性服务业发展的政策体系，对生产性服务业的行业准入政策进行清理，破除行业垄断、进入门槛等隐形限制。建立公开透明、高效规范的市场监管机制，发挥好政

府和行业协会的作用，吸引要素向生产性服务业领域合理集聚。加大知识产权保护力度，鼓励企业自主创新，支持创新型服务业团队培养。

②优化调整生产性服务业空间布局结构。合理引导生产性服务业在空间上有序集聚，调整生产性服务业的内部结构，使之与制造业技术水平和城市规模相匹配。大城市应进一步同时强化生产性服务业专业化和多样化集聚效应，瞄准国际技术前沿努力推进制造业转型升级和碳排放效率的提高。中小城市生产性服务集聚应以适应主导制造业发展需求为目标，通过特色生产性服务业专业化集聚提升制造业碳排放效率。

③实施差异化的生产性服务业集聚政策。对不同规模城市采取不同的生产性服务业集聚政策，特大和超大城市的生产性服务业集聚应同时满足产业结构优化升级对生产性服务的高端化需求。大城市应在保证生产性服务业专业化发展的同时不断扩展生产性服务的种类和服务外延，以适应工业发展和工业结构调整对生产性服务的需求。对我国中小城市而言，应避免生产性服务业发展中形成"低质量、高水平"的集聚模式，以特色生产性服务业集聚推进制造业碳排放效率的提升。根据不同地区集聚程度和工业发展阶段特征，采取差异化的发展策略，在生产性服务业水平较高的东部地区，通过制定更加严格的减排政策倒逼集聚企业的研发活动和技术升级，在提高企业生产效率和竞争力的同时促进制造业碳排放效率的提升。中西部地区可利用政策和资源优势吸引投资和产业转移，促进该区域的生产性服务业集聚与制造业协调发展。

④促进生产性服务业与制造业互动融合。从生产性服务业的供求两端强化产业互动融合，从需求方面看，制造业应加快产业链延伸并推进服务外包进程；从供给方面看，生产性服务业应围绕制造业转型升级的需要不断优化供给结构。努力实现生产性服务业与制造业动态契合，一方面，因地制宜地发展与当地经济状况相匹配的生产性服务业，加强与互补性、关联性强的制造企业沟通协作；另一方面，要全面考虑当地制造企业的发展需求、潜在实力、技术能力和转型升级情况，推动形成优势互补、上下游紧密合作的良性产业链条。搭建生产性服务业与制造业融合发展的互动平台，政府应发挥主导作用，通过对两个产业的监控，完成信息的收集、分

析归类和发布等工作。

⑤以城市群为载体构建分工与合作格局。推进城市制造业碳排放的联防联控和协同治理，以城市群为载体统筹发展和规划，实现生产性服务业集聚效应在空间上的有效发挥。激发生产性服务业集聚的综合优势，加强区域间生产性服务业的合作和互补，形成有序的分工合作格局，提升整体制造业碳排放效率水平。

⑥畅通生产性服务业集聚外部溢出渠道。充分发挥产业集聚的正外部性，合理控制生产性服务业的集聚规模，避免拥挤效应等负外部性。畅通生产性服务业空间集聚的外溢效应，加强区域间生产性服务业的合作和互补，形成有序的分工合作格局，通过信息化提升生产性服务业的服务效率，尽量提高空间外溢衰减的地理距离，让生产性服务业集聚对制造业碳排放效率的提升作用更加显著。

10.2 研究展望

本书从理论和实证方面探讨了生产性服务业集聚对制造业碳排放效率的影响及作用，为依托生产性服务业集聚提高制造业碳排放效率提供政策支撑。笔者认为，对于这一问题的研究还有待从以下几个方面进行深入剖析：

第一，在制造业碳排放效率的测算过程中，受数据的约束，地级及以上城市没有直接的制造业行业的能源消耗数据和碳排放数据，在测算过程中，本书假设每个城市的能源强度等于该城市所属省（市）的能源强度，这意味着每个城市具有相同水平的减排技术。但是，直辖市和省会城市的经济发展程度和技术水平要比一般地级城市高，这可能会存在一定的误差。随着国家"碳达峰、碳中和"目标的逐步推进，相关数据库的建设也会持续完善，随着地级市制造业行业的能源消耗数据库的建立，可以精确地测算相关能源消耗和碳排放数据，大大提高研究的精确度。

第二，在异质性检验中，本书仅考虑了不同规模城市、不同地域空间、不同层次生产性服务业集聚以及不同生产性服务业集聚模式这四种异质性情况，但是生产性服务业集聚对制造业碳排放效率的影响受诸多层面的约束，也可能存在多种异质性，在以某一个特定城市为研究对象的过程中，需要综合考虑城市区位特征、产业结构、政府政策等其他方面的因素。

第三，在实证研究生产性服务业集聚对制造业碳排放效率影响的门限效应中，本书只考虑了生产性服务业集聚本身以及城市规模的门限特征，在数据可得性的基础上，可以考虑其他的门限特征变量。

第四，在实证研究生产性服务业集聚对制造业碳排放效率影响机制部分，本书提出了生产性服务业集聚主要通过规模经济效应、技术外溢效应和竞争效应影响制造业碳排放效率，但这三种中介效应还是比较宏观，在以后的研究中，对影响机制的分析可以进一步细化。

第五，本书实证分析部分采用的是地级及以上城市的面板数据，在数据可获取的情况下，可以进一步把研究对象下沉到县级城市，为县级城市生产性服务业集聚提高制造业碳排放效率提供决策参考。

第六，未来的研究可以结合"碳达峰、碳中和"发展目标，探讨"碳达峰、碳中和"愿景下，依托生产性服务业集聚提高制造业碳排放效率的机制和路径。

参考文献

[1] 韩峰，谢锐. 生产性服务业集聚降低碳排放了吗？——对我国地级及以上城市面板数据的空间计量分析 [J]. 数量经济技术经济研究，2017 (3)：40-58.

[2] 习近平：2030 年左右中国二氧化碳排放达峰值 [EB/OL]. (2015-12-01) [2020-09-01]. http://phtv.ifeng.com/a/20151201/41515731_0.shtml.

[3] 习近平在气候雄心峰会上的讲话 [EB/OL]. (2020-12-13) [2021-12-01]. http://www.gov.cn/xinwen/2020-12/13/content_5569138.htm.

[4] 王惠，卞艺杰，王树乔. 出口贸易、工业碳排放效率动态演进与空间溢出 [J]. 数量经济技术经济研究，2016 (1)：3-19.

[5] 曲晨瑶，李廉水，程中华. 产业聚集对中国制造业碳排放效率的影响及其区域差异 [J]. 软科学，2017 (1)：34-38.

[6] 李晓阳，代柳阳，牟士群，等. 生产性服务业集聚与制造业绿色转型升级——信息通信技术的调节作用 [J]. 西南大学学报（社会科学版），2022，48 (1)：83-96.

[7] LIU X P, ZHANG X L. Industrial agglomeration, technological innovation and carbon productivity: evidence from China[J]. Resources, conservation & recycling, 2021, 166.

[8] 陆凤芝，王群勇. 相向而行还是背道而驰：生产性服务业集聚与污染减排 [J]. 华中科技大学学报（社会科学版），2021，35 (2)：41-53.

[9] 林伯强，谭睿鹏. 中国经济集聚与绿色经济效率 [J]. 经济研究，2019 (2)：119-132.

[10] 周五七，聂鸣. 中国工业碳排放效率的区域差异研究——基于非参数前沿的实证分析 [J]. 数量经济技术经济研究，2012 (9)：58-71.

[11] 段文斌，刘大勇，皮亚彬. 现代服务业集聚的形成机制：空间视角下的理论与经验分析 [J]. 世界经济，2016 (3)：144-165.

[12] 韩峰，严伟涛，王业强. 生产性服务业集聚与城市环境质量升级——基于土地市场调节效应的研究 [J]. 统计研究，2021，38 (5)：42-54.

[13] 刘胜，顾乃华. 行政垄断、生产性服务业集聚与城市工业污染——来自 260 个地级及以上城市的经验证据 [J]. 财经研究，2015 (11)：95-107.

[14] 王许亮. 服务业集聚对中国服务业碳生产率的影响研究 [D]. 武汉：武汉理工大学，2020：35-38.

[15] 袁冬梅，李恒辉. 生产性服务业集聚提高了中国城市经济效率吗？——基于产业层次和城市规模差异视角的检验 [J]. 厦门大学学报（哲学社会科学版），2021 (2)：125-136.

[16] 赵凡. 产业协同集聚对城市能源消费碳排放的影响研究 [D]. 武汉：中南财经政法大学，2021：1-10.

[17] 聂永有，姚清宇. 长三角地区生产性服务业集聚与碳排放效率——基于 SDM 与 PTR 模型的实证检验 [J]. 工业技术经济，2022，41 (6)：111-119.

[18] CZAMANSKI S. Study of clustering of industries[M]. Halifax：Dalhousie University Press，1974.

[19] KRUGMAN P. Space：the final frontier[J]. Journal of economic perspectives，1998 (2)：161-174.

[20] PORTER E M. Clusters and the new economics of competition[J]. Harvard business review，1998 (76)：77-90.

[21] 李世杰，胡国柳，高健. 转轨期中国的产业集聚演化：理论回顾、研究进展及探索性思考 [J]. 管理世界，2014 (4)：165-170.

[22] 赫希曼. 经济发展战略 [M]. 曹征海，潘照东，译. 北京：经济科学出版社，1991.

[23] MARSHALL A. Principles of economics：an introductory volume[M]. Social Science Electronic Publishing，1920.

[24] 韦伯. 工业区位论 [M]. 李刚剑，陈志人，张英保，译. 北京：商务印书馆，1997：1-5.

[25] HOOVER E M. The measurement of industrial localization[J]. The review of economics and statistics，1936，18 (4)：162-171.

[26] ALONSO W. Location and land use：toward a general theory of land rent[J]. Economic geography，1964，42 (3)：11-26.

[27] 张冰，金戈. 中小企业空间集聚的负外部性分析 [J]. 科技管理研究，2009 (5)：457-458.

[28] ROMER D. A simple general equilibrium version of the Baumol-Tobin Model[J]. Quar-

terly journal of economics, 1986, 101 (4): 663-686.

[29] LUCAS R E. On the mechanics of economic development[J]. Journal of monetary economics, 1988 (1): 3-42.

[30] HANLON W W, MISCIO A. Agglomeration: a long-run panel data approach[J]. Journal of urban economics, 2017, 99 (1): 1-14.

[31] MELO P C, GRAHAM D J, LEVINSON D, et al. Agglomeration, accessibility and productivity: evidence for large metropolitan areas in the US[J]. Urban studies, 2017, 54 (1): 179-195.

[32] MARSHALL A. Principles of economics[M]. London: Macmillan, 1890.

[33] FUJITA M, KRUGMAN P. The new economic geography: past, present and the future[J]. Papers in regional science, 2004, 83 (4): 139-164.

[34] CHRISTALLER W. Central places in southern Germany[J]. Journal of regional science, 1933 (36): 631-651.

[35] KRUGMAN P. First nature, second nature, and metropolitan location[J]. Journal of regional science, 1993, 33 (3740): 129-144.

[36] KRUGMAN P. Increasing returns and economic geography[J]. Journal of political economy, 1991, 99 (3): 483-499.

[37] BALDWIN R. Agglomeration and endogenous capital[J]. European economic review, 1999 (43): 253-280.

[38] VENABLES A J. Equilibrium locations of vertically linked industries[J]. International economic review, 1996, 37 (2): 341-359.

[39] BALDWIN R, FORSLID R. The core-periphery model and endogenous growth: stabilizing and destabilizing Integration[J]. Economica, 2000 (67): 307-324.

[40] FUJITA M, THISSE J F. Economics of agglomeration: cities, industrial location and regional growth[M]. Cambridge: Cambridge University Press, 2002.

[41] GREENAWAY D, KNELLER R. Exporting, productivity and agglomeration[J]. European economic review, 2008 (52): 919-939.

[42] PUGA D. The magnitude and causes of agglomeration economies[J]. Journal of regional science, 2010 (50): 203-219.

[43] DRUCKER J, FESER E. Regional industrial structure and agglomeration economies: an analysis of productivity in three manufacturing industries[J]. Regional science and urban economics, 2012 (42): 1-14.

［44］ 林毅夫. 经济发展与转型：思潮、战略与自身能力 ［M］. 北京：北京大学出版社，2008.

［45］ KANBUR R，ZHANG X B. Fifty years of regional inequality in China：a journey through central planning，reform and openness［J］. Review of development economics，2005 (9)：87-106.

［46］ 刘晓伟. 服务业集聚与城市生产率：演化机理与实证研究 ［D］. 兰州：兰州大学，2019：1-50.

［47］ 曾光，周伟林. 产业聚集理论及进展 ［J］. 江淮论坛，2005 (6)：5-10.

［48］ 彭娜. 生产性服务业集聚与技术进步之间关系的研究 ［D］. 上海：上海师范大学，2021：5-32.

［49］ TICHY G. Clusters：less dispensable and more risky than ever，clusters and regional specialization［M］. London：Poin Limited，1998.

［50］ POTTER A，WATTS H D. Evolutionary agglomeration theory：increasing returns，diminishing returns，and the industry life cycle［J］. Journal of economic geography，2011 (11)：417-455.

［51］ 查志刚，王全纲，刘东皇. 产业集群内生机理与成长期政府策略选择 ［J］. 江淮论坛，2019 (6)：88-94.

［52］ 冯富帅. 可持续发展理论下的地区产业发展对策——以巴彦淖尔为例 ［J］. 江苏商论，2020 (33)：105-106.

［53］ 和原芳. 资源和环境约束下山西省产业结构调整研究 ［D］. 呼和浩特：内蒙古财经大学，2014：15-22.

［54］ 朱宏任：企业在实现 2030 年可持续发展目标中的责任和任务 ［EB/OL］. (2020-03-12) ［2021-06-05］. http：//www. tanpaifang. com/ESG/2020031268955. html.

［55］ 宋海云，赵天，张晓萱，等. 新型城镇化绿色低碳发展的理论基础及启示 ［J］. 中国经贸导刊 (中)，2018 (35)：94-97.

［56］ SONG M L，ZHAO X，SHANG Y P. The impact of low-carbon city construction on ecological efficiency：empirical evidence from quasi-natural experiments［J］. Resources，conservation and recycling，2020 (6)：114-121.

［57］ 王丽珊. 浅谈我国低碳发展理论基础及政策导向 ［J］. 资源节约与环保，2018，202 (9)：146.

［58］ 杨永利. 我国低碳经济法律政策分析 ［J］. 中国市场，2018 (11)：171-171.

［59］ 刘细良. 低碳经济与人类社会发展 ［N］. 光明日报，2009-06-02 (10).

［60］ 王美多，陈伟. 绿色经济视野下的低碳经济发展新论［J］. 现代经济信息，2018（17）：13-14.

［61］ 董静，黄卫平. 西方低碳经济理论的考察与反思：基于马克思生态思想视角［J］. 当代经济研究，2018（2）：37-45，97.

［62］ 田玉川. 传统经济和循环经济的理论研究［J］. 山西农经，2019（1）：28-29.

［63］ 张婕予. 循环经济理论下企业信息化发展策略探讨［J］. 中国集体经济，2020（3）：32-33.

［64］ 肖良武，蔡锦松. 生态经济学教程［M］. 成都：西南财经政法大学出版社，2013.

［65］ 循环经济是我国实现可持续发展战略的重要途径［EB/OL］.（2017-07-30）［2021-06-06］. https://www. unjs. com/zuixinxiaoxi/ziliao/20170731000008＿1411137. html.

［66］ 邓永波. 马克思分工理论与产业重构研究［J］. 社会科学辑刊，2019（6）：92-99.

［67］ NORGAARD R B. Environmental economies：an evolutionary critique and plea for pluralism［J］. Journal of environmental economics and management，1985，12（4）：382-394.

［68］ HODGSON G M. Darwinism in economics：from an alogytoontology［J］. Journal of evolutionary economics，2002，12（3）：259-281.

［69］ MURMANN J P. Knowledge and competitive advantage：the coevolution of firms，technology，and national in stitutions［M］. Cambridge：Cambridge University Press，2003：43-23.

［70］ 郑春勇. 西方学术界关于协同演化理论的研究进展及其评价［J］. 河北经贸大学学报，2011，32（5）：14-19.

［71］ 刘奕，夏杰长，李垚. 生产性服务业集聚与制造业升级［J］. 中国工业经济，2017（7）：24-42.

［72］ DURANTO G，PUGA D. Nursery cities：urban diversity，process innovation，and the life cycle of products［J］. American economic review，2001，91（5）：1454-1477.

［73］ 茅锐. 产业集聚和企业的融资约束［J］. 管理世界，2015（2）：58-71.

［74］ 梁琦. 中国工业的区位基尼系数——兼论外商直接投资对制造业集聚的影响［J］. 统计研究，2003（9）：21-25.

［75］ 盛龙，陆根尧. 中国生产性服务业集聚及其影响因素研究——基于行业和地区层面的分析［J］. 南开经济研究，2013（10）：115-129.

［76］ ELLISION G，GLAESER E L. Geographic concentration in US manufacturing industries：a dartboard approach [R]. NBER working paper, 1994.

[77] 刘杨, 蔡宏波. 契约环境与服务业集聚——基于中国服务业企业数据的分析 [J]. 经济学动态, 2017 (5)：78-88.

[78] CICCONE A, HALLR. Productivity and the density of economic activity [J]. American economic review, 1996, 86 (1)：54-70.

[79] 范剑勇. 产业集聚与地区间劳动生产率差异 [J]. 经济研究, 2006 (11)：72-81.

[80] 张可, 汪东芳. 经济集聚与环境污染的交互影响及空间溢出 [J]. 中国工业经济, 2014 (6)：70-82.

[81] DURANTON G, OVERMAN H G. Testing for localization using micro-geographic data [J]. Review of economic studies, 2005, 72 (4)：1077-1106.

[82] LONG C, ZHANG X B. Cluster-based industrialization in China：financing and performance [J]. Journal of international economics, 2011, 84 (1)：112-123.

[83] 王永进, 盛丹. 地理集聚会促进企业间商业信用吗 [J]. 管理世界, 2013 (1)：101-114.

[84] KEEBLE D, NACHUM L. Why do business service firms cluster? small consultancies, clustering and decentralization in London and Southern England [J]. Royal geographical society, 2002, 27 (1)：67-90.

[85] 唐珏岚. 国际化大都市与生产性服务业集聚 [J]. 世界经济与政治, 2004 (11)：64-65.

[86] 杨帆. 生产性服务业发展的动力机制与空间效应研究进展 [J]. 地理科学进展, 2018, 37 (6)：750-760.

[87] 刘辉煌, 雷艳. 中部城市生产性服务业集聚及其影响因素研究 [J]. 统计与决策, 2012 (8)：108-110.

[88] 韩明华. 生产性服务业的集聚化发展研究——基于与制造业互动的视角 [J]. 科技与管理, 2009, 11 (6)：39-43.

[89] 姚战琪. 生产性服务中间投入、制造业服务化对中国制造业出口的影响——基于全球价值链视角的研究 [J]. 北京工商大学学报 (社会科学), 2019, 34 (4)：1-10.

[90] WANG Y, WANG J. Does industrial agglomeration facilitate environmental performance：new evidence from urban China? [J]. Journal of environmental management, 2019, 248 (10)：1-11.

[91] PANDIT N R, COOK G A S, SWANN P G M. The dynamics of industrial clustering in

British financial services[J]. Service industries journal, 2001, 21 (4): 33-61.

[92] ROLF S. Producer services, transaction activities, and cities: rethinking occupational cate-gories in economic geographys [J]. Europen planning studies, 2002, 10 (6): 210-240.

[93] 张波. 辽宁省生产性服务业集聚区发展的动力机制及对策研究 [J]. 现代管理科学, 2012 (3): 40-42.

[94] HANSEN N. Do producer services induce regional economic development[J]. Journal of regional science, 1990 (4): 465-476.

[95] MACPHERSON A. The role of producer service out sourcing in the innovation performance of New York state manufacturing firms[J]. Annals of the association of American geogra-phers, 1997: 52-71.

[96] HELSLEY R W, STRANGE W C. Coagglomeration, clusters, and the scale and composition of cities[J]. Journal of political economy, 2014, 122 (5): 1064-1093.

[97] 唐珏岚. 原生与嵌入: 上海生产性服务业集聚区形成的两种模式 [J]. 当代经济管理, 2010 (12): 49-53.

[98] 王琢卓, 韩峰, 赵玉奇. 生产性服务业对经济增长的集聚效应研究——基于中国地级城市面板 VAR 分析 [J]. 经济经纬, 2012 (4): 1-5.

[99] 吉亚辉, 甘丽娟. 生产性服务业集聚与经济增长的空间计量分析 [J]. 工业技术经济, 2015, 34 (7): 46-53.

[100] 于斌斌. 中国城市生产性服务业集聚模式选择的经济增长效应——基于行业、地区与城市规模异质性的空间杜宾模型分析 [J]. 经济理论与经济管理, 2016 (1): 98-112.

[101] 曾艺, 韩峰, 刘俊峰. 生产性服务业集聚提升城市经济增长质量了吗 [J]. 数量经济技术经济研究, 2019 (5): 83-100.

[102] 韩峰, 洪联英, 文映. 生产性服务业集聚推进城市化了吗? [J]. 数量经济技术经济研究, 2014 (12): 3-21.

[103] 惠炜, 韩先锋. 生产性服务业集聚促进了地区劳动生产率吗? [J]. 数量经济技术经济研究, 2016 (10): 37-56.

[104] 张萃. 生产性服务业集聚对中国城市生产率增长的影响——基于城市等级体系视角的分析 [J]. 城市问题, 2016 (6): 61-69.

[105] 刘丽萍, 刘家树. 生产性服务业集聚、区域经济一体化与城市创新经济增长 [J]. 经济经纬, 2019, 36 (5): 25-32.

[106] 李斌, 杨冉. 生产性服务业集聚与城市经济绩效 [J]. 产业经济研究, 2020 (1): 128-142.

[107] 孙畅, 曾庆均. 生产性服务业集聚能否促进我国产业结构优化升级? ——基于 2005—2013 年省际面板数据的实证检验 [J]. 科技管理研究, 2017 (1): 105-110.

[108] 张治栋, 黄钱利. 产业集聚对产业结构升级的影响——基于空间计量和面板门槛模型的实证分析 [J]. 当代经济管理, 2021 (2): 57-64.

[109] 于斌斌. 生产性服务业集聚如何促进产业结构升级? ——基于集聚外部性与城市规模约束的实证分析 [J]. 经济社会体制比较, 2019 (2): 30-43.

[110] OTSUKA A, GOTO M, SUEYOSHI T. Industrial agglomeration effects in Japan: productive efficiency, market access, and public fiscal transfer [J]. Papers in regional science, 2010, 89 (4): 819-840.

[111] 程中华, 李廉水, 刘军. 生产性服务业集聚对工业效率提升的空间外溢效应 [J]. 科学学研究, 2017, 35 (3): 364-371, 378.

[112] 余泳泽, 刘凤娟. 生产性服务业空间集聚对环境污染的影响 [J]. 财经问题研究, 2017 (8): 23-29.

[113] 郭然, 原毅军. 生产性服务业集聚、制造业集聚与环境污染——基于省级面板数据的检验 [J]. 经济科学, 2019 (1): 82-94.

[114] 杨校美, 张永进, 曾瑞, 等. 生产性服务业集聚对环境污染的影响研究——来自长江经济带城市的证据 [J]. 南京财经大学学报, 2021 (6): 99-108.

[115] 任阳军, 何彦, 李伯棠, 等. 生产性服务业集聚对环境污染的空间溢出效应研究 [J]. 技术经济, 2019 (12): 67-76.

[116] 于斌斌. 生产性服务业集聚与能源效率提升 [J]. 统计研究, 2018, 35 (4): 30-40.

[117] 刘城宇, 韩峰. 生产性服务业集聚有助于降低碳排放吗 [J]. 南京财经大学学报, 2017 (1): 91-101.

[118] 李小帆, 张洪潮. 产业集聚对碳排放的影响研究——以城镇化水平为门槛的非线性分析 [J]. 生态经济, 2019, 35 (10): 31-36.

[119] 孔令夷, 邢宁. 生产性服务业与制造业的互动差异——基于区域及行业视角 [J]. 山西财经大学学报, 2019, 41 (4): 46-62.

[120] 宣烨. 生产性服务业空间集聚与制造业效率提升——基于空间外溢效应的实证研究 [J]. 财贸经济, 2012 (4): 121-128.

［121］于斌斌. 生产性服务业集聚能提高制造业生产率吗？——基于行业、地区和城市异质性视角的分析［J］. 南开经济研究，2017（2）：112-132.

［122］余泳泽，刘大勇，宣烨. 生产性服务业集聚对制造业生产效率的外溢效应及其衰减边界——基于空间计量模型的实证分析［J］. 金融研究，2016（2）：23-36.

［123］盛丰. 生产性服务业集聚与制造业升级：机制与经验——来自230个城市数据的空间计量分析［J］. 产业经济研究，2014（3）：32-39.

［124］韩同银，李宁. 河北省生产性服务业集聚对制造业升级的影响——基于京津冀协同发展视角［J］. 河北经贸大学学报，2017，38（5）：83-88.

［125］韩峰，阳立高. 生产性服务业集聚如何影响制造业结构升级？一个集聚经济与熊彼特内生增长理论的综合框架［J］. 管理世界，2020（2）：72-94.

［126］江茜，王耀中. 生产性服务业集聚与制造业竞争力［J］. 首都经济贸易大学学报，2015（12）：74-80.

［127］宣烨，余泳泽. 生产性服务业集聚对制造业企业全要素生产率提升研究——来自230个城市微观企业的证据［J］. 数量经济技术经济研究，2017，34（2）：89-104.

［128］于斌斌，吴丹. 生产性服务业集聚如何提升制造业创新效率？——基于集聚外部性的理论分析与实证检验［J］. 科学决策，2021（3）：18-35.

［129］李强. 基于城市视角下的生产性服务业与制造业双重集聚研究［J］. 商业经济与管理，2013（1）：70-78.

［130］杨仁发. 产业集聚与地区工资差距——基于我国269个城市的实证研究［J］. 管理世界，2013（8）：41-52.

［131］豆建民，刘叶. 生产性服务业与制造业协同集聚是否能促进经济增长——基于中国285个地级市的面板数据［J］. 现代财经（天津财经大学学报），2016，36（4）：92-102.

［132］张素庸，汪传旭，任阳军. 生产性服务业集聚对绿色全要素生产率的空间溢出效应［J］. 软科学，2019，33（11）：11-15，21.

［133］曾庆均，王纯，张晴云. 生产性服务业集聚与区域创新效率的空间效应研究［J］. 软科学，2019，33（1）：24-28.

［134］林秀梅，曹张龙. 中国生产性服务业集聚对产业结构升级的影响及其区域差异［J］. 西安交通大学学报（社会科学版），2020，40（1）：30-37.

［135］KAYA Y，YOKOBORI K. Environment，energy and economy：strategies for sustainability［M］. Delhi：Bookwell Publications，1999.

[136] GUO X D,ZHU L,FAN Y,et al. Evaluation of potential in carbon emissions in Chinese prov-
inces based on environmental DEA[J]. Energy policy, 2011, 39 (5): 2352 – 2360.

[137] CHUNG Y H,FARE R,GROSSKOPY S. Productivity and undesirable outputs:a direc-
tional distance function approach[J]. Journal of environmental management, 1997, 51
(3): 229-240.

[138] 李小胜, 张焕明. 中国碳排放效率与全要素生产率研究 [J]. 数量经济技术经济
研究, 2016 (8): 64-79, 161.

[139] MARKLUNDA P O,SAMAKOVLISB E. What is driving the EU burden-sharing agree-
ment:efficiency or equity? [J]. Journal of environmental management, 2007, 85 (2):
317-329.

[140] GOMEZ-CALVET R. Energy efficiency in the European Union:what can be learned from
the joint application of directional distance functions of directional distance functions and
slacks-based measures? [J]. Applied energy, 2014, 132 (11): 137-154.

[141] SUEYOSHI T,GOTO M. DEA approach for unified efficiency measurement:assessment of
Japanese fossil fuel power generation [J]. Energy economics, 2011, 33
(2): 292-303.

[142] 马大来, 陈仲常, 王玲. 中国省际碳排放效率的空间计量 [J]. 中国人口・资源
与环境, 2014 (12): 67-77.

[143] 孙秀梅, 王格, 董会忠, 等. 基于 DEA 与 SE-SBM 模型的资源型城市碳排放效
率及影响因素研究——以全国 106 个资源型地级市为例 [J]. 科技管理研究,
2016 (23): 78-84.

[144] 孙秀梅, 张慧, 綦振法, 等. 我国东西地区的碳排放效率对比及科技减排路径研
究—基于三阶段 DEA 和超效率 SBM 模型的分析 [J]. 华东经济管理, 2016
(4): 74-79.

[145] Feng C,Wang M. Analysis of energy efficiency and energy savings potential in China's pro-
vincial industrial sectors[J]. Journal of cleaner production, 2017 (164): 1531-1541.

[146] 宋金昭, 郭芯羽, 王晓平, 等. 中国建筑业碳排放效率区域差异及收敛性分
析——基于 SBM 模型与面板单位根检验 [J]. 西安建筑科技大学学报（自然科
学版）, 2019 (2): 301-308.

[147] 岳立, 雷燕燕, 王杰. 中国省域旅游业碳排放效率时空特征及影响因素分析
[J]. 统计与决策, 2020 (16): 69-73.

[148] 蔺雪芹, 边宇, 王岱. 京津冀地区工业碳排放效率时空演化特征及影响因素

［J］. 经济地理, 2021 (6)：187-195.

［149］马大来. 中国区域碳排放效率及其影响因素的空间计量研究 ［D］. 重庆：重庆大学, 2015：161.

［150］李若影. 基于空间计量模型的中国交通运输业碳排放影响因素分析 ［D］. 西安：长安大学, 2017：55.

［151］蔡火娣. 基于 RAM-SFA 模型的中国二氧化碳排放效率影响因素分析 ［J］. 当代经济, 2017 (26)：86-89.

［152］宋杰鲲, 梁璐璐, 牛丹平, 等. 山东省地市碳排放效率测度、影响因素与提升对策 ［J］. 中国石油大学学报, 2018 (1)：15-21.

［153］李凯风, 倪静池, 张卓. 三大经济圈内部碳排放绩效的影响因素分析——基于外资转移视角 ［J］. 武汉金融, 2018 (3)：50-55.

［154］周杰琦, 韩颖, 张莹. 外资进入、环境管制与中国碳排放效率：理论与经验证据 ［J］. 中国地质大学学报 (社会科学版), 2016 (2)：50-62.

［155］GOKMENOGLU K, TASPINAR N. The relationship between CO$_2$ emission, energy consumption, economic growth and FDI：the case of Turkey［J］. Journal of international trade & economic development, 2016, 25 (5)：706-723.

［156］BEHERA S R, DASH D P. The effect of urbanization, energy consumption, and foreign direct investment on the carbon dioxide emission in the SSEA (South and Southeast Asian) region［J］. Renewable and sustainable energy reviews, 2017 (70)：96-106.

［157］周琳. 基于技术进步的中国省际碳排放效率研究 ［D］. 北京：中国石油大学 (北京), 2016：51.

［158］ZHENG Y, QI J, CHEN X. The effect of increasing exports on industrial energy intensity in China［J］. Energy policy, 2011, 39 (5)：2688-2698.

［159］朱德进, 杜克锐. 对外贸易、经济增长与中国二氧化碳排放效率 ［J］. 山西财经大学学报, 2013 (5)：1-11.

［160］孙爱军. 省际出口贸易、空间溢出与碳排放效率——基于空间面板回归偏微分效应分解方法的实证 ［J］. 山西财经大学学报, 2015 (3)：1-10.

［161］马艳艳, 逯雅雯. 不同来源技术进步与二氧化碳排放效率——基于空间面板数据模型的实证 ［J］. 研究与发展管理, 2017 (8)：33-41.

［162］曲晨瑶, 李廉水, 程中华. 中国制造业行业碳排放效率及其影响因素 ［J］. 科技管理研究, 2017 (4)：60-68.

［163］平智毅, 吴学兵, 吴雪莲. 长江经济带碳排放效率的时空差异及其影响因素分析

[J]. 生态经济, 2020 (3): 31-37.

[164] 方建春, 童杨, 陆洲. 财政分权、能源价格波动与碳排放效率 [J]. 重庆社会科学. 2021 (7): 5-17.

[165] 马海良, 张格琳. 偏向性技术进步对碳排放效率的影响研究——以长江经济带为例 [J]. 软科学, 2021 (7): 12.

[166] MACHLUP H F. The production and distribution of knowledge in the United States [M]. Princeton: Princeton University Press, 1962.

[167] HEALEY M J, IlBERY B W. Location & change: perspectives of economic geography [M]. New York: Oxford University Press, 1990.

[168] SEO H J, LEE Y S, KIM H S. Does international specialization in producer services warrant sustainable growth? [J]. The service industries journal, 2011, 31 (8): 1279-1291.

[169] 侯学钢, 彭再德. 上海城市功能转变与地域空间结构优化 [J]. 城市规划, 1997 (4): 8-11.

[170] 钟韵, 闫小培. 西方地理学界关于生产性服务业作用研究述评 [J]. 人文地理, 2005 (3): 12-17, 5.

[171] 程大中. 中国生产者服务业的增长、结构变化及其影响——基于投入产出法的分析 [J]. 财贸经济, 2006 (10): 45-52, 96-97.

[172] 梁红艳. 中国城市群生产性服务业分布动态、差异分解与收敛性 [J]. 数量经济技术经济研究, 2018, 35 (12): 40-60.

[173] 江曼琦, 席强敏. 生产性服务业与制造业的产业关联与协同集聚 [J]. 南开学报 (哲学社会科学版), 2014 (1): 153-160.

[174] 李平, 付一夫, 张艳芳. 生产性服务业能成为中国经济高质量增长新动能吗 [J]. 中国工业经济, 2017 (12): 5-21.

[175] 郑休休, 赵忠秀. 生产性服务中间投入对制造业出口的影响——基于全球价值链视角 [J]. 国际贸易问题, 2018 (8): 52-65.

[176] 李莉. 生产性服务业集聚对城镇化质量的影响研究 [D]. 蚌埠: 安徽财经大学, 2018.

[177] 陈建军, 陈国亮, 黄洁. 新经济地理学视角下的生产性服务业集聚及其影响因素研究——来自中国222个城市的经验证据 [J]. 管理世界, 2009 (4): 83-95.

[178] 高觉民, 李晓慧. 生产性服务业与制造业的互动机理: 理论与实证 [J]. 中国工业经济, 2011 (6): 151-160.

[179] 王恕立, 胡宗彪. 中国服务业分行业生产率变迁及异质性考察 [J]. 经济研究,

2012, 47 (4)：15-27.

[180] 盛龙，陆根尧. 中国生产性服务业集聚及其影响因素研究——基于行业和地区层面的分析 [J]. 南开经济研究, 2013 (5)：115-129.

[181] 统计局关于印发《生产性服务业统计分类 (2019)》的通知[EB/OL]. (2019-04-01) [2021-07-01]. http://www.gov.cn/gongbao/content/2019/content_5425337.htm.

[182] 李军花. 城市群视角下生产性服务业集聚对城市创新力的影响 [D]. 广州：暨南大学, 2020：15.

[183] SCOTT A J. Flexiable production systems and regional development：the rise of new industrial spaces in North America and Western Europe[J]. International journal of urban and regional research, 1988 (12)：171-186.

[184] 张树林. 现代服务业集群的机理分析 [J]. 黑龙江对外经贸, 2007 (10)：34-35.

[185] 韩峰，王琢卓，李玉双. 生产性服务业集聚与城市经济增长——基于湖南省地级城市面板数据分析 [J]. 产业经济研究, 2011 (6)：19-27.

[186] 原毅军，郭然. 生产性服务业集聚、制造业集聚与技术创新——基于省级面板数据的实证研究 [J]. 经济学家, 2018 (5)：23-31.

[187] 侯欢. 生产性服务业集聚对城市全要素生产率的影响研究 [D]. 重庆：西南大学, 2020：19.

[188] KEEBLE D, NACHUM L. Why do business service firms cluster? Small consultancies, clustering and decentralization in London and Southern England[J]. Transactions of the institute of British geographers, 2002, 27 (1)：67-90.

[189] 王帅，吴传琦. 生产性服务业集聚与城市经济增长关系研究——基于 35 个大中城市的实证分析 [J]. 技术经济与管理研究, 2019 (12)：125-130.

[190] 苏晶蕾. 生产性服务业集聚对我国制造业升级的影响研究 [D]. 长春：东北师范大学, 2018：133.

[191] 薛佳颖. 全球价值链的嵌入对中国工业碳排放效率的影响研究 [D]. 乌鲁木齐：新疆大学, 2020：56.

[192] PATTERSON M G. What is energy efficiency? [J]. Energy policy, 1996, 24 (5)：377-390.

[193] WBCSD. The business case for sustainable development：making a difference towards the earth summit 2002 and beyond[J]. Corporate environmental strategy, 2002, 9 (3)：226-235.

[194] KAYA Y, YOKOBORI K. Environment, energy and economy：strategies for sustainability

[M]. Delhi：Bookwell Publications，1999.

[195] 张莹莹. 生产性服务业集聚与中国制造业全要素生产率：理论机制与经验辨识 [D]. 西安：西北大学，2020：184.

[196] DIXIT A K，STIGLITZ J E. Monopolistic competition and optimum product diversity[J]. American economic review，1977，67（3）：297-308.

[197] CICCONE A，HALL R. Productivity and the density of economic activity[J]. American economic review，1996（86）：54-70.

[198] OTSUKA A，GOTO M，SUEYOSHI T. Energy efficiency and agglomeration economies：the case of Japanese manufacturing industries[J]. Regional science policy & practice，2014（2）：195-212.

[199] 于明远，范爱军. 生产性服务嵌入与中国制造业国际竞争力提升 [J]. 当代经济科学，2019，41（2）：88-96.

[200] 盛龙，陆根尧. 中国生产性服务业集聚及其影响因素研究——基于行业和地区层面的分析 [J]. 南开经济研究，2013（10）：115-129.

[201] QI Y G，LIU Y J. Industrial spatial structure and evolution of producer services and manufacturing[J]. Metallurgical and mining industry，2015（3）：27-135.

[202] 杨庆，江成涛，蒋旭东，等. 高技术产业集聚能提升碳生产率吗 [J]. 宏观经济研究，2021（4）：141-159.

[203] 秦松松，董正英. 科技服务业集聚对区域创新产出的空间溢出效应研究——基于本地溢出效应和跨区域溢出效应的分析 [J]. 管理现代化，2019，39（2）：40-44.

[204] 韩峰，冯萍，阳立高. 中国城市的空间集聚效应与工业能源效率 [J]. 中国人口. 资源与环境，2014（5）：72-79.

[205] 席强敏，陈曦，李国平. 中国城市生产性服务业模式选择研究——以工业效率提升为导向 [J]. 中国工业经济，2015（2）：18-30.

[206] CHENG Z. The spatial correlation and interaction between manufacturing agglomeration and environmental pollution[J]. Ecological indicators，2016，61（2）：1024-1032.

[207] KE S，HE M，YUAN C. Synergy and co-agglomeration of producer services and manufacturing：a panel data analysis of Chinese cities[J]. Regional studies，2014（11）：1829-1841.

[208] 张素庸，汪传旭，任阳军. 生产性服务业集聚对绿色全要素生产率的空间溢出效应 [J]. 软科学，2019，33（11）：11-15，21.

[209] 魏后凯，等. 中国产业集聚与集群发展战略 [M]. 北京：经济管理出版

社，2008.

[210] 杨芳. 生产性服务业集聚的经济增长效应研究 [D]. 兰州：兰州大学，2017：50.

[211] 王国顺，张凡，郑准. 我国知识密集型服务业的空间集聚水平及影响因素——基于 288 个城市数据的实证研究 [J]. 经济地理，2016 (4)：107-112.

[212] 韩峰，王琢卓，赖明勇. 中国城市生产性服务业集聚效应测度 [J]. 城市问题，2015 (9)：57-67.

[213] YANG W, LI L. Efficiency evaluation of industrial waste gas control in China: a study based on data envelopment analysis(DEA) model[J]. Journal of clean production, 2018 (179)：1-11.

[214] YU X, WU Z, ZHENG H, et al. How urban agglomeration improve the emission efficiency? A spatial econometric analysis of the Yangtze River Delta urban agglomeration in China[J]. Journal of environmental management, 2020 (260)：1-8.

[215] EZCURRA R, PASCUAL P, RAPUN M. Regional specialization in the European Union [J]. Regional studies, 2006, 40 (6)：601-616.

[216] OTSUKA A, GOTO M, SUEYOSHI T. Energy efficiency and agglomeration economies: the case of Japanese manufacturing industries[J]. Regional science policy & practice, 2014 (2)：195-212.

[217] POTTER A, WATTS H D. Evolutionary agglomeration theory: increasing returns, diminishing returns, and the industry life cycle[J]. Journal of economic geography, 2011 (11)：417-455.

[218] 季书涵，朱英明，张鑫. 产业集聚对资源错配的改善效果研究 [J]. 中国工业经济，2016 (6)：73-90.

[219] 高康，原毅军. 生产性服务业空间集聚如何推动制造业升级？ [J]. 经济评论，2020 (4)：20-36.

[220] WINTERS M S, KARIM A G, MARTAWARDYA B. Public service provision under conditions of insufficient citizen demand: insights from the urban sanitation sector in Indonesia [J]. World development, 2014 (60)：31-42.

[221] HANSEN B E. Threshold effects in non-dynamic panels: estimation, testing, and inference[J]. Journal of econometrics, 1999 (93)：345-368.

[222] CANER M, HANSEN B E. Instrumental variable estimation of a threshold model[J]. Econometric theory, 2004, 20 (5)：813-843.

[223] 侯新烁, 张宗益, 周靖祥. 中国经济结构的增长效应及作用路径研究 [J]. 世界经济, 2013 (5): 88-111.

[224] FAN CC, SCOTT AJ. Industrial agglomeration and development: a survey of spatial economic issues in East Asia and a statistical analysis of Chinese regions[J]. Economic geography, 2003 (3): 295-319.

[225] 刘习平, 盛三化. 产业集聚对城市生态环境的影响和演变规律——基于 2003—2013 年数据的实证研究 [J]. 贵州财经大学学报, 2016 (5): 90-100.

[226] 纪玉俊, 刘金梦. 产业集聚的增长与环境双重效应: 分离和混合下的测度 [J]. 人文杂志, 2018 (4): 49-59.

[227] 吕康娟, 何云雪. 长三角城市群的经济集聚、技术进步与碳排放强度——基于空间计量和中介效应的实证研究 [J]. 生态经济, 2021, 37 (1): 13-20.

[228] 黄繁华, 郭卫军. 空间溢出视角下的生产性服务业集聚与长三角城市群经济增长效率 [J]. 统计研究, 2020 (7): 66-79.

[229] 夏农: 将从财税、金融、土地、知识产权等方面提供支持 [EB/OL]. (2014-08-26) [2021-08-06]. http://www.gov.cn/2014-08/26/content_2739342.htm.

[230] 张斌. 我国知识产权保护的发展历程及展望 [J]. 财经研究, 2012 (4): 61-64.

[231] 谢果, 赵晓琴, 王悠悠, 等. 政府竞争、产业集聚与地方绿色发展 [J]. 华东经济管理, 2021, 35 (3): 74-85.

[232] 丁斐, 庄贵阳, 刘东. 环境规制、工业集聚与城市碳排放强 282 个地级市面板数据的实证分析 [J]. 中国地质大学学报 (社会科学版), 2020, 20 (3): 90-104.

[233] 孙作人, 刘毅, 田培培. 产业集聚、市场化程度与城市碳效率 [J]. 工业技术经济, 2021, 40 (4): 46-57.

[234] 肖爽爽, 董会忠, 赵艳敏. 产业集聚对碳排放强度的驱动因素及空间关联性: 以中国制造业为例 [J]. 资源开发与市场, 2020, 36 (8): 837-843.

[235] 罗超平, 朱培伟, 张璨璨, 等. 生产性服务业集聚促进了城市绿色创新吗——基于 "本地—邻地" 效应的视角 [J]. 西南大学学报 (社会科学版), 2022, 48 (1): 97-112.

[236] 朱彦. 生产性服务业集聚对中国制造业升级的影响研究 [D]. 西安: 西北大学, 2019: 128-129.

[237] 宋成镇, 陈延斌, 侯毅鸣, 等. 中国城市工业集聚与污染排放空间关联性及其影响因素 [J]. 济南大学学报 (自然科学版), 2021 (5): 452-461.

[238] 周波波. 生产性服务业集聚对绿色经济效率的影响研究 [D]. 信阳: 信阳师范

学院，2020：43.

[239] 聂晓培. 生产性服务业与制造业绿色协同发展研究 [D]. 徐州：中国矿业大学，2021：1-36.

[240] 纪玉俊，丁科华. 生产性服务业集聚与地区制造业升级——基于门槛回归模型的实证检验 [J]. 山东工商学院学报，2015，29（2）：58-64.

附表 1　生产性服务业统计分类表（2019）

代　码			名　称	国民经济行业分类代码（2017）
大类	中类	小类		
01			**研发设计与其他技术服务**	
	011		**研发与设计服务**	
		0111	生产性自然科学研究和试验发展	7310*
		0112	工程和技术研究和试验发展	7320
		0113	农业科学研究和试验发展	7330
		0114	生产性医学研究和试验发展	7340*
		0115	工业设计服务	7491
		0116	专业设计服务	7492
	012		**科技成果转化服务**	
		0121	农林牧渔技术推广服务	7511
		0122	生物技术推广服务	7512
		0123	新材料技术推广服务	7513
		0124	新能源技术推广服务	7515
		0125	三维（3D）打印技术推广服务	7517
		0126	其他生产性技术推广服务	7519*
		0127	科技中介服务	7530
		0128	创业空间服务	7540

续表

代 码			名 称	国民经济行业分类代码（2017）
大类	中类	小类		
		0129	其他科技推广服务业	7590
	013		**知识产权及相关法律服务**	
		0131	知识产权服务	7520
		0132	生产性法律服务	723 *
	014		**检验检测认证标准计量服务**	
		0140	质检技术服务	745
	015		**生产性专业技术服务**	
		0151	生产性气象服务	7410 *
		0152	生产性地震服务	7420 *
		0153	生产性海洋服务	743 *
		0154	生产性测绘服务	744 *
		0155	地质勘查服务	747
		0156	工程管理服务	7481
		0157	工程监理服务	7482
		0158	其他生产性专业技术服务	7462 * 7463 * 7483 7484 7485 7486 7493 7499
02			**货物运输、通用航空生产、仓储和邮政快递服务**	
	021		**货物运输服务**	
		0211	铁路货物运输	5320
		0212	道路货物运输	543
		0213	水上货物运输	552
		0214	航空货物运输	5612
		0215	管道运输业	57

代码			名　称	国民经济行业分类代码（2017）
大类	中类	小类		
	022		**货物运输辅助服务**	
		0221	铁路货物运输辅助活动	5332 5333 5339
		0222	道路货物运输辅助活动	5442 5443 5449*
		0223	水上货物运输辅助活动	5532 5539
		0224	航空货物运输辅助活动	5631* 5632 5639
	023		**通用航空生产服务**	
		0230	通用航空生产服务	5621 5629*
	024		**仓储服务**	
		0241	谷物、棉花等农产品仓储	595
		0242	通用仓储	5920
		0243	低温仓储	5930
		0244	危险品仓储	594
		0245	中药材仓储	5960
		0246	其他仓储业	5990
	025		**搬运、包装和代理服务**	
		0251	生产性装卸搬运	5910*
		0252	生产性包装服务	7292*
		0253	货物运输代理服务	5810 5821 5829
	026		**国家邮政和快递服务**	
		0261	生产性邮政服务	6010*
		0262	生产性快递服务	6020*

续表

代 码			名 称	国民经济行业分类代码（2017）
大类	中类	小类		
		0263	其他生产活动寄递服务	6090*
03			**信息服务**	
	031		**信息传输服务**	
		0311	生产性固定电信服务	6311*
		0312	生产性移动电信服务	6312*
		0313	其他生产活动电信服务	6319*
	032		**信息技术服务**	
		0321	生产性互联网接入及相关服务	6410*
		0322	生产性互联网信息服务	642*
		0323	其他互联网服务	6490*
		0324	软件开发	6511 6512 6513* 6519
		0325	信息技术咨询服务	6560
		0326	信息系统集成和物联网技术、运行维护服务	653 6540
		0327	集成电路设计	6520
		0328	生产性数字内容服务	6571 6572* 6579*
		0329	其他信息技术服务业	659
	033		**电子商务支持服务**	
		0331	互联网生产服务平台	6431
		0332	互联网科技创新平台	6433
		0333	互联网安全服务	6440
		0334	互联网数据及云计算服务	6450*
		0335	信息处理和存储支持服务	6550
		0336	其他互联网平台	6439
		0337	生产性互联网销售	5292*

代 码			名 称	国民经济行业分类代码（2017）
大类	中类	小类		
		0338	生产性非金融机构支付服务	6930*
04			**金融服务**	
	041		**货币金融服务**	
		0411	商业银行服务	6621*
		0412	信用合作社服务	6623*
		0413	财务公司服务	6632
		0414	汽车金融公司服务	6634*
		0415	小额贷款公司服务	6635*
		0416	网络借贷服务	6637*
		0417	其他货币金融服务	6624* 6629* 6639* 6640*
		0418	银行监管服务	6650
	042		**资本市场服务**	
		0421	证券市场服务	671
		0422	基金管理服务	6720 673
		0423	期货市场服务	674
		0424	资本投资服务	6760
		0425	其他资本服务	6790
	043		**生产性保险服务**	
		0431	生产性财产保险	6820*
		0432	生产性再保险	6830*
		0433	保险经纪与代理服务	6851 6852
		0434	保险监管服务	6870
		0435	保险公估服务	6853
		0436	保险资产管理	6860

续表

代码大类	中类	小类	名 称	国民经济行业分类代码（2017）
		0437	其他保险活动	6890*
	044		**其他生产性金融服务**	
		0441	非融资担保服务	7296
		0442	金融信托与管理服务	691
		0443	控股公司服务	6920
		0444	金融信息服务	6940
		0445	金融资产管理公司	6950
		0446	其他未列明金融业	6991 6999*
05			**节能与环保服务**	
	051		**节能服务**	
		0511	节能技术和产品推广服务	7514*
		0512	节能咨询服务	7514*
	052		**环境与污染治理服务**	
		0521	生产性环境保护监测	7461*
		0522	环保技术推广服务	7516
		0523	生产性污水处理和水污染治理	4620* 7721*
		0524	生产性大气污染治理	7722*
		0525	生产性固体废物治理	7723*
		0526	生产性危险废物治理	7724
		0527	生产性放射性废物治理	7725*
		0528	生产性其他污染治理	7726* 7727* 7729*
	053		**回收与利用服务**	
		0530	再生物资回收与批发	5191
06			**生产性租赁服务**	
	061		**融资租赁服务**	

207

代　码			名　称	国民经济行业分类代码（2017）
大类	中类	小类		
		0610	融资租赁服务	6631
	062		**实物租赁服务**	
		0621	生产性汽车租赁	7111*
		0622	农业机械经营租赁	7112
		0623	建筑工程机械与设备经营租赁	7113
		0624	计算机及通信设备经营租赁	7114
		0625	医疗设备经营租赁	7115
		0626	其他机械与设备经营租赁	7119
07			**商务服务**	
	071		**组织管理和综合管理服务**	
		0711	企业总部管理	7211
		0712	投资与资产管理	7212
		0713	资源与产权交易服务	7213
		0714	单位后勤管理服务	7214
		0715	农村集体经济组织管理	7215
		0716	其他组织管理服务	7219*
		0717	园区和商业综合体管理服务	7221 7222*
		0718	供应链管理服务	7224
		0719	其他综合性管理服务	7229*
	072		**咨询与调查服务**	
		0721	会计、审计及税务服务	7241
		0722	市场调查	7242
		0723	商务咨询服务	7243 7244* 7245 7246* 7249*
	073		**其他生产性商务服务**	

代 码			名 称	国民经济行业
大类	中类	小类		分类代码（2017）
		0731	广告业	725
		0732	生产性安全保护服务	727*
		0733	生产性市场管理服务	7223*
		0734	会议、展览及相关服务	728
		0735	办公和翻译服务	7293* 7294
		0736	信用服务	7295
		0737	其他未列明生产性商务服务	7297 7298 7299 9051 9052
08			**人力资源管理与职业教育培训服务**	
	081		**人力资源管理**	
		0811	职业中介服务	7262
		0812	劳务派遣服务	7263
		0813	创业指导服务	7264
		0814	其他人力资源服务	7269
	082		**职业教育和培训**	
		0821	职业初中教育	8332*
		0822	中等职业学校教育	8336*
		0823	高等职业学校教育	8341*
		0824	职业技能培训	8391*
09			**批发与贸易经纪代理服务**	
	091		**产品批发服务**	
		0911	农、林、牧、渔产品及宠物食品用品批发	511 5192
		0912	食品、饮料及烟草制品批发	512
		0913	纺织、服装及家庭用品批发	513
		0914	文化、体育用品及器材批发	514

代码			名　称	国民经济行业分类代码（2017）
大类	中类	小类		
		0915	医药及医疗器材批发	515
		0916	矿产品、建材及化工产品批发	516
		0917	机械设备、五金产品及电子产品批发	517
		0918	互联网批发	5193
		0919	其他未列明批发业	5199
	092		**贸易经纪代理服务**	
		0921	贸易代理	5181
		0922	一般物品拍卖	5182
		0923	艺术品、收藏品拍卖	5183
		0924	艺术品代理	5184
		0925	其他贸易经纪与代理	5189
10			**生产性支持服务**	
	101		**农林牧渔专业及辅助性活动**	
		1011	农业专业及辅助性活动	051
		1012	林业专业及辅助性活动	052
		1013	畜牧专业及辅助性活动	053
		1014	渔业专业及辅助性活动	054
	102		**开采专业及辅助性活动**	
		1021	煤炭开采和洗选专业及辅助性活动	1110
		1022	石油和天然气开采专业及辅助性活动	1120
		1023	其他开采专业及辅助性活动	1190
	103		**为生产人员提供的支助服务**	
		1031		
			为生产人员提供的交通服务	531[*] 541[*] 542[*] 551[*] 5611[*]

代 码			名 称	国民经济行业分类代码（2017）
大类	中类	小类		
		1032	为生产人员提供的其他支助服务	6110 * 612 * 6190 * 8491 *
	104		**机械设备修理和售后服务**	
		1041	金属制品、机械和设备修理业	43
		1042	生产用汽车修理与维护	8111 *
		1043	生产用大型车辆装备修理与维护	8112 *
		1044	生产用摩托车修理与维护	8113 *
		1045	生产用助动车修理与维护	8114 *
		1046	生产用计算机和办公设备维修	8121 * 8122 * 8129
		1047	生产用电器修理	813 *
	105		**生产性保洁服务**	
		1051	建筑物清洁服务	8211
		1052	其他生产性清洁服务	8219 *

说明：资料来源于《生产性服务业统计分类（2019）》；行业类别仅部分活动属于生产性服务业的，行业分类代码用"*"做标记。

附表2　285个地级及以上城市制造业碳排放效率值

城市	2003 年	2006 年	2009 年	2012 年	2015 年	2018 年
北京市	0.92	0.95	1.00	0.98	1.00	1.00
天津市	0.85	0.86	0.88	0.92	0.98	1.00
石家庄市	0.69	0.71	0.73	0.75	0.74	0.78
唐山市	0.58	0.58	0.55	0.56	0.56	0.59
秦皇岛市	0.53	0.55	0.56	0.58	0.58	0.59
邯郸市	0.55	0.56	0.58	0.60	0.59	0.61
邢台市	0.52	0.53	0.56	0.59	0.58	0.58
保定市	0.65	0.66	0.68	0.72	0.70	0.71
张家口市	0.58	0.56	0.59	0.55	0.58	0.53
承德市	0.56	0.55	0.54	0.57	0.56	0.53

城市	2003 年	2006 年	2009 年	2012 年	2015 年	2018 年
沧州市	0.63	0.65	0.62	0.68	0.70	0.72
廊坊市	0.51	0.52	0.54	0.56	0.58	0.59
衡水市	0.52	0.53	0.55	0.57	0.56	0.58
太原市	0.31	0.33	0.35	0.38	0.42	0.45
大同市	0.18	0.21	0.25	0.24	0.28	0.27
阳泉市	0.27	0.25	0.28	0.31	0.28	0.29
长治市	0.22	0.25	0.24	0.23	0.25	0.23
晋城市	0.24	0.28	0.29	0.33	0.35	0.38
朔州市	0.23	0.24	0.25	0.22	0.21	0.21
晋中市	0.23	0.24	0.25	0.28	0.26	0.25
运城市	0.22	0.25	0.24	0.23	0.25	0.23
忻州市	0.25	0.28	0.33	0.31	0.32	0.35
临汾市	0.19	0.21	0.25	0.26	0.25	0.27
吕梁市	0.25	0.28	0.29	0.31	0.32	0.33
呼和浩特市	0.33	0.32	0.31	0.35	0.32	0.31
包头市	0.32	0.33	0.31	0.34	0.33	0.32
乌海市	0.31	0.32	0.33	0.32	0.31	0.33
赤峰市	0.29	0.31	0.29	0.32	0.31	0.33
通辽市	0.35	0.33	0.35	0.34	0.36	0.35
鄂尔多斯市	0.41	0.42	0.43	0.45	0.44	0.45
呼伦贝尔市	0.33	0.35	0.32	0.37	0.35	0.36
巴彦淖尔市	0.36	0.34	0.33	0.35	0.36	0.35
乌兰察布市	0.33	0.34	0.33	0.35	0.35	0.36
沈阳市	0.41	0.42	0.43	0.44	0.46	0.45
大连市	0.35	0.35	0.36	0.38	0.37	0.36
鞍山市	0.33	0.34	0.35	0.34	0.36	0.35
抚顺市	0.29	0.30	0.31	0.33	0.35	0.36
本溪市	0.30	0.31	0.32	0.34	0.31	0.29
丹东市	0.31	0.32	0.33	0.34	0.36	0.36
锦州市	0.38	0.39	0.38	0.40	0.42	0.41
营口市	0.39	0.35	0.40	0.33	0.35	0.32
阜新市	0.38	0.38	0.37	0.38	0.39	0.39
辽阳市	0.35	0.36	0.35	0.33	0.36	0.37
盘锦市	0.33	0.33	0.32	0.31	0.34	0.33
铁岭市	0.34	0.35	0.36	0.33	0.32	0.36

城市	2003 年	2006 年	2009 年	2012 年	2015 年	2018 年
朝阳市	0.32	0.31	0.32	0.33	0.31	0.31
葫芦岛市	0.30	0.33	0.34	0.38	0.37	0.39
长春市	0.55	0.56	0.57	0.55	0.58	0.59
吉林市	0.39	0.33	0.35	0.41	0.40	0.39
四平市	0.33	0.35	0.36	0.38	0.39	0.40
辽源市	0.36	0.37	0.38	0.38	0.36	0.39
通化市	0.32	0.33	0.32	0.34	0.35	0.34
白山市	0.33	0.34	0.35	0.36	0.37	0.38
松原市	0.25	0.27	0.31	0.32	0.35	0.33
白城市	0.31	0.31	0.32	0.33	0.34	0.34
哈尔滨市	0.51	0.52	0.54	0.53	0.56	0.55
齐齐哈尔市	0.29	0.31	0.32	0.33	0.35	0.35
鸡西市	0.35	0.38	0.41	0.45	0.48	0.51
鹤岗市	0.30	0.33	0.38	0.42	0.51	0.59
双鸭山市	0.24	0.28	0.33	0.38	0.37	0.40
大庆市	0.44	0.42	0.45	0.46	0.44	0.45
伊春市	0.35	0.38	0.39	0.41	0.51	0.58
佳木斯市	0.34	0.38	0.41	0.45	0.53	0.56
七台河市	0.34	0.42	0.38	0.51	0.63	0.66
牡丹江市	0.32	0.38	0.42	0.48	0.51	0.56
黑河市	0.39	0.38	0.41	0.40	0.39	0.41
绥化市	0.38	0.35	0.38	0.37	0.36	0.35
上海市	1.00	1.00	1.00	1.00	1.00	1.00
南京市	0.76	0.79	0.82	0.83	0.85	0.88
无锡市	1.00	0.98	0.99	1.00	1.00	1.00
徐州市	0.47	0.53	0.58	0.62	0.75	0.78
常州市	0.69	0.71	0.73	0.76	0.77	0.78
苏州市	1.00	0.92	0.85	1.00	0.99	0.89
南通市	0.74	0.75	0.77	0.75	0.78	0.75
连云港市	0.65	0.66	0.67	0.65	0.66	0.68
淮安市	0.61	0.56	0.55	0.54	0.58	0.53
盐城市	0.63	0.63	0.65	0.66	0.67	0.68
扬州市	0.52	0.53	0.55	0.54	0.56	0.55
镇江市	0.71	0.72	0.75	0.77	0.80	0.82
泰州市	0.75	0.76	0.77	0.79	0.80	0.81

城市	2003 年	2006 年	2009 年	2012 年	2015 年	2018 年
宿迁市	0.42	0.48	0.51	0.55	0.61	0.68
杭州市	0.62	0.63	0.64	0.65	0.64	0.65
宁波市	0.62	0.63	0.65	0.66	0.67	0.68
温州市	0.71	0.73	0.75	0.78	0.81	0.85
嘉兴市	0.64	0.63	0.65	0.66	0.63	0.65
湖州市	0.66	0.66	0.68	0.67	0.64	0.65
绍兴市	0.71	0.73	0.75	0.71	0.72	0.72
金华市	0.45	0.48	0.51	0.56	0.63	0.69
衢州市	0.43	0.48	0.51	0.60	0.64	0.65
舟山市	0.62	0.65	0.68	0.75	0.82	0.89
台州市	0.63	0.68	0.72	0.77	0.81	0.85
丽水市	0.66	0.65	0.58	0.61	0.56	0.54
合肥市	0.61	0.55	0.58	0.52	0.51	0.42
芜湖市	0.38	0.41	0.39	0.42	0.37	0.40
蚌埠市	0.41	0.42	0.45	0.48	0.49	0.50
淮南市	0.34	0.35	0.36	0.33	0.34	0.35
马鞍山市	0.43	0.42	0.45	0.44	0.41	0.42
淮北市	0.38	0.37	0.36	0.39	0.38	0.37
铜陵市	0.39	0.38	0.39	0.41	0.40	0.40
安庆市	0.41	0.42	0.43	0.45	0.46	0.45
黄山市	0.42	0.43	0.40	0.41	0.42	0.43
滁州市	0.35	0.36	0.38	0.37	0.40	0.38
阜阳市	0.36	0.37	0.35	0.36	0.38	0.36
宿州市	0.35	0.36	0.38	0.40	0.41	0.43
六安市	0.36	0.35	0.36	0.34	0.33	0.35
亳州市	0.31	0.33	0.35	0.38	0.42	0.45
池州市	0.38	0.39	0.41	0.42	0.41	0.42
宣城市	0.36	0.36	0.38	0.41	0.43	0.45
福州市	0.64	0.65	0.66	0.71	0.74	0.78
厦门市	0.62	0.65	0.64	0.62	0.67	0.69
莆田市	0.63	0.65	0.66	0.63	0.66	0.68
三明市	0.38	0.42	0.45	0.51	0.58	0.65
泉州市	0.61	0.63	0.65	0.67	0.71	0.72
漳州市	0.73	0.74	0.75	0.77	0.78	0.76
南平市	0.35	0.38	0.42	0.45	0.51	0.58

续表

城市	2003 年	2006 年	2009 年	2012 年	2015 年	2018 年
龙岩市	0.41	0.43	0.45	0.46	0.50	0.51
宁德市	0.58	0.57	0.55	0.56	0.58	0.59
南昌市	0.45	0.46	0.47	0.46	0.45	0.47
景德镇市	0.32	0.33	0.35	0.38	0.37	0.39
萍乡市	0.35	0.36	0.38	0.37	0.38	0.39
九江市	0.31	0.32	0.33	0.35	0.38	0.39
新余市	0.35	0.36	0.35	0.34	0.33	0.36
鹰潭市	0.32	0.33	0.35	0.36	0.37	0.38
赣州市	0.41	0.42	0.45	0.46	0.47	0.48
吉安市	0.36	0.37	0.38	0.41	0.42	0.42
宜春市	0.33	0.35	0.36	0.38	0.40	0.41
抚州市	0.35	0.36	0.37	0.35	0.36	0.38
上饶市	0.34	0.35	0.36	0.38	0.40	0.41
济南市	0.55	0.56	0.55	0.54	0.53	0.57
青岛市	1.00	1.00	1.00	0.98	1.00	1.00
淄博市	0.63	0.65	0.66	0.68	0.67	0.65
枣庄市	0.52	0.55	0.58	0.62	0.71	0.72
东营市	1.00	1.00	1.00	1.00	1.00	1.00
烟台市	1.00	1.00	1.00	1.00	1.00	1.00
潍坊市	0.58	0.57	0.56	0.55	0.58	0.59
济宁市	0.52	0.53	0.55	0.58	0.62	0.66
泰安市	0.68	0.69	0.71	0.68	0.69	0.71
威海市	0.63	0.65	0.68	0.71	0.72	0.73
日照市	0.66	0.68	0.69	0.71	0.72	0.75
莱芜市	0.65	0.66	0.68	0.67	0.65	0.69
临沂市	0.66	0.68	0.65	0.73	0.71	0.72
德州市	0.51	0.55	0.53	0.58	0.57	0.59
聊城市	0.52	0.53	0.55	0.56	0.54	0.55
滨州市	0.49	0.50	0.52	0.51	0.50	0.51
菏泽市	0.42	0.48	0.49	0.53	0.58	0.69
郑州市	0.45	0.46	0.48	0.49	0.51	0.52
开封市	0.43	0.44	0.46	0.48	0.50	0.51
洛阳市	0.35	0.37	0.39	0.40	0.41	0.41
平顶山市	0.33	0.35	0.38	0.35	0.36	0.39
安阳市	0.31	0.32	0.31	0.34	0.32	0.33

城市	2003 年	2006 年	2009 年	2012 年	2015 年	2018 年
鹤壁市	0.31	0.35	0.36	0.38	0.40	0.42
新乡市	0.38	0.36	0.35	0.34	0.36	0.35
焦作市	0.32	0.31	0.33	0.38	0.39	0.40
濮阳市	0.34	0.35	0.38	0.42	0.46	0.48
许昌市	0.42	0.43	0.45	0.44	0.42	0.45
漯河市	0.38	0.39	0.41	0.42	0.45	0.47
三门峡市	0.36	0.38	0.39	0.41	0.40	0.42
南阳市	0.37	0.38	0.41	0.42	0.39	0.42
商丘市	0.31	0.35	0.32	0.31	0.38	0.36
信阳市	0.32	0.33	0.35	0.38	0.41	0.41
周口市	0.38	0.39	0.41	0.42	0.41	0.42
驻马店市	0.35	0.36	0.38	0.42	0.40	0.43
武汉市	0.68	0.69	0.68	0.72	0.78	0.85
黄石市	0.37	0.38	0.41	0.42	0.43	0.44
十堰市	0.37	0.38	0.41	0.40	0.39	0.41
宜昌市	0.53	0.55	0.66	0.71	0.75	0.76
襄阳市	0.55	0.56	0.61	0.63	0.72	0.75
鄂州市	0.39	0.38	0.37	0.35	0.36	0.38
荆门市	0.35	0.36	0.38	0.39	0.41	0.39
孝感市	0.38	0.35	0.36	0.41	0.42	0.39
荆州市	0.39	0.38	0.37	0.35	0.36	0.39
黄冈市	0.31	0.32	0.33	0.31	0.35	0.32
咸宁市	0.36	0.38	0.41	0.42	0.43	0.46
随州市	0.38	0.39	0.41	0.42	0.43	0.45
长沙市	0.55	0.56	0.58	0.62	0.68	0.74
株洲市	0.41	0.42	0.45	0.46	0.48	0.49
湘潭市	0.43	0.42	0.41	0.39	0.45	0.43
衡阳市	0.34	0.35	0.36	0.37	0.36	0.38
邵阳市	0.40	0.38	0.39	0.41	0.42	0.41
岳阳市	0.35	0.36	0.38	0.35	0.36	0.39
常德市	0.38	0.39	0.41	0.42	0.43	0.42
张家界市	0.36	0.38	0.39	0.40	0.41	0.41
益阳市	0.36	0.35	0.36	0.38	0.39	0.37
郴州市	0.32	0.33	0.34	0.32	0.31	0.34
永州市	0.36	0.35	0.34	0.32	0.33	0.33

城市	2003 年	2006 年	2009 年	2012 年	2015 年	2018 年
怀化市	0.35	0.36	0.35	0.34	0.33	0.35
娄底市	0.37	0.38	0.39	0.40	0.38	0.41
广州市	1.00	1.00	1.00	1.00	1.00	1.00
韶关市	0.55	0.61	0.58	0.55	0.54	0.58
深圳市	1.00	1.00	1.00	1.00	1.00	1.00
珠海市	0.64	0.65	0.68	0.71	0.73	0.75
汕头市	0.74	0.75	0.76	0.77	0.78	0.78
佛山市	1.00	1.00	1.00	1.00	1.00	1.00
江门市	0.71	0.72	0.73	0.75	0.74	0.76
湛江市	0.54	0.55	0.58	0.61	0.63	0.64
茂名市	1.00	0.98	1.00	0.99	1.00	1.00
肇庆市	0.49	0.51	0.52	0.55	0.56	0.58
惠州市	0.63	0.64	0.65	0.63	0.64	0.65
梅州市	0.41	0.45	0.44	0.48	0.52	0.55
汕尾市	0.65	0.66	0.64	0.71	0.68	0.74
河源市	0.55	0.58	0.61	0.65	0.63	0.66
阳江市	0.62	0.63	0.65	0.64	0.62	0.65
清远市	0.51	0.52	0.55	0.54	0.55	0.57
东莞市	0.52	0.58	0.62	0.66	0.71	0.88
中山市	0.64	0.66	0.68	0.65	0.67	0.69
潮州市	1.00	1.00	1.00	1.00	1.00	1.00
揭阳市	0.61	0.65	0.68	0.72	0.98	1.00
云浮市	0.46	0.48	0.49	0.51	0.65	0.68
南宁市	0.34	0.34	0.35	0.33	0.34	0.35
柳州市	0.33	0.35	0.36	0.36	0.35	0.38
桂林市	0.41	0.42	0.45	0.51	0.53	0.54
梧州市	0.39	0.41	0.46	0.43	0.45	0.46
北海市	0.54	0.56	0.58	0.62	0.66	0.70
防城港市	0.49	0.52	0.55	0.58	0.59	0.60
钦州市	0.49	0.48	0.45	0.46	0.44	0.50
贵港市	0.33	0.35	0.36	0.38	0.40	0.42
玉林市	0.37	0.38	0.39	0.35	0.38	0.41
百色市	0.32	0.33	0.35	0.36	0.32	0.35
贺州市	0.39	0.38	0.37	0.38	0.39	0.39
河池市	0.37	0.37	0.36	0.38	0.41	0.39

城市	2003 年	2006 年	2009 年	2012 年	2015 年	2018 年
来宾市	0.37	0.41	0.40	0.39	0.42	0.38
崇左市	0.32	0.33	0.35	0.34	0.33	0.36
海口市	0.41	0.42	0.45	0.43	0.42	0.45
三亚市	0.42	0.44	0.45	0.43	0.42	0.43
重庆市	0.45	0.46	0.48	0.50	0.51	0.51
成都市	0.42	0.43	0.44	0.43	0.44	0.45
自贡市	0.40	0.41	0.43	0.42	0.45	0.42
攀枝花市	0.34	0.35	0.36	0.34	0.39	0.38
泸州市	0.32	0.32	0.33	0.35	0.37	0.39
德阳市	0.35	0.36	0.39	0.38	0.40	0.41
绵阳市	0.39	0.41	0.42	0.43	0.44	0.45
广元市	0.37	0.38	0.39	0.40	0.38	0.41
遂宁市	0.33	0.34	0.36	0.35	0.35	0.37
内江市	0.42	0.41	0.42	0.43	0.45	0.44
乐山市	0.47	0.48	0.49	0.51	0.48	0.49
南充市	0.35	0.38	0.42	0.51	0.58	0.66
眉山市	0.40	0.42	0.43	0.45	0.44	0.41
宜宾市	0.33	0.35	0.38	0.39	0.41	0.42
广安市	0.35	0.38	0.39	0.42	0.41	0.42
达州市	0.41	0.38	0.37	0.35	0.39	0.36
雅安市	0.41	0.41	0.44	0.43	0.41	0.42
巴中市	0.45	0.46	0.48	0.47	0.46	0.48
资阳市	0.47	0.46	0.45	0.44	0.43	0.43
贵阳市	0.42	0.43	0.46	0.45	0.42	0.45
六盘水市	0.32	0.33	0.36	0.35	0.38	0.39
遵义市	0.37	0.38	0.41	0.43	0.45	0.47
安顺市	0.35	0.35	0.34	0.36	0.34	0.35
昆明市	0.33	0.33	0.34	0.33	0.35	0.34
曲靖市	0.38	0.38	0.39	0.39	0.41	0.39
玉溪市	0.39	0.38	0.41	0.40	0.39	0.41
保山市	0.35	0.35	0.33	0.32	0.33	0.34
昭通市	0.36	0.37	0.38	0.42	0.41	0.43
丽江市	0.38	0.39	0.41	0.42	0.43	0.42
普洱市	0.41	0.42	0.43	0.45	0.46	0.46
临沧市	0.41	0.41	0.38	0.39	0.40	0.41

续表

城市	2003 年	2006 年	2009 年	2012 年	2015 年	2018 年
西安市	0.31	0.35	0.37	0.41	0.43	0.45
铜川市	0.25	0.28	0.31	0.35	0.38	0.39
宝鸡市	0.22	0.33	0.38	0.39	0.40	0.41
咸阳市	0.24	0.26	0.28	0.31	0.35	0.38
渭南市	0.25	0.26	0.28	0.31	0.35	0.37
延安市	0.25	0.28	0.27	0.32	0.34	0.36
汉中市	0.15	0.21	0.25	0.33	0.36	0.39
榆林市	0.22	0.23	0.28	0.33	0.38	0.42
安康市	0.16	0.22	0.28	0.33	0.41	0.48
商洛市	0.21	0.25	0.28	0.32	0.33	0.35
兰州市	0.36	0.32	0.34	0.36	0.32	0.35
嘉峪关市	0.22	0.25	0.28	0.31	0.32	0.33
金昌市	0.23	0.28	0.31	0.44	0.45	0.45
白银市	0.25	0.28	0.30	0.32	0.29	0.31
天水市	0.21	0.28	0.35	0.39	0.44	0.46
武威市	0.25	0.28	0.33	0.35	0.38	0.37
张掖市	0.25	0.28	0.29	0.36	0.38	0.42
平凉市	0.18	0.25	0.33	0.36	0.39	0.42
酒泉市	0.23	0.31	0.28	0.36	0.37	0.41
庆阳市	0.25	0.28	0.31	0.29	0.33	0.36
定西市	0.19	0.23	0.25	0.36	0.39	0.41
陇南市	0.18	0.24	0.26	0.29	0.32	0.35
西宁市	0.23	0.26	0.31	0.33	0.35	0.38
银川市	0.25	0.26	0.27	0.25	0.30	0.31
石嘴山市	0.21	0.25	0.28	0.36	0.38	0.41
吴忠市	0.17	0.25	0.28	0.36	0.41	0.45
固原市	0.23	0.25	0.28	0.30	0.32	0.35
中卫市	0.18	0.21	0.28	0.36	0.38	0.41
乌鲁木齐市	0.42	0.44	0.41	0.44	0.43	0.45
克拉玛依市	0.41	0.42	0.43	0.43	0.45	0.45

数据来源：根据模型和数据测算而得。限于篇幅，仅列出了部分年份的数值。

后 记

　　生产性服务业作为制造业的中间投入品，具有产业关联、跨界服务、人才集聚和知识密集等特征，生产性服务业对制造业的影响也随着工业化和城市化的快速推进而不断演化。随着生产性服务业的不断发展，其经济规模不断扩大，集聚逐渐成为其主要的空间发展形式。过去学者们更多关注生产性服务业集聚对制造业经济增长、转型升级等方面的影响，但在当前气候变化问题凸显、制造业转型升级迫在眉睫以及碳减排面临巨大压力的背景下，研究生产性服务业集聚对制造业碳排放效率的影响具有极其重要的理论和现实意义。

　　本书着眼于我国地级及以上城市层面生产性服务业集聚对制造业碳排放效率的影响展开研究，尝试回答了以下问题：近年来，我国生产性服务业集聚程度、地区差异以及时序变化；我国制造业碳排放效率水平、地区差异以及时序特征；生产性服务业集聚对制造业碳排放效率的影响机制；生产性服务业集聚对制造业碳排放效率的作用大小、门限特征以及空间溢出效应；生产性服务业集聚驱动制造业碳排放效率提升的政策含义。本书坚持理论与实证相结合，既突出了研究的理论价值，也采用了大量的数据进行多角度的深入的实证分析，并体现出政策含义，比较全面、系统地回答了上述要解决的核心问题。

　　当然，还有一些地方值得深入思考和继续深入研究。例如，随着国家"碳达峰、碳中和"目标的逐步推进，相关数据库的建设也会持续完善，随着地级城市制造业的能源消耗数据库的建立，我们可以直接精确地测算相关的能源消耗和碳排放数据，如此将大大提高研究的精确度。在以某一个特定城市为研究对象的过程中，需要综合考虑城市区位特征、产业结构、政府政策等其他方面的因素。在数据可得性的基础上，可以考虑其他的门限特征变量。本书实证分析部分采用的是地级及以上城市的面板数据，在数据可获取的情况下，可以进一步把研究对象下沉到县级城市，为县级城市生产性服务业集聚提高制造业碳排放效率提供决策参考。未来的研究可以结合"碳达峰、碳中和"发展目标，探讨"碳达峰、碳中和"愿景下，依托生产性服务业集聚提高制造业碳排放效率的机制和路径。

本书是教育部人文社会科学青年基金项目"中国生产性服务业集聚对制造业碳排放效率的影响及作用机制研究"（编号：18YJC790103）资助成果。从 2018 年该项目获批后，笔者和团队成员一直围绕这个主题展开研究，这几年付出了很多心血，当然在研究过程中也有许多学术启迪和感悟。我们把该项目的研究成果进行整合集结成了这本专著，也算是对我们付出的一种回报。

本书的付梓，得到了诸多学者特别是团队成员的指点和帮助，他们对本书的框架和内容提出了富有建设性的建议，对本书中一些观点的形成启发很大。他们是华中科技大学的宋德勇教授，香港城市大学的张晓玲教授，湖北经济学院的孙永平教授、王珂英教授，中南民族大学的赵丽平副教授，三峡大学的盛三化副教授，中国国际工程咨询公司的胡雷副研究员。借此机会向他们表示深深的谢意！

希望本书的出版能够为学术界、政府部门的研究和决策提供参考，为中国生产性服务业与制造业融合高质量发展以及碳减排尽绵薄之力。

刘习平

2021 年 10 月于武汉市江夏区藏龙岛